外国家庭法及妇女理论研究中心项目
家 事 法 研 究 学 术 文 库

陈 苇 主编

我国成年人监护制度立法完善研究

陈 钊 著

中国人民公安大学出版社
2019 · 北京

《家事法研究学术文库》顾问

（以姓氏笔画为序）

丛书主编简介

陈苇　女，1987年于西南政法学院民法专业硕士研究生毕业，获法学硕士学位，留该校任教至今。主要研究方向为婚姻家庭继承法、妇女儿童老人权益保护。2003年12月至2004年12月，其受国家留学基金资助公派出国留学，作为访问学者到澳大利亚悉尼大学法学院进修外国家庭法一年。现任西南政法大学外国家庭法及妇女理论研究中心主任、民商法学院教授、博士生导师，兼任家庭法国际学会副主席和学术委员会委员，中国法学会婚姻家庭法学研究会副会长，重庆市妇联法律顾问，重庆市儿童工作资源中心专家，重庆市高级人民法院家事审判方式和工作机制改革试点工作指导小组成员。

代表性成果包括：独著、主编、主持翻译的《中国婚姻家庭法立法研究》（第一版、第二版）《外国婚姻家庭法比较研究》《当代中国内地与港、澳、台婚姻家庭法比较研究》《中国大陆与港、澳、台继承法比较研究》《当代中国民众继承习惯调查实证研究》《外国继承法比较与中国民法典继承编制定研究》《改革开放三十年（1978~2008）中国婚姻家庭继承法研究之回顾与展望》《中国继承法修改热点难点问题研究》《我国防治家庭暴力情况实证调查研究》《21世纪家庭法与家事司法：实践与变革》《中国妇女儿童权益法律保障情况实证调查研究》《中国遗产处理制度系统化构建研究》《当代中国民众财产继承观念与遗产处理习惯实证调查研究》《加拿大家庭法汇编》《澳大利亚家庭法（2008年修正）》《美国家庭法精要》（第五版）《澳大利亚法律的传统与发展》（第三版）等著作、译作；在《中国社会科学文摘》《中国法学》以及International Journal of Law, Policy and the Family, The International Survey of Family Law等中外学术刊物发表中英文学术论文80余篇。此外，已主编出版《家事法研究》学术论文集刊6卷（2005年卷至2010年卷）和“家事法研究学术文库”著作20余部；应邀与美国、意大利学者合作撰写美国法学院比较家庭法英文教材1部：Practical Global Family Law——United States, China and Italy（2009年4月在美国出版）。

目　录

附　录

CONTENTS

前 言

自1978年西南政法学院复办以来,我国著名的婚姻法专家、中国法学会婚姻法学研究会副总干事杨怀英教授担任我校婚姻法研究方向的学科带头人。1985年3月至7月,我校承担了司法部委托的全国法律专业婚姻法师资进修班的教学任务。当时全国著名的婚姻法专家巫昌祯、杨大文、王德意、李忠芳、任国钧等教授应邀前来我校,与我校杨怀英教授及胡平等教师共同为来自全国的婚姻法师资进修班学员上课,传授婚姻法学的理论知识和教学经验。如今,该婚姻法师资进修班学员大部分都成为了各高校婚姻法领域的知名专家学者和骨干教师,他们为国家培养了大批优秀的人才。因此,可以说,我校是我国婚姻法学人才培养的摇篮。在科研方面,杨怀英教授先后主编出版:《滇西南边疆少数民族婚姻家庭与法的研究》(法律出版社1988年出版)、《中国婚姻法论》(重庆出版社1989年出版,1991年荣获重庆市社科优秀科研成果三等奖)、《凉山彝族奴隶社会法律制度研究》(四川民族出版社1994年出版,1996年荣获四川省社科优秀科研成果二等奖)等专著和教材。1995年杨怀英教授去世后,由中国法学会婚姻法学研究会常务理事邓宏碧教授担任我校婚姻法研究方向的学科带头人。邓宏碧教授、胡平副教授等老教师带领讲授婚姻法课程的教师,继续努力进行教学和科研工作。尤其值得指出的是,邓宏碧教授主编的《中国少数民族人口政策研究》(国家社会科学“八五”规划重点科研项目,重庆出版社1998年出版),2001年荣获重庆市社会科学优秀科研成果一等奖。

薪火相传。本人于1979年9月考入西南政法学院法律系本科学习,1983年6月毕业任教一年后,于1984年9月考入西南政法学院攻读民法专业硕士研究生,师从杨怀英教授,主要研究方向为婚姻家庭继承法。1987年7月本人硕士研究生毕业后留校任教至今。我自1979年9月在母校学习法律知识、毕业后主要从事婚姻家庭继承法及妇女儿童老年人权益保护的教学和科研工作,至今已近40年了。这近40年里,在母校各级领导和老师们的辛勤培养下,在本人的勤奋工作和刻苦钻研下,我由一名学生逐步成长为助教、讲师、副教授、教授、博士生导师、博士后合作导师;于1996年5月起担任民法教研室副主任,于1999年5月起担任民法教研室主任,于2003年5月起至今担任婚姻家庭继承法教研室主任。在婚姻法学界老一辈专家的辛勤培养下,本人于1996年7月起担任中国法学会婚姻法学研究会理事;于1999年7月起担任中国法学会婚姻法学研究会常务理事;于2004年7月起至今,担任中国法学会婚姻家庭法学研究会副会长;于2011年11月起担任家庭法国际学会执行委员会委员;于2014年8月起至2017年6月担任家庭法国际学会执行委员会委员兼学术委员会委员;于2017年7月至今,担任家庭法国际学会副主席兼学术委员会委员。必须说明,自2011年11月我由第十四届家庭法国际学会主席、澳大利亚悉尼大学法学院 Patrick Parkinson 教授[①]提名,经家庭法国际学会执行委员会研究同意后受聘担任家庭法国际学会执行会委员以来,我每年均积极撰写论文,“以文参会”,先后到意大利、韩国、法国、英国、巴西、荷兰等国出席家庭法国际学会召开的执委会、地区性会议和世界大会,在会上积极发言,发出中国声音、阐述中国见解,增进了其他国家学者对中国婚姻家庭领域的

① Patrick Parkinson 教授是我受中国国家留学基金资助以访问学者身份于2003年12月~2004年12月在澳大利亚悉尼大学法学院进修外国家庭法的导师。

新问题和最新修改立法的了解，扩大了中国婚姻家庭法学者在家庭法学术研究领域的国际影响力。2014 年 8 月，家庭法国际学会在巴西召开“第十五届家庭法世界大会”，会上我当选家庭法国际学会执行委员会委员兼学术委员会委员。2017 年 7 月，家庭法国际学会在荷兰召开“第十六届家庭法世界大会”，会上我当选家庭法国际学会副主席并继续兼任学术委员会委员。我作为中国婚姻家庭法专家，在家庭法国际学会中是第一位来自中国的副主席，为祖国争了光。从此，我在家庭法国际学会领导层这一最高平台上，可以发出中国声音、提供中国方案、贡献中国智慧，这有利于进一步促进中外婚姻家庭继承法研究领域的国际学术交流，为各国婚姻家庭继承法律制度的改革提供参考，以造福于全人类的婚姻家庭。

在校内学术研究和人才培养平台方面。2003 年 12 月至 2004 年 12 月，本人受国家留学基金资助由教育部公派出国留学，作为访问学者到澳大利亚悉尼大学法学院进修外国家庭法一年。我留学回国后，于 2005 年 1 月向学校提出建立“西南政法大学外国家庭法及妇女理论研究中心”的书面申请。2005 年 4 月 1 日，西南政法大学校长办公会议批准同意该研究中心成立，任命我担任主任。自 2005 年 4 月该研究中心成立以来，本人夙夜忧虑，恐负厚望，带领研究中心的教师和研究生组成科研创新团队，勤奋科研，不敢懈怠。近年来，我担任项目负责人主持、带领团队成员师生共同完成并公开出版的专著、译著有 10 余部，主要有：《外国婚姻家庭法比较研究》（重庆市哲学社会科学“十五”规划项目，2006 年 1 月出版）、《加拿大家庭法汇编》（2006 年 1 月出版）、《中国大陆与港、澳、台继承法比较研究》（重庆市教委人文社科项目，2007 年 1 月出版）、《当代中国民众继承习惯调查实证研究》（国家社科基金项目子课题，2008 年 1 月出版）、《澳大利亚家庭法（2008 年修正）》（重庆市教委人文社科重点项目，2009 年 1 月出版）、《美国家庭法精要（第五版）》（2010 年 3 月出版）、《改革开放三十年（1978 ~ 2008）中国婚姻家庭继承法研究之回顾与展望》（西南政法大学重点项目，2010 年 1 月出版）、《中国婚姻家庭法立法研究》(第二版,2010 年 1 月出版)、《外国继承法比较与中国民法典继承编制定研究》(国家社科基金项目结项成果著作,经专家匿名评审后被鉴定为“优秀”等级,入选 2010 年度《国家哲学社会科学成果文库》,全国哲学社会科学办公室在“出版说明”中指出:入选成果代表当前相关领域学术研究的前沿水平,体现我国哲学社会科学界的学术创造力,按照“统一标识、统一封面、统一版式、统一标准”的总体要求组织出版。该著作于 2011 年 3 月出版)、《澳大利亚法律的传统与发展(第三版)》(2011 年 5 月出版)、《当代中国内地与港、澳、台婚姻家庭法比较研究》(中国司法部“法治建设与法学理论研究”课题成果著作,2012 年 5 月出版)、《中国继承法修改热点难点问题研究》(2013 年 10 月出版)、《我国防治家庭暴力情况实证调查研究——以我国六省市被抽样调查地区防治家庭暴力情况为对象》(中国法学会部级法学研究课题,2014 年 5 月出版)、《21 世纪家庭法与家事司法:实践与变革》(2016 年 10 月出版)、《中国妇女儿童权益法律保障情况实证调查研究——以中国五省市被抽样调查地区妇女儿童权益法律保障情况为对象》(中国法学会部级法学研究课题,2017 年 3 月出版)、《中国家事审判改革暨家事法修改理论与实务研究》(2018 年 4 月出版)等。此外,本人应邀与美国、意大利学者合作撰写美国法学院比较家庭法英文教材 1 部:*Practical Global Family Law——United States, China and Italy*(2009 年 4 月在美国出版)。

在国内学术研究和人才培养平台方面,为促进婚姻家庭继承法领域的学术研究和学术交流,本人于 2005 年起创办《家事法研究》学术论文集刊。自《家事法研究》2006 年首卷面世以来,至 2011 年的六年期间,先后出版了 2005 年卷至 2010 年卷共计六卷,推出了一批具有前沿性的学术论文,培养了一批学术新人,受到国内学术界同仁和实务界人士的肯定和好评,产生了良好的社会影响。为进一步扩大《家事法研究》的学术影响,经本人提出申请,中国法学会婚姻家庭法学研究会常务理事会研究同意,《家事法研究》从 2011 年卷起转为“中国法学会婚姻家庭法学研究会”的会刊。可以相信，在该研究会的精心主办下，《家事法研究》将在法学理论研究与司法实务探索相结合的沃土中更加茁壮成长，枝繁叶茂！

长江后浪推前浪。为推出婚姻家庭继承法学研究领域具有前沿性、创新性的学术著作，培养更多的学术新人，自2012年起本人主编出版《家事法研究学术文库》丛书。此文库丛书作为学术研究和学术交流的平台，遴选出版婚姻家庭继承法研究领域具有前沿水平的博士学位论文和学术专著，每年拟出版2～3本。本文库丛书的出版目的，旨在通过婚姻家庭继承法学研究领域最新学术著作的出版，推出一批前沿理论和实务问题研究的新作，促进我国婚姻家庭继承法学研究朝着更深、更广的方向发展，以更多的优秀研究成果为我国民众处理婚姻家庭继承问题提供参考，为国家完善立法、改进司法服务。到2018年年底为止，本文库已出版著作19部，在2019年拟将出版《中国民法典编纂视野下家事审判改革及家事法修改研究》、《中国遗产处理制度系统化构建研究》、《当代中国民众财产继承观念与遗产处理习惯实证调查研究》（上、下卷）、《中国婚姻家庭法理论与实践研究》、《中国继承法理论与实践研究》、《我国成年人监护制度立法完善研究》、《未成年人监护制度研究》，以飨读者。

最后，我对群众出版社和中国人民公安大学出版社的编辑老师们对本文库丛书的出版所付出的辛勤劳动，表示衷心的感谢！

《家事法研究学术文库》主编：陈苇
2019年1月28日

自　序

自第二次世界大战结束以来,1945 年《联合国宪章》的诞生,1948 年《世界人权宣言》的颁布,促进了人权保护思想的发展,也推进了现代成年人监护理念的革新。在 21 世纪,根据“尊重本人自我决定权”“重视人身上的照顾”“活用剩余能力”“公力的适当介入”这些最新的现代成年人监护理念,许多国家先后对本国的成年人意定监护制度进行了改革。2014 年,中国共产党第十八届四中全会强调,中国特色社会主义法治道路是社会主义法治建设成就和经验的集中体现,是建设社会主义法治国家的唯一正确道路,并提出编纂民法典。党的十九大把坚持全面依法治国确立为新时代中国特色社会主义思想和基本方略的重要内容。因本书写作时正值《民法总则》草案修订和出台之时,我国《民法总则》对于成年人监护制度有所修改和补充,但是为了进一步实现现代成年人监护制度的立法理念,还有待在《民法总则》之司法解释及编纂民法典婚姻家庭编时对这一制度进行继续补充和完善。本书主要基于现代成年人监护制度的变革背景及最新立法理念,分析我国现行成年人监护制度的成功与不足,借鉴和汲取域外国家立法的有益经验及我国学者的相关观点建议,对我国成年人监护制度提出完善建议。

本书主要内容如下:第一章,成年人监护制度基本理论考察,其中对成年人监护制度的本质属性及制度进行界定,阐明制度内容及功能;第二章,现代成年人监护制度的新变革研究,对现代成年人监护制度的变革背景、传统成年人监护制度的缺陷、现代成年人监护制度变革的新理念以及成年人监护制度变革的新内容进行研究分析；第三章，我国成年人监护制度立法体例的思考与完善，主要针对立法体例（包括外部立法体例和内部立法体例）进行研究，考察和评析我国现行立法体例、现代域外国家的相关立法及我国学者对立法体例的相关观点，最后提出对立法体例的完善建议；第四章，我国成年人意定监护制度的思考与补充构建，对我国《民法总则》出台前后的成年人意定监护制度的内容及典型案例进行考察和评析，并指出目前我国成年人监护制度仍待增补之处，结合域外立法及我国学者观点，提出我国成年人意定监护制度仍待增补的制度内容；第五章，我国成年人法定监护制度的思考与增补完善，同样对《民法总则》出台前后的成年人法定监护制度的内容及典型案例进行考察和评析，总结域外立法经验及我国学者相关观点，评析其异同并分析原因，为之后的完善建议提供基础，最后结合我国实际情况，提出完善我国成年人法定监护制度的建议。

我国作为《国际人权公约》《残疾人权利公约》等重要人权公约的缔约国，必将致力于使每一个行为能力欠缺者得到人格上应有的尊重，实现维持其本人生活正常化的目标。本书也是秉承着这一目标进行研究和建议。希望能给立法者提供些许参考，但由于学术水平有限，可能仍存在对某些问题的研究不够深入的情况，笔者定会在日后继续研究并加以完善，望各位老师及学界前辈见谅并批评指正。

陈　钊

2018 年 6 月

导　论

一、选题意义

法治兴则国家兴，法治强则国家强。全面依法治国是中国特色社会主义的本质要求和重要保障。监护制度是民法典的重要组成部分，成年人监护制度又是监护制度的重要组成部分。本书以成年人监护制度为对象进行研究，试图解决如下问题：

（一）在保持原有制度稳定与新情况、新需求下的改变之间的取舍

罗斯科·庞德曾提出“法须稳定，但毋僵直”。在立法时如何在保持稳定与需求改变之间寻找和维系两者之间的某种平衡，成为我国目前编纂民法典遭遇到的一个难题。因为《中华人民共和国民法通则》（以下简称《民法通则》）已经实施了30余年，被广大群众所接受并适用，所以在《民法总则》的制定上，立法者更多的是选择维持制度的原有内容。所以，我们发现成年人监护制度无论与我国原有制度相比，还是与现代成年人监护制度改革后各国制度相比，均未有制度上的较大突破。本书认为，在处理稳定与改革的问题上，一味地学习国外或是故步自封都不是解决问题的方式，而应当与我国国情紧密联系。制定出新国情、新需求下的现代成年人监护制度，在内容规定上便于人民群众理解，以方便其适用。随着社会的发展，人们的思想是不断进步的，能够并且乐于接受有利于自身的新思想、新制度，所以，成年人监护制度作为广大人民群众所看重的制度，应当有所突破。

（二）我国《民法总则》出台前后成年人监护制度体例与内容上仍待完善

1. 立法体系再完善的必要性。我国《民法总则》出台前的成年人监护制度的立法较分散，出台后的《民法总则》将其统一规定改变了原有的分散状况。但是，由于《民法总则》在民法典中的统领性地位，其制度内容注定是概括性的、原则性的，这一特性进而影响到该制度在司法实践中的可操作性。同时，我国多数学者之间对于成年人监护制度的立法体例存在较大争议。由此，无论是从制度的完整性还是从制度的可适用性角度来说，成年人监护制度的立法体系都是需要再完善的。

2. 意定监护制度被《民法总则》所吸收，但内容存在缺陷。将意定监护制度归整到《民法总则》中，是我国立法体例完整性的体现。但是从具体内容上看，意定监护制度与法定监护制度虽有可作一般规定的内容，但是其独有的制度内容是法定监护所不能涵盖的。从本书中提及的意定监护案例中可以看出，由于这一制度规定的不完整，导致了很多问题。例如，在实践中公证人员对于意定监护协议的达成无法寻求法律上的规定、民政部门很难实际履行自己的职责等。

3. 法定监护制度虽内容上进一步完善，但仍待补足。法定监护制度一直被规定于我国《民法总则》之中，至今已有 30 多年。此次《民法总则》的制定，对于法定监护制度内容都有调整，我国对于民事行为能力的划分，区分为完全民事行为能力、无民事行为能力和限制民事行为能力。针对不同的行为能力人，没有成年人监护措施上的区分，这不利于制度的准确实施，容易造成监护人大包大揽，以至于侵犯被监护人残余的剩余能力。虽有制度一般内容的规定，但没有措施类型上的划分，所设定的制度内容也就很难具有针对性，所以仍待补足。

（三）有助于深化我国成年人监护制度的基础理论研究

1. 汇总和评析典型域外国家立法与我国学者的观点。我国理论界对成年人监护制度的措施选择、立法体例、立法内容(包括主体、权利义务、设立、变动、法律责任等)的选择上始终存在很多争议。笔者拟综合法国、德国、瑞士、日本、韩国等成年人监护立法先进的国家的制度规定,同时汇总我国学者的建议稿以及主要理论观点,进行重新梳理和分析,最重要的是结合我国人口数量大、司法压力大、现实需求多等实际情况,区分出目前不适合我国的制度内容,汲取适合我国的制度内容,同时注重对法条规定的简洁精练,提出完善我国成年人保护制度的立法建议。

2. 总结现代成年人监护制度的立法理念要求。在当今国际社会,维护和保障人权已经成为一项基本道义准则。一个国家的人权保护状况成为衡量其社会文明程度和国际形象的重要标准。老年人及精神障碍者的人权是普遍性人权中不可剥夺和不可分割的一个组成部分。作为国家的根本大法,我国《宪法》更是明确规定国家尊重和保障人权。作为《世界人权宣言》《公民权利和政治权利公约》《残疾人权利公约》等人权公约的成员国,保护他们的合法权利,是我国应当承担的国际义务。除此之外,由这些人权公约以及成年人监护制度发展而引申出来的立法理念被进一步提出,包括"尊重本人的自我决定权""活用当事人的剩余能力""重视人身上的照顾""国家公力的适当介入"。

二、研究现状

(一)国内研究现状

目前国内婚姻家庭法学研究领域,涉及成年人监护制度研究的成果较为丰富,论文和专著也颇多。具体研究状况分述如下:

1. 成年人监护制度及其相关制度的成果。国内相关研究已经具备一定的基础,积累了丰富的研究成果。

(1)学术专著。对成年人监护制度的研究主要采用了两种方式:一是对特定具有代表性的国家的成年人监护制度进行研究,并对我国成年人监护制度的完善提出借鉴措施。具有代表性的著作有王竹青等翻译的《美国持续性代理权和成年人监护制度立法及法律适用》，主要研究美国的持续性代理制度。朱雪林所著的《加拿大成年人监护制度研究》，主要针对加拿大的大陆法地区和普通法地区分别采取的成年人监护制度进行研究，最后得出对我国的立法启示。二是列举多个代表性国家的成年人监护制度，比较评析后提出对我国成年人监护制度的构建。最具有代表性的就是李霞教授所著的《成年监护制度研究——以人权为视角》，书中详细介绍了两大法系的旧制度修正情况，然后分别从成年法定监护制度和成年意定监护制度两方面介绍主要国家的规定，并提出我国的立法构想。叶欣《现代成年人保护制度的民法研究》，对私法上人的能力与成年人保护、成年人保护的其他方式进行了阐述，最后同样是对我国成年人保护制度的构建与完善。

（2）学术论文。国内学者围绕我国成年人监护制度立法研究发表的学术论文非常丰富，主要涵盖了以下方面：针对成年人监护制度的价值取向或现代转向的研究；①针对成年人意定监护制度的研究；②针对成年人法定监护制度的研究；针对成年人监护制度典型国家改革的研究，③这其中多是对德国、法国、日本、韩国、美国和英国的比较研究；④从其他角度出发分析成年人监护制度，如私法自治、

① 叶欣：《成年监护制度的理念探析》，载《江汉论坛》2008 年第 1 期。李霞：《成年监护制度的现代转向》，载《中国法学》2015 年第 2 期。

② 李霞：《意定监护制度论纲》，载《法学》2011 年第 4 期。

③ 李昊：《大陆法系国家（地区）成年人监护制度改革简论》，载《环球法律评论》2013 年第 1 期；［日］冈孝：《东亚成年监护制度的比较》，李国强译，载《吉林大学社会科学学报》2013 年第 2 期。刘金霞：《德国、日本成年监护改革的借鉴意义》，载《中国青年政治学院学报》2012 年第 5 期。

④ 李因来：《世界各国成年人监护制度的历史演变及比较评析》，载《湘潭师范学院学报》（社会科学版）2007 年第 2 期。王竹青：《德国从成年人监护制度到照管制度的改革与发展》，载《北京科技大学学报》（社会科学版）2005 年第 2 期。

国家义务与社会责任、[1]从成年人民事行为能力欠缺、[2]老年人监护、[3]法学价值分析视角、[4]以民法为视角观察、[5]监护的性质、[6]意思能力研究;[7]提出对我国成年监护制度的立法构想。[8]

(3)博士学位论文。国内以成年人监护制度为题的博士学位论文较少,除了网上可以查阅到的之外,笔者在北京大学、中国人民大学、国家图书馆查到的,仅有李欣《私法自治视域下的老年人监护制度研究》、李霞《成年监护制度研究》、朱雪林《加拿大成年监护制度研究——兼论对中国成年监护制度的启示》、方勇男《日本成年监护制度研究》、魏树发《论我国成年监护制度改革》。更多的是硕士学位论文以这一制度研究为题,所以这一制度问题还是存在可写之处的。

2. 主要问题的观点梳理。

(1)对成年人监护制度的立法结构存在争议。对于这一问题,分为立法的外部体例和内部体例,立法的外部体例是指某制度在民

---

① 陈苇、李欣:《私法自治、国家义务与社会责任——成年监护制度的立法趋势与中国启示》,载《学术界》2012 年第 1 期。

② 李霞:《论我国成年人民事行为能力欠缺法律制度重构》,载《政治与法律》2008 年第 9 期。李建华、王琳琳、麻锐:《中国民法典应构建老年监护制度——兼论中国自然人民事行为能力制度的完善》,载《社会科学战线》2012 年第 11 期。

③ 康娜:《我国老年人监护制度探究》,载《法商研究》2006 年第 4 期。刘金霞:《老龄化背景下我国成年监护制度的完善》,载《贵州警官职业学院学报》2015 年第 1 期。

④ 陈苇、姜大伟:《现代成年人监护制度的立法变革及启示——以法律价值分析为视角》,载《中华女子学院学报》2014 年第 1 期。

⑤ 马忆南:《残疾人研究》,载《残疾人研究》2012 年第 4 期。

⑥ 王占明:《再论监护性质》,载《太平洋学报》2007 年第 3 期。林玉莹:《成人监护的意思能力判定标准初探》,载《福建论坛·人文社会科学报》2011 年专刊。

⑦ 刘美:《意思能力研究及对成年监护改革的意义》,载《武汉公安干部学院学报》,2010 年第 4 期。

⑧ 刘金霞:《试论我国成年监护制度的立法完善》,载《北京社会科学》2012 年第 4 期。赵虎、张继承:《成年人监护制度之反思》,载《武汉大学学报》(哲学社会科学版)2011 年第 2 期。焦富民:《民法总则编纂视野中的成年监护制度》,载《政法论丛》2015 年第 6 期。吴国平:《我国成年人监护制度之检讨与立法完善》,载《河北经贸大学学报(综合版)》,2010 年第 10 卷第 2 期。

法典中的位置，其与民法典的其他制度共同构成外部的立法体系关系。立法的体例，是指某制度自身的结构体系，其内部各制度之间共同构成内部的立法体系关系。针对外部结构体系，主要有三种观点：第一种认为，监护制度应当统一规定在民法总则之中，支持这一观点的主要有史尚宽、王利明等学者；第二种认为，监护制度应当规定在婚姻家庭编或亲属编之中，支持这一观点的主要有巫昌祯、夏吟兰、李洪祥等学者；第三种观点认为，监护的通则性规定应规定在民法总则中，而具体规定应规定在婚姻家庭编之中，支持这种观点的主要代表学者有陈苇、王利明。

而在内部结构体系上，主要有两种观点：第一种将法定监护置于意定监护之前规定，代表学者有梁慧星、李霞；第二种是将意定监护置于法定监护之前规定，代表学者有陈苇。

(2)立法内容。多数学者都是从我国的立法理念陈旧、未划分成年人法定监护的监护措施类型、监护人的资格及职责未明确、监督机制不完善、监护的变动规定简略等几个方面进行阐述的，并对应提出自己的建议意见。以下对各个内容进行介绍：

一是在设定监护措施的标准上，到底是采用民事行为能力还是意思能力，存在争议。目前多数学者赞同用意思能力的情况判断成年人是否需要设立监护措施，如马忆南、李霞、吴国平、王占明等学者。当然，仍有学者认为应当适用民事行为能力作为判断标准，如刘金霞。

二是是否废除法院对无民事行为能力人和限制民事行为能力人的宣告制度，存在争议。多数学者以日本、德国等国因认为宣告制度有损于被宣告人的人格尊严而废除宣告制度，且日本、法国、德国已倾向于将被监护人公示制度废止，而采取在必要范围内以公告的方式取而代之为由，认为应当废除我国的宣告制度。代表学者有李霞、马忆南，而有的学者，则从中国实际国情出发，认为废除这一宣告制度并不实际，仍应适用这一宣告制度，代表学者如朱涛。

三是在成年人监护的意定监护措施上，基本形成了统一的意见，即我国应当设立意定监护措施，但是在设计该措施的具体制度内容上存在分歧。比如，设立的形式，有以下两种观点：第一种是意定委托合同必须经过公证；第二种是意定委托合同可以公证也可以通过见证人或亲笔书写的方式设立。再如，生效的时间，有学者认为应当设立时即可生效；也有学者认为应当在委托人丧失意思能力时生效；还有学者认为应当在设立监护监督人后方可生效。

四是在成年人监护的法定监护措施上，多数学者赞同借鉴日本的三元化立法，即将监护措施分为：监护、保佐和辅助三种。代表学者有李霞、马忆南、陈苇、刘金霞等。但是在其他内容上存在较多争议，如法定监护措施的主体有以下两种观点：一种观点认为，身心障碍者，即包括精神的、身体的障碍者均应设定法定监护措施，如刘金霞、李霞等学者；另一种观点认为，法定监护措施的主体仅包括精神障碍者及因身体障碍而丧失意思能力的成年人，也就是有身体障碍但意思能力仍存在的成年人不应设立成年人监护措施，如陈苇、马忆南等学者。

五是对监护监督机制，学者们意见统一，都认为应当设定监护监督机制，而这一监督主体各家观点各有不同。目前，监护监督机制的设立主要有以下三种方式：第一种是设立专门的监护监督机构，因为日本、瑞士等国都有专门的监督机构。第二种则是由法院选任自然人担任监督人。第三种是将近亲属、基层群众自治组织等都作为监督人的主体。

综上文献分析可见，虽然论文著作颇多，但是对于成年人监护制度的几个主要问题，如监护制度的立法体例（分为外部体例和内部体例）、监护制度的内容、监护监督的主体及职责等问题仍未达成一个统一的共识，且部分借鉴国外法律制度的建议意见可能并不符合我国的国情。

（二）国外研究现状

关于国外研究现状，笔者参阅了法国、德国、日本的民法典，并翻译了韩国民法典和瑞士民法典，同时到国家图书馆查阅和收集了相关的外文文献，为梳理国外成年人监护制度的立法与司法现状提供了研究参考资料。

1. 人身医疗在成年人监护制度中的体现。

(1)瑞士民法典的最新成年人保护制度每项措施中都有一项涉及医疗事务的措施。这反映了对患者自我决定权的尊重和保护。

(2)德国虽然仅设立一元化的照管制度，但是其中仍规定了关于病人处分的规定，即具有允许能力的成年人可以自己设定未来其丧失允许能力后对医疗事务的选择。

(3)韩国在最新修改的成年人监护制度中也突出规定了对被监护人的医疗照顾事项，重视对其人身的保护。

2. 日本、德国、加拿大都废止了旧法例中“禁治产”宣告和公示制度。对于各国废止这一制度，有学者提出这是因为“禁治产”意味着该自然人被禁止对财产的管理和处分，并且这一用语有侮辱人格之嫌，而此宣告会影响当事人本人及其家人的名誉，因此可能会受到歧视，因而在实践中此种宣告被适用的极少。所以，各国根据现代成年人立法理念以及对当事人人格的尊重，废止了这一制度。

3. 意定监护制度的重点问题。日本的任意监护、韩国的委任监护、瑞士的自我照顾安排措施等都是通常意义上的意定监护。

(1)设立要求、形式和登记。日本是在本人具有完全判断能力时，可以通过委托合同约定在自己丧失判断能力后将自己全部或者部分的监护事务的代理权赋予任意监护人。瑞士则是在本人具有民事行为能力的前提下，为将来丧失判断能力后委托一名自然人或法人作为受托人处理自身的事务。加拿大普通法的多数省都不要求登记持续性代理协议。瑞士自我照顾安排中预先委托照顾措施和预先医疗安排措施中也没有硬性规定需要登记。日本也是选择性登记，但并不在官报上公示也不记录于本人户口上，而是存在特定的监护登记档案上。但有外国学者对瑞士成年人保护制度中意定委托照顾协议可以选择性登记表示不赞同，其认为登记应当作为必经程序。

(2)生效要件。瑞士成年人保护制度的意定委托照顾协议应当在委托人丧失判断能力时生效。日本任意监护合同需经本人、配偶、四亲等以内的亲属或者被委托任意监护的人的请求，由家庭法院选任监护监督人后，才能发生合同的效力。

(3)变动情形。瑞士将变动事由规定得十分详细，如成年人保护机构的撤销、委托人的撤销、受托人的解聘请求等。

(4)被监护人的职责。多数国家都是尊重当事人的协议对于职责的协商确定的。

(5)监督主体。监护监督的方式主要有以下三种：一是选任专门的监护监督人但是其由法院负责监督，如日本、韩国；二是设立专门的公力机关负责，如瑞士；三是直接由法院担任监督主体，如德国、法国。在具体的规定中，也会选择将三种方式混合适用。瑞士不仅有专门的公力机关负责监督，其还有广泛的私力监督主体，但除去国家公务人员外，并不是强制性的。

4. 法定监护的重点问题。

(1)法定监护措施的类型。德国的照管制度为“一元化”措施，未区分设立照管的原因，将被监护人的行为能力范围全部委诸于法官个案的裁决决定；而日本、韩国、瑞士、加拿大大陆法系地区都为“类型化制度”，即将法定监护措施分为具体的类型以适用不同情况的主体。

(2)选定监护人。德国、日本、韩国、瑞士、加拿大、俄罗斯都将监护人的范围基本限定在自然人和法人都可以担任。但是德国对于照管社团的资格进行了详细的规定，这样有利于法院选任一个有监护能力、监护资格的法人作为监护人。在选任监护人的情形下，德国、俄罗斯、日本、韩国都是直接由法院选任监护人，法国和瑞士是由法定顺序确定的(两个国家都是配偶担任法定监护人)；当法定顺序的监护人不存在或不适格时，由公力机关为其指定一名监护人。在监护人的资格上，有独特规定的是，日本、韩国、瑞士都对监护人的资格作出了规定，韩国对于监护人的资格作出了反向资格规定，即对无资格的事由进行了列举；而瑞士是正面规定监护人应当具备的监护能力。此外,瑞士将寄宿机构和护理机构纳入法定监护的监护人范围中,并对其进行了规定和限制。

(3)在法定监护中同样要体现监护人的意愿。瑞士、德国、日本在设定了监护措施后,仍规定要尊重被监护人的残存意思能力,仅在必要的限度内设立监护措施。

三、研究方法

1. 历史分析法。本书运用历史研究法对成年人监护制度的历史演进进行了简要的介绍,详细介绍了现代成年人监护制度改革的历史发展背景,通过对域外国家成年人监护制度发展的历史脉络分析,反映出现代成年人监护制度与传统成年人监护制度在演变过程中呈现出的特征。

2. 比较分析法。本书通过比较研究的方法,对法国、德国、俄罗斯、日本、韩国和瑞士的成年人监护制度进行考察与分析,综合考量和比较就成年人监护制度的设计有益的立法经验,力求把握成年人监护制度在世界范围内的总体立法趋势,并找出各国间就这一制度的异同之处及原因,为我国的立法完善提供参考。同时通过诸如我国民法典学者建议稿及现有的成年人监护制度文献之主要学者观点进行考察和比较分析,得出目前我国学界对这一问题的研究观点,吸收前人研究成果,为提出成年人监护制度的合理化建议提供依据。

3. 实证分析法。该方法的特点是通过对司法实践的事实情况进行观察和分析,用于建立和检验各种理论命题。[①] 本书将收集关于意定监护和法定监护的案例,从中挑选较为经典的案例作为研究对象,分析研究我国现行成年人监护制度的运行和适用情况,对适用法律进行评析,包括法律适用的适当之处及反映出的问题和值得借鉴的地方。

---

① 张文显:《法理学》,高等教育出版社 1999 年版,第 49 页。

四、研究路径

本书以成年人监护制度为研究对象。首先，对成年人监护制度基本理论进行考察。其次，对现代成年人监护制度的改革背景、传统成年人监护制度的缺陷、现代成年人监护制度变革的新理念以及成年人监护制度变革的新内容进行研究分析。最后，通过对前述内容的分析，对成年人监护的立法体例与具体制度内容进行考察评析。即分别对我国成年人监护制度立法体例、意定监护和法定监护进行思考与补充完善，主要考察和评析我国《民法总则》出台前后的立法情况，结合现代域外国家的相关立法及我国学者对这一制度的相关观点，通过这些内容的考察与分析为之后的完善建议提供基础，最后结合我国实际情况，提出完善我国成年人监护制度的立法建议。

五、主要创新点

第一，在资料上，翻译了部分最新外国立法文献。笔者收集到2013年修改的瑞士成年人保护制度（英文版）以及韩国成年人监护制度（韩文版），并分别对其进行翻译。在文中进行详细的制度内容介绍并对其进行评析，以反映域外国家对现代成年人监护制度改革作出的制度回应。并将新修改的有益内容进行借鉴，结合我国实际情况吸收入对我国成年人监护制度的立法建议中。

第二，在理论上，提出部分新观点。笔者试图对法国、德国、瑞士、日本、韩国的成年人监护制度的具体内容进行考察与比较评析，将这些国家制度的改革背景及完整内容进行梳理，其中将德国照管制度中一直较少被人关注的意定监护相关内容进行研究，并首次对瑞士成年人保护制度进行详细评析。同时，结合人权理论进行研究，阐明目前与成年人监护制度密切相关的残疾人和老年人的相关公约精神，据此提出现代成年人监护改革立法的新理念，并据此提出医疗照顾措施之补充建议等。

第三，在联系实际上，注重理论联系实际分析问题。收集了相关典型案例，并对其进行评析。如本书后面展开论述的成年人意定监护制度之实践考察与评析、成年人法定监护制度之实践的考察与评析。

第四，在立法建议上，提出完善我国成年人监护制度的系统化建议。由于《民法总则》于 2017 年出台，本书针对《民法总则》中的新规定进行评析，结合域外法及我国学者观点中有益内容，针对《民法总则》仍待补足之处，提出总则中仍应增补的内容以及民法典之婚姻家庭编中应当补充的内容，即在现有制度的基础上提出部分增补建议。包括将我国成年人意定监护划分为一般措施和医疗措施；对我国法定监护进行分类，分为监护措施和辅助措施，并对其具体内容提出建议。

第一章　成年人监护制度基本理论考察

成年人监护制度，顾名思义，其被监护人的范围是限定在“成年人”这一范畴内，所以其概念是指为保护特定成年人的人身、财产及其他合法权益所设的私法上的制度。该制度是对成年民事主体行为能力缺陷（或者意思判断能力不足）的补充，为他们实现民事权利和履行民事义务提供合法救济途径。本章主要探讨成年人监护制度的性质、概念界定，并介绍该制度的体例与主要内容。目的是为了厘清成年人监护制度的本质属性和与其他相关相似概念的区别，以便于凸显这一制度补充完善的必要性，也为后面的制度设计提供一个前提。

第一节　成年人监护的性质探讨

监护制度是在宗族制和家长制基础上出现的，其成为为家族利益而设立的代行家长权的、具有家长辅佐人、代表人性质的一项民事制度。随着罗马古代世界的崩溃和新社会的形成，即宗族制和家长制的逐步瓦解，监护制度的性质也逐渐发生变化。我国学界关于成年人监护性质一直存在争论，而从我国法律规定上，也能看出立法者对于监护性质的模糊化。[1] 虽然这一法条中出现“权利”二字，但不可否认的是，当时的立法者将监护定性为义务。且坚持义务说的学者均持有权利应当是与利益存在某些联系，或是必须以获得某种利益为内容的。而他们均认为监护并不会为监护人带来某些利益，所以监护应当是义务属性的制度。2017年10月1日生效的《民法总则》也比较强调了监护的义务属性，而对于权利仅在法条中以一句话带过，未明确何种权利应当被保护。[2]

之所以要厘清成年人监护的本质属性，是为了在制度的具体设计上提供一个前提，所有的制度设计应当围绕着其本质属性开展，从而保障制度的可操作性和合理性。[3]

一、国内学界关于成年人监护性质的争论

国内学界对于监护的性质，归纳起来主要有以下三种观点：

1. 监护性质义务说（抑或是职责说）。我国多数民法学者认为，“监护不是一种权利，而是一种义务或职责”。持此种观点的学者有梁慧星、杨立新[4]等。有学者还认为，监护的内容在于保护被监护人的人身和财产，而不是对被监护人的支配权利。民法从对欠缺行为能力者的救济角度来研究这一制度，正如我国《民法通则》一样，将

---

① 《民法通则》在监护性质问题上，把监护视为一种民事权利，造成法律用语动宾搭配不当，最典型的句子当属第18条中“监护人依法履行监护的权利，受法律保护”。形成了“履行”“权利”这样经典范句。从汉语语言表述来看，正确的表述应当是：履行义务，享受权利。李洪祥：《论成年监护制度研究存在的若干误区》，载《政法论丛》2017年第2期，第96~97页。

② 《民法总则》第34条第1款、第2款规定，监护人的职责是代理被监护人实施民事法律行为，保护被监护人的人身权利、财产权利以及其他合法权益等。监护人依法履行监护职责产生的权利，受法律保护。

③ 有学者认为成年人监护制度应当“消除监护人只承担义务而不享受任何权利的不平衡状态，赋予监护人以一定的切实的权利”。引自彭万林：《民法学》，中国政法大学出版社2011年版。

④ 杨立新：《民法总则重大疑难问题研究》，中国法制出版社2011年版，第74页。

监护制度规定于民事主体部分。由此,监护不可能是权利。[①] 同时,还体现在最高人民法院《关于贯彻执行〈中华人民共和国民法通则〉若干问题的意见(试行)》(以下简称《民通意见》)中对监护人的各项具体职责内容,其规定全部是义务,未规定一项权利。[②] 他们认为在监护关系中,监护人的确享有一定的权利,如辞任权、报酬请求权等。但是监护人享有这些权利并不代表监护的性质是权利。理由主要包括以下几个方面:

第一,所有的权利都是以一定的实际利益为基础的,所以权利都要体现权利人的利益,反观监护制度,其着眼点在于保护被监护人的合法权益,而不是为了监护人自身的利益。第二,根据法律规定监护关系的设立是不应当附带任何条件的,即监护人不能以自身利益来决定是否履行监护职责。并且只要监护人不履行职责,就要承担相应的法律责任。[③] 第三,有的学者还提出,监护制度具有公法与私法双重属性的制度,监护制度具有鲜明的公益性和义务性,因此监护的性质是职责。[④] 还有学者也同样认为,"监护是一种职责,且其内容专在保护被监护人身体和财产,与身份权之内容在对人的支配上,绝无相同之处"。[⑤] 第四,法律明文规定监护是职责。这主要是基于我国《民法通则》第 18 条的规定[⑥],我国《民法通则》规定的监护制度纯

---

① 徐国栋:《论完善我国监护制度问题》,载《西北政法学院学报》1987 年第 2 期。

② 《法学研究》编辑部:《新中国民法学研究综述》,中国社会科学出版社 1990 年版,第 85 页。

③ "监护既然不是一种权利,也不能说监护是权利和义务的统一体。因此,监护在本质上并不是一种权利,而是一种职责,这是权利和义务的有机统一。监护人既享有职权,又负有责任。"引自王利明:《中国民法典学者建议稿及立法理由·总则编》,法律出版社 2005 年版,第 54 页。

④ 李霞:《民法典成年保护制度》,山东大学出版社 2007 年版,第 30~33 页。

⑤ 梁慧星:《民法总论》,法律出版社 2001 年版,第 102 页

⑥ 我国《民法通则》第 18 条第 1 款规定:"监护人应当履行监护职责,保护被监护人的人身、财产及其他合法权益,除为被监护人的利益外,不得处理被监护人的财产。"《民法总则》第 34 条第 1 款规定:"监护人的职责是代理被监护人实施民事法律行为,保护被监护人的人身权利、财产权利以及其他合法权益等。"

粹为保护被监护人利益，绝对不允许监护人借监护以谋取自身利益。[①] 即认为权利的最终落脚点，应当是权利人从中获得利益。如果说监护是一种权利就等于说，监护人可以通过监护他人而获得利益，这是绝对不被允许的。[②]

2. 监护性质权利说。持此种观点的学者认为，溯至罗马法，监护的本源应当是一种"权力"。而随着时代的发展，在现代，监护就是一种身份权利，是因监护人的特定身份而产生的权利，表现在监护人就被监护人人身和财产利益具有身份上的支配关系。[③] 还有学者认为，只有从性质上把监护权视为一种权利，才能使监护人能够正确地、主动地行使权利以实现监护制度的目的。[④] 同时，还有学者提出"监护权基本上同于亲权，只是惩戒权受到限制。而对于精神病成年人的监护者，在财产上同于亲权；在人身上则以身体和艰苦的照料、治疗和保护为主，同时也包括对于侵权行为的救济权及居所制定权，因而其性质属于身份权"。[⑤]

3. 监护性质的权利与义务统一说。持此种观点的学者主要有以下几个理由：第一，有学者提出："监护人既享有权利又负有义务，是权利与义务的统一，监护人能够依法对被监护人履行监护的各项职责就是其权利。"[⑥]第二，还有学者提出，监护在本质上仍然是一种权利，但是仍然要以履行一定的义务为前提和目的，即"对于那些由于年龄或者精神健康原因而不能自我保护的人基于监护和保护的、由民法所赋予的必要的权利和义务"。[⑦] 同时，有学者认为就监护制

---

① 余延满：《亲属法原论》，法律出版社 2007 年版，第 473 页。

② 高伟：《私法公法化研究》，社会科学文献出版社 2012 年版，第 81 页。

③ 张俊浩：《民法学原理》，中国政法大学出版社 1997 年版，第 115 页。

④ 姚辉、吴高臣、石佳友：《民法总论案例教程》，中国政法大学出版社 1999 年版，第 121 页。

⑤ 张俊浩：《民法学原理》，中国政法大学出版社 1992 年版，第 121 页。

⑥ 王家福：《民法基础知识》，中国人民大学出版社 1987 年版，第 66 页。

⑦ 龙卫球：《民法总论》，中国法制出版社 2001 年版，第 276 页。

度的宗旨而言，监护人承担着监督和保护被监护人的重任，因此应该承认为完成监护的职责，监护人是享有一定权利的。但是，此权利的行使正是履行监护职责的重要内容。第三，有学者提出，就监护制度的性质而言，监护是权利与义务相互紧密联系且不可分离，但是以义务为主要内容的一种社会职责。[①] 第四，有些学者从民法的角度提出，“民法总的来说是以权利为主、义务为辅的，但在监护制度中应该是以职责义务为核心，权利是为义务服务的”。[②]

二、成年人监护性质之界定

本书赞成顾昂然、王家福、江平的观点，即成年人监护不能简单地定义为某一种属性，因其制度的特殊性，成年人监护应当是具有权利与义务双重属性，即监护在性质上是一种权利，而此种权利是以义务为核心的。

（一）监护性质之权利属性的体现

在塞尔维所下的法律定义中，这位共和国时期最富有才华的法学家对监护作出如下定义“对那些由于年龄原因而不能自我保护的自由人给予保护的、由市民法所赋予的权力”。且罗马法中监护和保佐的实质其实就是两种有关财产行为的、对人的权利。[③] 由此可知，监护制度的本源是权力。

首先，我国《民法通则》第 18 条第 2 款[④]的规定中，用“履行”与

① 杨大文:《亲属法与继承法》，法律出版社 2013 年版，第 217 页

② 顾昂然、王家福、江平:《中华人民共和国民法通则》，中国法制出版社 2000 年版，第 92 页。

③ ［意］彼得罗 · 彭梵得:《罗马法教科书》，黄风译，中国政法大学出版社 2005 年版，第 128 页。

④ 我国《民法通则》第 18 条第 2 款规定，监护人依法履行监护的权利，受法律保护。

“权利”相搭配，前后矛盾，体现出了立法者对监护性质的困惑。[①] 所以，此次《民法总则》对此进行了修改，[②]反映了立法者对于监护性质态度的转变，即监护仍是以职责为主，但是不能否认其具有权利性质。

其次，视监护性质为义务的理论出发点在于单纯地把权利看做是权利主体所享受的某种“财产利益”，而忽略了现代民法中为他人利益的权利种类的存在，也忽视了“权利”一词中含有的非财产利益的内容。同时，法律上的权利与义务从来都是密切联系在一起的，“义务说”此种完全以利益为标准的划分是不合理的。第一，现代法理学中“权利”一词首先蕴含着资格的含义，即行动、占有、享受的资格。而法律也仅规定只有与被监护人有某些关系的人或具备法定条件的个人和组织才具有这种资格，并不是任何人都可以去担任他人的监护人的。第二，法律规定监护人应当保护被监护人的人身、财产及其他合法权益、代理被监护人参加民事活动和民事诉讼活动。这些不仅是监护人应该履行的义务，也是其监护权行使的表现。第三，监护中权利的属性已为我国立法所肯定。《民法通则》只不过在用词上不够严谨，但实际上立法者要表达的仍是“监护人在依法履行监护职责时享有的权利受法律保护”。并不能认为是“反映了立法者一方面将监护看作监护人的一种义务，同时又勉强凑合监护权这个法律概念的为难处境”。另外，《民通意见》第 21 条也明确使用了“监护权”一词。同时如果监护不具有权利属性，则其将丧失请求权

① 一是立法者认为监护多是监护人职责，其必须履行。二是立法者又注意到监护人对被监护人的监督和保护也是一种权利，法律应当保护监护人监护职责的履行、排除第三人侵害监护权的违法行为。这种认识上的混乱致使了当时法条用语上的矛盾，也加剧了对监护性质的争论。三是人们仅注意到现行民法对监护规定偏重对监护人义务的规定，忽略了对监护人履职的保障规定和为实现监护所应享有的权利，致使部分有监督资格的人都不愿担任监护人。

② 我国《民法总则》第 34 条第 2 款规定：“监护人依法履行监护职责产生的权利，受法律保护。”

的基础，2001 年最高人民法院《关于确定民事侵权精神损害赔偿责任若干问题的解释》第 2 条关于监护人对第三人侵犯监护权的行为请求精神损害赔偿的规定则是从这一方面揭示了监护的权利属性。第四，成年人监护虽然具有权利属性，但并不能把成年人监护单纯地看做权利，这样极容易增加司法实践中关于确定监护人、督促监护人履行监护职责的难度的。

不能否认的是我国现行立法即《民法总则》对监护人权利的规定还是有欠缺的。监护义务说的学者也认为我国相关法律应该"消除监护人只承担义务而不享受任何权利的不平衡状态"，应当赋予监护人一定的权利。所以，未来的立法对于监护人的权利方面仍有待补充增加。

（二）监护性质之义务属性的体现

监护制度的性质，随着社会和人权事业的不断发展，有其自身发展的历史过程，这一发展过程也体现出立法者对其性质的理解。成年人监护制度设立之初，其主要是带有"权力"属性的，即从原点看其是权利，但是随着人权理论的诞生以及国际公约的出现，成年人"权利"的属性在削弱，而"义务"属性在增长，逐步地强调监护人的履职。这是一个侧重点的变化，也体现了从原有的家父主义转向尊重本人尊严和意思自由的转变。可以说现代的监护制度并不是单纯以权利为本位的，而是以义务为本位的。一是从原有的对被监护人的全面监护到现在的部分监护，尊重被监护人的真实意愿，活用其剩余能力都反映了监护人在监护履行过程中不能再"为所欲为"，应当听从和尊重被监护人剩余意思的要求，在意定监护中按照被监护人的意愿履职。二是从原有的家庭内部责任到现有的国家公权力的适当介入，国家的介入要求监护人应当合法合理地履职，维护被监护人的权益，受到国家公权力的监督。

所以，民法典的立法应当对成年监护的性质给予明确界定。作为监护人义务，可以分为权益保护和行为监管两个方面。一方面是对被监护人的人身和财产等权益进行保护，如果保护不周，或者给被监护人人身或者财产造成损失，监护人负有赔偿责任；另一方面是在被监护人造成他人损失时，由监护人承担相应的法律责任。作为监护人权利，监护人因履行监护义务应当获得相应报酬，除对被监护人本身具有扶养义务关系外的其他主体作为监护人时，其理应享有报酬权和报销权。只有承认监护权，才不会使其丧失请求权的基础。享有这项权利，履行这些职责。

第二节　成年人监护与相关概念的内涵界定

成年人监护的概念在本书初始就已指出，其是指成年人本人在其具有完全民事行为能力时，为将来自己出现欠缺判断能力的情况而作出的事先法律准备，通过协议的方式，按照自己的意思选任监护人并将有关自己的生活、疗养护理、财产管理等事务委托给该监护人，以保护自身权益的制度。

一、成年人监护与未成年人监护

未成年人监护，是指对未成年人的人身和财产施行的监督和保护制度。对未成年人实施监护主要是由于未成年人心智发育未成熟，缺乏自我保护能力。

(一)成年人监护与未成年人监护之间的联系及共性

两者是根据被监护人年龄与心智状态为划分标准，将监护制度划分为这两个类型，分类起源于罗马法并被近现代各国所沿袭。两者一般都是被规定在一起，形成一个完整的监护制度。这主要是因为两者的性质相同，均属于具有家庭属性的制度，且两者在一定条件下具有承接性，即当未成年人天生或后天患有某种疾病，虽达到法定成年年龄，但仍缺乏意思能力的，则由未成年人监护承接适用成年人监护。这是因为这种家庭属性和承接性使两者理应归于同一制度当中并规定在一起，而又因为两者适用对象的年龄上有差距，所以未成年人监护规定在前，而成年人监护规定在后。也正是因为如此，两者通常都由同一公力机关负责。

(二)成年人监护与未成年人监护之间的区别

1. 两者的被监护人的主体范围不同。顾名思义,两者的被监护人分别是未成年人和成年人。但其中仍存在前提上的差别,未成年人监护的被监护人是指所有未成年的人,而成年人监护仅指部分丧失或完全丧失意思能力的成年人,而非所有成年人。

2. 两者的监护人的监护职责及具体履行并不相同。这方面的不同主要也是因为被监护的主体范围不同而导致的。两者的监护事务均可分为人身监护和财产监护。但是,由于被监护主体的不同,成年被监护人通常是具有精神障碍或智力障碍的自然人,同时在其仍具有民事行为能力时,可能拥有大量的财产,而未成年人此种情形则为少数。那么,两个制度之间监护人的职责的侧重点则会有所不同,即成年人的监护更加侧重于其人身照顾,包括医疗上的治疗和养护责任,所以德国、瑞士等国家都相继规定在成年人监护制度中将对被监护人进行必要的医疗作为监护人的法定义务。

3. 两者的监护人的选择不同。因为未成年人监护本身从学理上应当分为亲权和监护两部分,亲权在没有特殊情况下必须优先适用,即由父母担任监护人;在亲权不存在或履行不能时才使用监护,在这种情况下其监护人的第一顺位仍是父母。而成年人监护不同,若成年人在丧失意思能力前有意定监护协议,则优先适用意定监护,若不存在则直接适用法定监护。

4. 两者的监护监督不同。因未成年人多数仍是由父母进行监护,是最为符合家庭内部事务属性的,所以公力机关不宜过多介入;而成年人监护不同,其被监护人本身因享有一定财产和人身利益,需要公力适当较多的介入才可以更好地被实施。

5. 两者的性质不同。这因为成年人监护与未成年人监护有上述不同之处,也就反映出两者在性质上是存在不同的。未成年人监护制度中父母作为监护人,其对子女的成长提供身心照顾,进行抚养、教育、管理,具有一定的惩戒权。有学者认为,从此可以认为未成年人监护的性质是兼具公法、私法性质的一种职责。[①] 而对于现代成年人监护制度,其设置的目的已经从原有的对被监护人的管理和限制转变为尊重其意思自治、保护其合法利益、保障其生活正常化,同时监护人在履职的同时享有辞任、报酬等权利。从而构成了权利义务统一的制度。

二、成年人监护与民事代理

代理是"基于扩张主体自治能力而设计的一种特殊法律行为。它是行为人以他人名义实施法律行为,由此产生的法律效果直接归属于他人的法律制度"。[②] 民法上的代理分为法定代理和委托代理;监护上则分为法定监护和意定监护。

(一)成年人监护与代理之间的联系及共性

1. 法定代理人与监护人。两者有着密切的关系,无诉讼行为能力的自然人的监护人为其法定代理人,如果无诉讼行为能力的自然人之监护人丧失了监护权,其法定代理人的资格同时丧失。其中《民事诉讼法》第57条规定,"无诉讼行为能力人由他的监护人作为法定代理人代为诉讼"。在最高人民法院《关于适用〈中华人民共和国婚姻法〉若干问题的解释(三)》(以下简称《婚姻法司法解释三》)中关于"无民事行为能力人和限制民事行为能力人的离婚问题"的规定[③]就体现了代理与监护的关系,即监护人一定是法定代理人,但法定代理人却并不一定是监护人。同时法定代理人与法定监护人都是根据法律规定范围和顺序设立的。

---

① 叶欣:《现代成年人保护制度的民法研究》,武汉大学出版社2011年版,第16页。

② 谭启平:《中国民法学》,法律出版社2015年版,第212页;龙卫球:《民法总则》(第二版),中国法制出版社2002年版,第563页。

③ 《婚姻法司法解释三》第8条规定:"无民事行为能力人的配偶有虐待、遗弃等严重损害无民事行为能力一方的人身权利或者财产权益行为,其他有监护资格的人可以依照特别程序要求变更监护关系;变更后的监护人代理无民事行为能力一方提起离婚诉讼的,人民法院应予受理。"

2. 意定监护与委托代理。两者都是由具有完全民事行为能力的成年人按照自己的真实意思而设立的,同时,《民法总则》第 165 条规定的委托代理授权的设立形式及内容与《民法总则》第 33 条意定监护协议的设立形式是基本一致的。并且,两者的终止情形大致相同。而在法律责任上,倘若意定监护人和代理人不履行职责或者侵犯当事人权益的,都应承担相应的民事责任。

(二)成年人监护与代理之间的区别

我国学界对于代理和监护制度的理解区分上,存在一定的偏差。有学者认为监护就是一种特殊的代理。在法律规定上体现出的就是《民法总则》第 163 条代理包括委托代理和法定代理以及第 175 条法定代理的终止情形,其将这一内容规定在第七章代理当中。有学者提出代理制度设立的根本原因是民事主体基于行为能力的欠缺而不能实施法律行为,或者不愿意亲自实施法律行为,其实际上起到补充和扩张意思自治的作用。① 而监护被设立的目的之一也是出于对民事行为能力欠缺者的一种补足。但实际上两者的差异是非常明显的,补充扩张意思自治与补足意思自治是不同的。并且在下述内容中也是存在不同的。

1. 适用对象。代理制度的委托人必须是完全民事行为能力人;成年人法定监护的适用对象是丧失或部分丧失民事行为能力的成年人,虽然意定监护的设立主体与代理的设立主体是一致的,但是两者在生效时间上是不同的,意定监护仅在被监护人丧失或部分丧失民事行为能力时生效,而代理并非如此。同时在这里就涉及一个问题,就是意思能力正常但身体上残疾或行动不便的成年人是否属于成年人监护的主体范围。笔者认为不属于,原因在于监护措施的适用前提是其他措施已经无法保障该成年人的利益才得以适用,如果通过代理的方式就可以解决则不适用监护措施。

2. 设立形式。根据法律规定委托代理可以采用书面形式,也可

---

① 王利明:《民法典体系研究》(第二版),中国人民大学出版社 2012 年版,第 399 页。

以采用口头形式。法律规定必须采用书面形式的则应当用书面形式。而为了确保意定监护中委托人的真实意思,域外国家和我国都是要求书面形式,甚至有些国家要求必须通过公证的形式设立。因为意定监护涉及委托人丧失或部分丧失意思能力后的人身保护和财产管理,这时委托人已经不能对意定监护协议的内容作出是否真实的确认,那么设立时的意思确认就尤为重要,所以其设立形式要比委托代理严格得多。

3. 职责内容。在职责内容上的区别在于代理是完全按照被代理人的意思行使代理权限的,是否进行代理及确定代理的方式、内容完全按照被代理人的意思表示决定,代理其从事法律行为。而监护则不同,因为监护的首要理念已经转变为尊重被监护人本人的自我决定权,但是当被监护人完全丧失民事行为能力或监护人所履行的职务被监护人已经没有能力发表意见时,出于保护被监护人的利益可能会出现监护人违背被监护人意思但有利于被监护人利益的情况发生,尤其是在对被监护人医学治疗之时。

4. 生效时间。委托代理的生效时间由双方协商确定,而意定监护协议的生效时间虽然也可以由双方协商确定,但是必须在委托人丧失或部分丧失民事行为能力时才可以生效。

5. 法律后果(效力)。被代理人因其具有完全的民事行为能力,可以自己行使监督权以限制代理人的履职行为,国家干预较少;而被监护人因其已经丧失或部分丧失民事行为能力,虽也能部分监督,但是很难在自己利益受损时维护其利益,所以公力的介入较多,这一介入主要是为了保障被监护人的利益,体现了对弱者利益的保护。

三、成年人监护与赡养、扶养、抚养

世界上多数国家将亲属间(包括子女对父母的、父母对子女的以及平辈之间)的经济供养义务统称为“扶养”,而我国则是根据扶养权利人和义务人的辈分进行划分,具体分为抚养、赡养和扶养分别

规定。[1] 赡养是指子女在物质上和经济上为父母提供必要的生活条件;[2]抚养则是指父母从物质上供养子女和日常生活中照料子女;扶养则是指平辈亲属间相互的经济上供养和生活扶助的法定权利义务。

(一)成年人监护与赡养、扶养、抚养之间的联系及共性

我国引进意定成年人监护制度首先起于我国《老年人权益保障法》,分析其深意是因为适用成年人监护占比最大的群体就是将来可能丧失民事行为能力的老年人,因为青年人除非身患疾病或先天问题,按常理不会认为自己需要成年人监护措施。将来可能丧失民事行为能力以及已经丧失民事行为能力的老年人是成年人监护的主要适用主体,赡养和监护应当说是解决老龄化社会问题的方式之一。

两者之间的联系体现在主体上,成年人监护与赡养、扶养、抚养的主体有可能合二为一。而从职责上,民众一般将成年人监护作为自己年老后的一种生活保障,我国法律上也是承认两者有着必然的联系,在《老年人权益保障法》第二章家庭赡养与扶养中,赡养与意定监护同样规定于此。应对人口老龄化问题,需要多元化的制度合力解决,而完善成年人监护制度绝对是解决老龄化问题的重要方式之一。并且具有赡养、扶养、抚养的义务主体一般都是监护的私力监督主体。

(二)成年人监护与赡养、扶养、抚养之间的区别

1. 制度功能存在不同。有学者指出"我国现有的研究中有的是把成年监护问题与老年人的赡养、养老问题混同了。老龄化问题与养老问题应与成年监护区分开来"。其认为老龄化在实际生活中面

---

① 杨大文:《亲属法与继承法》,法律出版社 2013 年版,第 234 页。

② 根据现行《宪法》第 49 条及《婚姻法》第 21 条的规定,成年子女有赡养扶助父母的义务。现行《老年人权益保障法》第 13 条规定,老年人养老主要依靠家庭,家庭成员应当关心和照料老人。有经济能力的子女,对丧失劳动能力,无法维持生活的父母,都应予以赡养。可见,赡养义务应当包含经济上的供养、生活上的照料和精神上的慰藉等方面。

临着诸多的问题和困境,在化解路径上有赖于立法作出更为细致而具体的回应。其中精神的赡养及心灵的维系是老年人权益保障的重要方面,老年人精神赡养需求的实现更主要的还是要依靠父母子女之间代际感情的维系和子女本身的道德遵守。[①] 由此可见,广义的"扶养"制度功能是起到弘扬我国传统"孝"文化、代际文化及夫妻相濡以沫思想,维系亲属间联系的功能。而从本书对成年人意定监护之司法实践的介绍中,笔者看到老年人选择意定监护主要出于以下三个原因:一是防止人身及财产被不信任的人管理;二是不愿由曾经发生过利益冲突的人担任其监护人;三是防止其子女因担任监护人而发生争议或是担心无法定具有监护资格的人担任其监护人而致使其无人监护。可见,成年人监护制度的功能主要是为了弥补当事人的民事行为能力欠缺,保护其人身及财产利益。

2. 主体范围不同。扶养、赡养和抚养均是基于一定的亲属身份发生,只能发生于法定的近亲属之间。其他亲属之间在经济上的帮助只具有道义责任和友谊性质,而非必须履行的义务。而监护人的范围不限定在近亲属的范围之内,也可以是近亲属以外的其他人担任。

并且,对于有意思能力的成年人,只是因身体残疾或活动能力欠缺,这类人适用广义上的扶养更为合适。尤其是这类人一般为老年人,其更需要的是精神上的慰藉,这也是监护制度所无法取代的。[②] 但同时,广义上的"扶养"也同样适用于已经丧失或部分丧失民事行为能力的成年人,其"扶养"义务并不因适用成年人监护而无须履行。而成年人监护的适用对象则仅是已经丧失或部分丧失民事行为能力的成年人。

---

① 李洪祥:《论成年监护制度研究存在的若干误区》,载《政法论丛》2017 年第 2 期,第 95 页。

② 我国实行家庭养老,也就是赡养,是父母子女等家庭成员间的法定义务,且这种义务履行是不求回报的,法律上的依据是家庭成员间的亲情和法定义务;没有近亲属的,实行社会养老,也就是社会福利机构的养老,一般是依据合同进行的。

3. 职责范围不同。我国《民法总则》第34条规定了监护人的职责。简单地说,成年人的监护人的职责主要是弥补成年人民事行为能力的不足,保护、监督被监护人;而赡养、抚养、扶养则主要是保障当事人的衣食住行。当监护人和赡养人不是同一主体担任时,两者的关系按照我国《民法总则》第37条[①]规定不能是有了监护人,其他具有法定"扶养"义务的人就不再履行义务,扶养人仍要履行其应有的支付扶养费等义务并起到监督监护人的作用。

此外,有学者认为1985年实施的《继承法》第31条规定的遗赠扶养协议被看作"成年人的未雨绸缪",[②]即在成年人自己意思尚清之时,与他人或组织订立的,由他人或组织承担其生养死葬义务,在其死后享有受遗赠权利的协议。还有学者认为,意定监护的内容中应当包括死后丧葬。[③] 但我们认为遗赠扶养协议虽然是由当事人双方出于真实意愿订立的,但其协议内容只包含对被扶养人的生养死葬义务,属于扶养范畴,而对其人身安全保护和财产管理均不包括在内,故不属于监护。

四、成年人监护与照顾、保护

笔者认为现代成年人监护与照顾的定义可以基本混同,有学者认为需要被照顾照料的人不一定是意思能力欠缺的人。但是此处过于咬文嚼字了,词语的含义有多种,在于制度上立法者对监护的定义。之所以现有的成年人监护制度逐渐将其称之为照顾制度或照护制度,主要是想突出设定这一措施并非对成年人的监管。从语言的表述上看,我国的"监护"、拉丁语的"tutela"、法语的"tutelle"、德语

---

① 我国《民法总则》第37条规定:"依法负担被监护人抚养费、赡养费、扶养费的父母、子女、配偶等,被人民法院撤销监护人资格后,应当继续履行负担的义务。"

② 刘金霞:《试论我国成年监护制度的立法完善》,载《北京社会科学》2012年第4期,第16页。

③ 吴国平:《民法总则监护制度的创新与分则立法思考》,载《中华女子学院学报》2017年第5期,第23页。

的"vormundschaft"、英语的"custody""guardianship",内涵皆有保护之意。[①] 有学者对三者的关系做了如下定义:因男女两性不同或年幼所设监护,名为保护人(tutorship)。因神志不健全,能力不充足,或因有精神病者所设之监护,则名为照管人(curatorship)。监护人,为保护人与照管人之总称。被监护人,为被保护人与被照管人之总称也。[②]

考察其他国家的立法改革可以发现,德国、瑞士先后对自己原有的监护制度名称做出了改变,以瑞士立法为例,2013 年修改的《瑞士民法典》英文版的翻译中,这一制度在英文版中直接使用"The protection of adults",被翻译为"成年人保护制度","The protection of adults"中"protection"有保护、照护、保护措施的意思,主要指使保护对象免受伤害、危险、攻击等,或向之提供帮助或救援。而该法没有使用通常的监护(guardianship, wardship, custody, tutelage)等词,"guardianship""wardship"都有保护的意思;而"tutelage"是罗马法上的监护,主要指对未适婚人与对子女的监护,强调指导、教导的意思;"custody"更加强调的是对人或物直接的、亲自的照管与控制含义,更多的是监管和监视的意思。所以,我们认为这里的"protection"与"guardianship","wardship"的含义基本相同,但与以往的监护相比更注重的是保护而非监管,也体现出现代成年人监护制度中所强调的立法理念。这样名称上的改变,笔者认为也是监护属性向职责侧重于保护、照顾的体现,代表着先进成年人监护制度的发展方向。

---

① 叶欣:《现代成年人保护制度的民法研究》,武汉大学出版社 2011 年版,第 9 页。

② 黄右昌:《罗马法与现代》,北京大学出版社 2008 年版,第 124 页。

第三节　成年人监护制度的立法体例及主要内容

一、成年人监护制度的立法体例

成年人监护制度的外部体例，即成年人监护制度在民法典中的立法体系以及其在民法典的结构中应居于何位置。除个别国家，如俄罗斯将一般性规定规定在总则编外，其余国家的成年人监护制度的主要内容均被规定在亲属编或家庭编中，如法国、德国和瑞士等，这反映监护制度“以亲属监护为主，机构监护为辅”的特点。[①]

成年人监护制度的内部体例，即监护制度本身的立法体系以及其应当由哪些具体制度构成。通常成年人监护制度根据产生的原因可以分为法定监护和意定监护。法定监护是指由法律直接规定，其发生的依据和内容都有法律规定。意定监护是具有完全民事行为能力的成年人可以通过书面协议预先为自己选定监护人，并将其丧失或部分丧失民事行为能力时的监护事务托付给该监护人的措施。

二、成年人监护制度的具体内容

根据成年人监护制度内部措施的分类，其主要内容也有所不同，主要包括设立要件、主体的权利义务、监护监督、监护的变动等内容。

（一）成年人法定监护制度

1. 设立要件。

（1）主体资格。被监护人的资格是指成年人应当被适用监护措施的前提条件。而监护人的资格是指担任监督和保护职责的主体应当具备的条件。监护人担负着监督和保护被监护人合法权益的重要职责，那么监护人须具备相当的能力，且为忠于被监护人利益的保护

---

① 陈苇、李艳：《中国民法典之监护制度立法体例构建研究》，载《西南政法大学学报》2017 年第 2 期，第 76 页、第 82 页。

者，才能胜任监护工作。因此，绝大多数国家或地区立法对监护人的资格都作了明确规定。

(2)设立形式。所谓监护的设立是指设置监护人成立监护关系，监护的全过程是以此为起点的。由于监护制度是为监督和保护有残障的成年人的人身或财产利益而设，且间接地保护第三人的权益，故只有具备设立监护的法定条件或原因时，监护才设立。

监护的设立形式主要有依遗嘱而设立；依法律规定而设立；依有权机关的选定而设立。依遗嘱而设立是指依据被监护人的父母所订立的合法有效的遗嘱而设立监护，此种方式多是未成年人的父母所订立的，而非成年人本人订立；依法律的规定而设立即监护人的范围与顺序直接由法律规定而设立的监护；依有权机关的选定而设立的监护是指法定的监护选任机关依据法律所规定的选任监护人的条件与程序选任监护人而设立的监护。

2. 主体的权利义务。这里主要是规定被监护人、监护人所应当享有的权利和义务的内容。应当说明的是，为了突出“国家公力适当介入”的立法理念，本书将关于监护监督，如监督人的资格、职责等统一在“监护监督”中研究。所以此处仅涉及监护人与被监护人的权利及义务。

(1)被监护人的权利及义务。

①被监护人的权利。其仅能行使与自己行为能力范围相适应的相关行为。在法定监护中其应当尽可能享有一定的知情权、参与权与决策权。

②被监护人的义务。限制民事行为能力人从事某些行为需要获得监护人的同意或追认，德国、瑞士等国都有相关规定。

(2)监护人的权利及义务

第一，监护人的权利，主要包括拒任权、辞任权、报酬权及报销权。

监护人的拒任权：即拒绝接受监护任职的问题，在立法例中有两种不同方式：一是被指定为监护人的主体可凭个人意愿决定接受或拒绝担任监护人;二是被指定为监护人的主体,不得拒绝指定或擅自更改指定,如我国的相关规定。

监护人的辞任权:即监护人中途退出监护的权利,有些国家的法律明确予以承认,但须有正当理由并经过认可为前提,且在认可前须继续履行职责。

监护人的报酬权:监护人可否因监护履职而获得报酬,主要有以下三种立法例。一是无偿主义,法律明确规定监护是无偿的社会义务;二是有偿主义,因监护本身是一种有代价的职责,履行了职责就应当获得报酬,如瑞士的相关规定;三是补偿主义,法律规定监护是无偿的或者没有将获得监护报酬作为监护人的权利,但在法律规定的例外情况下,考虑到监护人和被监护人的财产状况以及监护劳动本身的难度,由监护权力机关决定是否给予报酬的多少,如法国的相关规定。

监护人的报销权:监护人在履职过程中所产生的必要开销,可通过一定程序在被监护人的财产中予以报销。

第二,监护人的义务:一般包括人身监护和财产监护。其中人身监护注重对被监护人意思的尊重及生活监护事务和身心关怀;财产监护则包括制作财产清册、管理和保护被监护人的财产;禁止受让被监护人的财产;代理权和同意权等。

3. 监护监督。

(1)公力监护监督。所谓监护公力机关是指行使监护监督职责的国家机构。其职责主要包括:指定(选任)、更换监护人;审查职责;监督监护人的履职;救济职责。监护机关的完善是实现监护立法目的的组织保障。一般内容应当包括事前介入、事中介入和事后介入三部分。

(2)私力监护监督。私力监护监督人是指对监护人的监护行为负有监督责任的人。可以是自然人,也可以是法人。关于监护监督人的设立,各国立法例不尽相同。但大部分大陆法系国家均明文规定应当设置监护监督人。监护监督人的职权主要包括:听取监护人的述职;监督监护人履行监护职责;申请撤销、终止监护;发生监护人侵犯被监护人权益的情形时代理被监护人向法院起诉;在监护人履职不能时担任临时监护人等。

4. 监护的变动。监护终止是指监护关系因法定要件的消灭而暂停或结束。所以,这一监护终止有绝对终止和相对终止之分。相对终止并非代表监护关系的结束,而是现有监护人因出现特定原因不能继续履行监护事务,发生的权利义务转移。

绝对终止的情形主要包括:被监护人死亡;被监护人恢复完全民事行为能力。相对终止的情形主要包括:监护人履职不能(监护人死亡、监护人被实施监护措施、监护人丧失担任监护人的资格);监护人依法定条件辞任;监护人被法院撤销监护资格。在监护相对终止后,法定公力机关应另行指定监护人继续履行监护职责。

(二)成年人意定监护制度

1. 设立要件。

(1)主体。委托人的资格,设立意定监护的成年人绝大多数国家或地区立法均要求该成年人具有完全民事行为能力或是判断能力。受托人的资格,即由委托人选任的自然人或法人。被监护人为丧失或部分丧失民事行为能力的委托人;监护人为委托人选定的受托人担任。

(2)设立形式。意定监护通常以书面协议的形式设立。通常有以下两种设立方式:一是仅能够通过公证设立,如日本、韩国;二是既可以通过公证方式设立,也可以通过自书的方式设立,如瑞士。而关于意定监护是否需要登记,也有两种立法模式,一是如日本,要求强制登记;二是如瑞士,由当事人自主选择是否进行登记。

2. 主体的权利及义务。被监护人的权利:当被监护人具备完全民事行为能力时,其享有设定、更改、撤销意定监护措施的权利,在其丧失或部分丧失民事行为能力时,其享有法定监护中涉及的被监护人的权利。监护人的权利及义务均是根据委托协议中的规定,委托协议中未规定的,可适用成年人法定监护的相关规定。

3. 监护的生效。监护的生效是指意定监护协议发生效力的时间或标准。关于此生效的时间通常有两种立法例:一是委托人丧失或部分丧失民事行为能力即生效,如我国;二是需要达到法定要求才生效,如日本选任监护监督人后任意监护才生效。

4. 监护监督。意定监护中的监护监督相对于法定监护来说介入较少,包括对意定监护设立形式及内容的要求;在监护开始时的公力审查,这里主要是审查意定监护开始的情形是否已经发生、受托人是否有资格担任监护人,等等。出现问题时的事后介入,主要是当意定监护已经不足以保障被监护人利益时,公力依职权或依申请介入进行保护。

5. 监护的变动。意定监护的撤回,因为意定监护是由尚具有完全民事行为能力的成年人设立,在其未生效前,且当事人仍具有民事行为能力时,当事人可以撤回协议。意定监护的变更,同样在当事人仍具有民事行为能力时,双方可以协议更改协议的内容。意定监护的终止情形同样可以由当事人协商确定,未规定的则参照成年人法定监护的规定。

第四节 成年人监护制度的功能定位

监护就是“代理被监护人进行民事活动”,[①]监护制度确实有维护社会经济秩序的功能,但它显然不是设置监护制度的唯一功能,并且这一功能也是次要功能,而无法将其与保护被监护人的合法权益、弥补被监护人的行为能力并列在一起作为监护制度的功能。其功能,可以体现出监护与其他相关制度的联系与区别。关于成年人监护制度的功能,一般认为具有以下两大功能。

① 陈国柱主编:《民法学》,吉林大学出版社1987年版,第40页。

一、弱者利益保护,弥补被监护人的民事行为能力

弱者利益保护原则是法律制度体现实质正义与人文关怀的重要原则,它是“法律面前,人人平等”原则的突破和延伸,根据一定的标准来界定其弱者地位,再给予一定法律规定上的倾斜或保护。何为弱者,其身份具有以下特点:一是弱者身份的界定。根据所处的具体社会关系来界定弱者身份。二是弱者身份法定。该身份通常由法律直接规定。三是身份的可变性。弱者身份因具备法定要件而设定,同时也因不满足要件而丧失。① 综上,所谓的弱者通常是指未成年人、老人和妇女等主体。为了保护此类主体并体现实体公平,这一原则在民法很多制度中都有所体现,也主要体现在对未成年人、妇女和老年人的保护中,而未成年人和丧失或部分丧失民事行为能力的老年人也是适用监护制度的主体之一,除此之外,其他缺乏民事行为能力者也同样是该原则的重要保护对象。针对这样的弱势群体,法律上应当给予一定的保护。而监护制度作为监督和保护未成年人和无民事行为能力或限制民事行为能力的成年人的制度,当然具有保护弱者利益的功能。

传统民法关注到,民事行为能力有欠缺的成年人存在自我保护、生活两方面的不足。一方面,因为民事行为能力的欠缺,而无法正常行使权利和履行义务;另一方面,其人身和财产都处于不能自我照顾和保护的状态。但是他们也是社会上的人,自然不能使其脱离于社会生活之外。这样就造成其无法真正融入社会生活,无法享受到权利,还极有可能出现自己及第三人人身或财产利益受损的情况发生。② 那么立法者要做的就是设立一个制度,让其能够应当尽可能地参与到社会生活中,其人身能够得到照顾、财产权益能够得到管

---

① 徐冬根:《人文关怀与国际私法中弱者利益保护》,载《当代法学》2004 年第 5 期,第 14 页。

② 余延满:《亲属法原论》,法律出版社 2007 年版,第 471 页。

理,监护由此诞生。①

综上所述,其首要的功能由此体现,即保护弱者利益,弥补被监护人欠缺的民事行为能力。

二、保护第三人利益,维护交易安全

被监护人往往由于缺乏判断能力,尤其是精神障碍者,在自身不可控时可能实施不法行为。据统计,精神障碍者的犯罪率很高,但是由于其精神上确有障碍而无须负刑事责任。同时大量的精神障碍者得不到有效的治疗,甚至流落街头。② 以至于经常出现精神病人在不可控的情况下危害了社会安全、自身及他人的安全,侵害了第三人的利益,从而造成社会秩序的不稳定,也给自己及受害者家庭带来了无法弥补的伤害。监护制度从名称上看,其具有监督和保护的含义。而其监督则要求监护人必须监督与适当限制被监护人的行为,以防止、避免其实施不法行为。倘若被监护人实施了违法行为并造成了他人人身或财产权益受损。那么,监护人应对此承担相应的民事责任,起到维护社会的正常秩序和保护第三人利益的功能。

由于成年人监护制度中被监护人主体是"成年人",注定了其具有维护交易安全的功能,因为多数成年人在丧失或部分丧失民事行为能力前,拥有一定的财产,那么这些财产会被如何处分就涉及对交易安全的影响。这一功能主要是通过两个方面实现的:一是当被监护人为无民事行为能力人时,监护人代其为财产管理或进行交易;二是当被监护人为限制民事行为能力人时,当其从事某些重要交易时,其需得到监护人的同意或追认来实现的。通过这两个方面,首先弥补了民事行为能力欠缺者无法自己进行财产管理的缺憾;其次就是

---

① 各国通过创设监护制度,从而选任监护人,由监护人在尊重被监护人意愿的前提下为被监护人提供人身照顾保护及财产上的管理,代其行使法律行为,承担一定的法律责任而弥补其民事行为能力的不足。

② 王云超:《论我国现行强制医疗程序的现实与对策》,引自中国法院网 http://www.chinacourt.org/article/detail/2013/07/id/1037270.shtml,最后访问日期:2017 年 10 月 10 日。

保护了交易相对人的利益。这样的规定在法国、日本等国的成年人监护制度中都有所规定，如《法国民法典》第 461 条规定，财产受管理的人未经财产管理人的协助不得订立民事协议。第 467 条至第 472 条又具体列举了财产受到管理的人应当经过财产管理人同意才能实施的如赠与、订立遗嘱等财产行为。《日本民法典》在第 13 条具体列举了被保佐人在从事法律规定的财产处分行为时需要得到保佐人的同意。可见，成年人监护制度既起到了保护被监护人自己的财产利益的功能，又起到保障交易安全的功能。

综上可知，成年人监护制度在弥补成年人民事行为能力的同时，通过保护和监督的方式适当地限制被监护人的行为，能起到保障第三人利益和交易安全的功能。

第二章 现代成年人监护制度的新变革研究

对于现代成年人监护制度的研究,必须要了解传统成年人监护制度存在哪些问题,又因为什么样的时代背景而促使了变革的发生。所以,本章主要介绍现代成年人监护制度的新变革,包括对现代成年人监护制度的变革背景,因背景而产生的新理念,且由此对成年人监护制度产生变革的新内容。

第一节 现代成年人监护制度的变革背景

一些发达的资本主义国家人口结构逐渐呈现出高龄化趋势,而原有的成年人监护制度无法为因年龄增大而判断能力逐渐衰退的老年人提供法律保护。有学者分析这可能是因为在近代各国民法典制定之始,由于物质生活条件和医疗技术发展所限,人们的寿命普遍较短,国家的老龄化现象并不严重,极少出现老年时才极易发生的疾病(如老年痴呆),以至于各国在设定成年人监护制度时,一般均以成年精神病人作为被监护对象。① 但是,又因为物质生活条件和医疗

① 李霞:《成年监护制度研究——以人权为视角》,中国政法大学出版社 2012 年版,第 31 页。

技术发展迅速，人们的寿命普遍延长，加之发达国家的生育率始终较低①。种种原因致使老龄人口数不断增加，也给各发达国家带来了极大的压力。正如日本学者所言："在民法典制定时，起草者不可能考虑到这种高龄化社会的到来，日本民法典规定的成年人监护制度不可能包括对因年龄增大而判断能力衰退的无民事行为能力人的保护，因此，民法典已经不能调整这些问题了。"②

具体如韩国引入成年监护就有着深刻的社会背景，2008 年 7 月，韩国 65 岁以上的人口为 501.6 万，占总人口的 10.3%，预计 2026 年这一比例将会达到 20%。在韩国的部分地区，65 岁以上人口的比例在 2014 年已经超过了 20%。可见，韩国已经进入老龄化社会。而在韩国引进成年人监护制度之前，对老年人的保护主要依赖社会福祉法等公法上的保护，私法保护就成了法律上的空白。③

一、传统成年人监护制度之缺陷

（一）监护类型僵化，实施全面监护

1. 法定监护的类型单一，未考虑"人"的多样性。原有的定型的、"一刀切"式的民事行为能力制度将被监护人的行为能力部分甚至全部剥夺，而未考虑到"人"的多样性，一旦被剥夺则其基本上所有事务均要由监护人代为决定或履行，可以说是剥夺自治权，完全的他治主义。这显然没有考虑到被监护人仍然残留的意思能力，使其完全无法正常地享有社会生活并享有自身权利，背离了人权公约对

---

① 生育率过低会加速老龄化，导致劳动力萎缩甚至导致国家人口的灭绝。按照目前的生育率，日本媒体称，五百年后日本人口总数会减至一千人；韩国国会立法调查处称，七百年后韩国人或将灭绝。新加坡、乌克兰等国都面临人口灭绝的危险。腾讯经济：《从日本印度看生育率高低与经济兴衰》，引自 http://finance.qq.com/original/MissMoney/mm0035.html，最后访问日期：2017 年 11 月 12 日。

② 李霞：《成年监护制度的日本法观察——兼及我国的制度反思》，载《法学论坛》2003 年第 5 期。

③ 李世刚、江俊杰：《韩国成年监护制度解析》，载《青海社会科学》2017 年第 1 期，第 146 页。

缔约国的要求以及民法的自治原则。过度干预本人的人身事务，导致了对本人的基本权利和自由的限制和克减，监护制度被评价为虽然是保护无民事行为能力人的措施，但却过度剥夺了本人的自由，无民事行为能力人制度就是民法对本人的全部民事行为能力的褫夺。

具体而言，传统的禁治产制度，其理念、制度、特征和目的都奉行着医疗监护的模式。其适用对象是精神障碍、智力障碍等脆弱成年人。鉴于残疾给人类带来的损害，成年监护制度一直秉承着残疾的医疗监护模式，该模式注重的是对身心障碍者的治疗和修复，精神障碍者和其他残疾者通常被封闭在精神病院或者疯人院中，作为医疗、康复和慈善的客体，被隔离于正常人的社会之外，忽略了他们的残余能力。医疗监护的理论依据是“法律家父主义”，监护人是缺乏民事行为能力的成年人意志的替代决定者。[①] 受监护人无人身、财产和治疗护理方面的决定权。医疗监护模式采取“他治式”的保护措施，阻止了身心障碍者融入正常人的社会。他们被限制了甚至剥夺了决定自身事务的权利和机会，监护人成为被监护人实质上的行为约束者和管理者。[②] 受监护者的人身与财产都受监护人的支配，这是旧的成年监护制度的立法理念，反映的是对被监护人的全面控制和限制，忽略了其本人的真实意思和其剩余能力。

2. 忽略当事人的自我决定，意定监护仍未普及。设定监护措施的前提是宣告当事人为禁治产人，其被宣告即丧失了全部的民事行为能力，被认定为一个没有任何判断能力或是辨识能力的人。由此，监护措施实施后，被监护人即使可以表达其真实意愿也不被遵从和尊重。同时，意定监护尚未普及，民众即使想为自己预先设定措施而因无法律规定而无法设立，即使设立，其未来的可适用性和可操作性也不得而知。

---

① See Wolf Wolfensberger and Stephen Tullman, A Brief Outline of the Principle of Normalization, 27(3) Rehabilitation Psychology(1982), p. 135.

② 朱涛:《自然人行为能力制度研究》，法律出版社 2011 年版，第 216 页。

综上，对脆弱的成年人而言，监护制度借保护之名过度限制了个人的自由。因此，如何矫正保护过度、在自治与他治中寻求到平衡点，成为成年人监护法改革的目的。

（二）被监护主体范围存在缺陷

有许多学者认为，多数国家将被监护人的主体称为禁治产人、准禁治产人，这样的称谓首先就带有一定歧视的意味，又因其被宣告而丧失了对财产的管理权和处分权，在婚姻权、生育权、遗嘱权等私法权方面受到限制，还在选举权、营业自由权等私法权以外的方面受到限制。公示加之种种后果使被宣告人很容易受到周围人的排挤或歧视。

而观其范围，禁治产人是指因心神丧失或精神耗弱而不能处理自己事务的人。准禁治产人是指精神耗弱、聋、哑、盲、浪费人。两者的范围在各国立法中存在差异，如有些国家仅规定禁治产人，如法、德；而有些国家既规定禁治产人也规定准禁治产人，如日本、意大利。其中德国原来民法规定有下列情形之一的，得宣告为禁治产人。(1)因精神病或精神耗弱，致不能处理自己事务者。(2)因挥霍浪费致自己或家属有陷于贫困之虞者。(3)因酗酒或吸毒不能处理自己事务者，或致自己或家属有陷于贫困之虞者，或危及他人安全者。

由此看出，传统的成年人监护制度将仍具有完全民事行为能力，对自己的行为有辨识能力的人纳入了成年人监护制度的适用范畴中，使这一制度的适用主体范围过宽。

（三）监护职责上重视财产利益，忽视人身利益

从"禁治产监护"之称谓便知，该种监护就是禁止本人管理自己的财产，由监护人替代本人行使财产管理权。因而，全面监护实则是对财产的保护。在进入监护程序后，监护机构的保护重心便是本人的财产，换言之，全面监护所保护者，实为本人的抚养人和继承人，进而维护交易秩序。被宣告为禁治产人意味着本人实施的所有行为无效，即便从事的是日常生活交易，如购买生活必需品等，都受到限制。这种一切法律行为归于无效的制度，不但剥夺了本人行动的自由，而且危及本人的生存权。对此，有论者批判道："表面上似乎为保护本

人而设，实际上是以保护交易的安全与家产之维护为其主要目的。”①

韩国在引进成年监护制度之前，对老年人的保护主要依赖社会福祉法等公法上的保护，私法保护就成了法律空白。韩国既有方案借助不完全民事行为能力制度，具有明显的局限性。一方面，民事行为能力制度偏重于保护民事行为能力欠缺人的财产利益，忽略了其人身利益；另一方面，民事行为能力制度通过限定或排除被保护人的民事行为能力，否定其不当的交易行为来保护被保护人及第三人的利益，这种防御性的保护手段使被保护人远离社会生活，逐渐被边缘化。1996 年《瑞士民法典》的监护制度更偏向于保障交易安全，注重对成年人的财产管理。例如，1996 年该民法典的监护制度中对于监护人职务的规定除第 406 条稍有涉及被监护人的人身照顾外，其余十五条规定均是对被监护人财产管理方面的内容，体现了重财产而轻人身的立法缺漏。

而被监护人所应当享有的且最重要的就是保护其人身利益，这样的制度设定显然偏离了这一制度设立的目的。

(四)公力介入较少，监护监督不力

传统的监护制度突出的特点就是，国家将监护当做家庭内部的事情，而较少甚至从不介入。这样就造成了被监护人的利益容易受损的情况发生，而得不到相应的救济。同时，由于没有系统化的、完善的监护监督机制，监护人的监护行为不被监督，也容易出现监护人侵害被监护人的利益的情况，如侵吞被监护人财产、虐待遗弃被监护人等。

二、联合国人权保护文献对成年人监护制度改革的指导

(一)人权保护理论概述

人权意识源自人在社会生产生活中的自我意识、自主意识。在

① 刘得宽：《成年监护制度之比较研究——以日、德为中心》，载《月旦法学杂志》2003 年第 101 期。

原始社会,生产力水平低下,个人根本没有选择行为自由的能力,因而,原始社会不可能产生权利观念,也不可能有"人权"这个概念。人权的萌芽时期是在古代和中世纪,人权理论的形成与繁荣是在十七八世纪,而人权高潮第一波的标志是人权开始进入近代国际法,高潮的第二波则是"二战"以后国际人权法的正式形成与发展。[①] 关于人权的内因和外因,一般认为,人权是法律确认或者普遍道德支持的人之为人所应有的权利。人之所以被认为具有人权,乃基于其人的身份。当今无论在法律制度上还是在伦理观念中,每个人都被赋权基于自由、平等和有尊严地活着。人的欲望无穷,向往追求美好的生活促进了人权建设等在内的各项社会事业发展,但"权利永远不能超出社会的经济结构以及由经济结构所制约的社会文化发展"(马克思语)。有学者认为人权至少具有如下五个属性:与生俱来、人性根本、普遍享有、有机一体、针对公权。人权于每个人而言,是生而有之、不可或缺、全面享有、不可替代,并有向公权力机构对抗或主张的基本权利。[②]

2005 年 3 月 21 日,联合国秘书长科菲·安南在题为《大自由:为人人共享安全、发展和人权而奋斗》的报告中强调,与经济及社会发展以及和平与安全一道,人权构成了联合国所欲工作必须基于的三大支柱之一。他还指出,缺乏对人权和人的尊严的尊重,是当今世界和平脆弱不稳的根本原因,也是繁荣无法平等分享的根本原因。[③]

因为人权是人类数千年文明的结晶。也是受到文明世界普遍认可的核心价值观之一。人权的内容本质是正义(平等)、尊严、利益与自由。人权根源于人的自然属性和社会属性。人权的目的在于满足人的各类最基本需要并促进社会发展的可持续。而法律是保障人

① 肖君拥:《国际人权法讲义》,知识产权出版社 2013 年版,第 42 ~ 84 页。

② 肖君拥:《国际人权法讲义》,知识产权出版社 2013 年版,第 24 ~ 30 页。

③ 联合国秘书长在人权理事会的讲话(2006 年 6 月 19 日,日内瓦)。

“应有权利”的最普遍、最有效手段。① 而成年人监护制度作为能够保护民事行为能力欠缺者的重要制度，应当受到人权相关国际公约的指导而不断完善。

（二）人权保护的国际公约

20 世纪中叶，随着人权运动在世界范围内的迅速发展，一些重要的国际人权公约和宣言以及特殊保护残疾人权利的文件逐渐形成，这标志着残疾人人权国际保护的国际化标准走向统一。成年人监护制度所涉及的重要主体就是民事行为能力存在欠缺的残疾人及老年人，而涉及此类成年人保护的人权公约和文件包括：1945 年《联合国宪章》、1948 年《世界人权宣言》、1966 年通过并于 1976 年生效的《公民权利和政治权利国际公约》和《经济、社会和文化权利国际公约》、1993 年《维也纳宣言和行动纲领》等，都基本规定了包含人人平等和对尊严和权利上的尊重（非歧视）原则。具体内容如下：

1. 关于残疾人的国际公约。

（1）残疾人相关保护公约概览。专门特殊保护残疾人的人权宣言或公约包括：联合国大会 1971 年通过的《智力迟钝者权利宣言》及 1975 年通过的《残疾人权利宣言》，制定了平等对待和平等权利的标准。国际残疾人年（1981 年）通过的《关于残疾人的世界议程》。1977 年《聋盲者权利宣言》、1983 年的《夏威夷宣言》、1991 年的《保护精神病患者和改善精神健康的原则》、1989 年的《保障精神患者权利的声明》《精神病患者的人权宣言》、1989 年保护精神病患者的《卢克索尔人权宣言》、1995 年《精神卫生健康法——十项基本原则》、1993 年《联合国残疾人机会均等标准规则》《联合国残疾人十年（1983 ~ 1992）》、1982 年的《关于残疾人的世界行动纲领》等。2001 年，墨西哥在第 55 届联合国大会会议上提议制定《保护和促进残疾人权利和尊严的全面综合国际公约》。2006 年第 61 届联合国大会通过了一部具有法律约束力的国际公约——《残疾人权利公

① 肖君拥：《国际人权法讲义》，知识产权出版社 2013 年版，第 4 页。

约》(2008 年 5 月正式生效)。上述人权文件,促进了残疾人全面参与社会生活和发展,强调了从人权观点来看待残疾人问题,号召成员国通过立法来提供必要的法律基础和措施,确保残疾人获得与其他公民平等的权利和发展机会,从而达到残疾人充分参与社会的目标。以下,本书主要对《残疾人权利公约》进行主要介绍。

(2)《残疾人权利公约》简介。《残疾人权利公约》及其《任择议定书》于 2006 年 12 月 13 日通过、2008 年 5 月 3 日正式生效,共有 149 国签署、103 国批准(《任择议定书》共有 90 国签署、62 国批准)。它是联合国史上第一个旨在全面保护"残疾人"权利的法律文件。[①] 正如奥利弗 · 刘易斯所描述的那样,CRPD 具有"教育性,表现性和前瞻性"的作用。而其作用具体体现在:

关于该公约所涉及的"残疾人"的范围[②]是否等同于成年人监护中被监护人的范围,有些国家是采取身体残疾与精神障碍均可以为被监护人,如德国;而有些国家则仅以精神障碍作为被监护人的主体范围,如法国、日本等国。

该公约的原则是:尊重固有尊严和个人自主;不歧视;充分和切实地参与和融入社会;尊重差异,包容接纳;无障碍;男女平等等。该公约要求缔约国采取一切适当的立法、行政和其他措施,确保并促进充分实现所有参加人的一切人权和基本自由,使其不受任何基于残疾的歧视。从原则上就可以看到对于残疾人新的理念要求,这也是衍生成年人监护制度新理念的基础。

对待残疾人,缔约国首先是落实平等和不歧视原则。重点关注残疾妇女在平等的基础上充分享有一切人权和基本自由。缔约国应

---

① 公约的宗旨是促进、保护和确保所有残疾人充分和平等地享有一切人权和基本自由,并促进对残疾人固有尊严的尊重。其核心内容是确保残疾人享有与健全人相同的权利,并能以正常公民的身份生活,从而能在获得同等机会的前提下,为社会做贡献。

② 其被规定在《残疾人权利公约》第 1 条第 2 款规定,残疾人包括肢体残疾者、精神障碍者、智力障碍者或感官有长期损伤的人,这些损伤与各类障碍相互作用,出现可能阻碍残疾人在与他人平等的基础上充分和切实地参与社会的情况。

当立即采取有效的措施以提升整个社会对残疾人的认识,并尊重其权利和尊严,消除偏见,提高对其能力和贡献的认识。其中公约中具体列举残疾人拥有或继承财产权利平等,经济自主并有平等机会获得金融服务,并确保其财产不被任意剥夺;残疾人有权获得司法保护,享有自由和人身安全的权利;表达自由;尊重残疾人的隐私;保障残疾人健康、社会保障等权利;残疾人有参与文化生活、娱乐、休闲和体育活动的权利。①

(3)公约第1号一般性意见:“第十二条:在法律面前获得平等承认(2014年)”②

此意见对公约的第12条③进行了进一步的规定④,主要是规定缔约国如何实现残疾人在法律面前获得平等承认,以及缔约国所应当采取的措施和达到的目的。⑤ 涉及成年人监护的主要有第7款至第9款以及第13款,具体内容如下:

一是各缔约国必须全面审查所有领域的法律,确保残疾人的法律行为能力不遭受与他人不平等的限制。一向以来由于实施代替决策制,如监护和允许强制性治疗的精神卫生法等,使残疾人的法律行为能力权在多个方面遭到歧视或剥夺。必须废除这些做法,确保恢

① 参见该公约第10~30条。

② 参见 https://www.ohchr.org/ch/HRBodies/CRPD/Pages/Gc.aspx

③ 第12条“在法律面前获得平等承认”规定:一、缔约国重申残疾人享有在法律面前的人格在任何地方均获得承认的权利。二、缔约国应当确认残疾人在生活的各方面在与其他人平等的基础上享有法律权利能力。三、缔约国应当采取适当措施,便利残疾人获得他们在行使其法律权利能力时可能需要的协助。

④ 四、缔约国应当确保,与行使法律权利能力有关的一切措施,均依照国际人权法提供适当和有效地防止滥用保障。这些保障应当确保与行使法律权利能力有关的措施尊重本人的权利、意愿和选择,无利益冲突和不当影响,适应本人情况,适用时间尽可能短,并定期由一个有资格、独立、公正的当局或司法机构复核。提供的保障应当与这些措施影响个人权益的程度相称。

⑤ 五、在符合本条规定的情况下,缔约国应当采取一切适当和有效的措施,确保残疾人享有平等权利拥有或继承财产,掌管自己的财务,有平等机会获得银行贷款、抵押贷款和其他形式的金融信贷,并应当确保残疾人的财产不被任意剥夺。

复残疾人在与其他人平等的基础上享有充分的法律行为能力。

二是公约第12条重申所有残疾人均有充分的法律能力。历史上许多群体,包括妇女(尤其是在结婚时)以及少数民族被歧视性地剥夺了法律能力。在全世界的法律制度中,残疾人仍然是法律能力最常被剥夺的群体。在法律面前得到平等承认的权利意味着法律能力是所有人与生俱来的普遍特性,必须在与他人平等的基础上维护残疾人的这一权利。因为行使公民、政治、经济、社会和文化权利的必要前提就是法律能力。残疾人在就健康、教育和工作作出重大决定时尤其需要行使这种能力。在许多情况下,剥夺残疾人的法律能力导致许多基本权利被剥夺,包括投票权、结婚权和建立家庭权、生殖权、父母抚养权、统一建立亲密关系权、医疗权以及自由权。

三是所有残疾人,包括有心理、精神、智力或感官障碍的人,都会被剥夺法律行为能力和被置于替代决策制之下。然而,在认知或心理社会方面存在残疾的人一如既往由于替代决策制和被剥夺法律能力而更为深受其害。委员会重申不得以某人残疾或有某种残障(包括身体或感官残障)为由剥夺其法律能力或第12条所规定的其他任何权利。必须根除宗旨或效果违反第12条的一切做法,确保在与其他人平等的基础上恢复残疾人应有的、充分的法律能力。

2. 关于老龄人的国际公约相关宣言及计划。1977年以前,甚至早在1948年大会通过一项关于老年人权利宣言草案的第213(III)号决议的时候关于年长的人或年老人或老年人在社会上的地位这一主题曾在各个不同的场合上附带地获得联合国大会和联合国特别负责社会问题的机关的注意。例如,《社会进步及发展宣言》[1969年12月11日第2542(XXIV)号决议]——其中提及《世界人权宣言》和《国际人权公约》——第11条内,大会除了别的以外,曾经提到保护老年人的权利和保证老年人福利的需要。1973年大会通过标题为"年长与老年人问题"的第3137(XXVIII)号决议。这个主题也曾由若干专门机构[①]于其活动中牵涉这个问题时而予以审议。1974 年世界人口会议所通过的《世界人口行动计划》中载有一项条款,呼吁并请求各国政府在其发展政策中应当充分注意老年人人数及其在人口中所占比率的变化所引起的问题。1982 年在维也纳召开第一次老龄问题世界大会,批准了《老龄问题国际行动计划》。1991 年《联合国老年人原则》确立了关于老年人权利与地位的 5 个方面的普遍性标准,即独立[②]、参与[③]、照料[④]、自我实现[⑤]、尊严[⑥]。1992 年联合国大会召开了老年问题国际会议,通过了《老龄问题宣言》。1999 年国际老年人年的主题为"建立不分年龄人人共享的社会",呼吁关注老年人的处境等问题。2002 年在马德里召开第二次老龄问题世界大会,回应了 21 世纪人口老龄化带来的机会和挑战。2002 年的《马德里政治宣言》《马德里老龄问题国际行动计划》要求国家和国际社会向下述三个方向采取相应的行动:一是老年人与发展;二是提高老龄健康和福祉;三是确保有利和支持性的环境。[⑦]

从上述残疾人及老年人相关国际宣言和公约的具体内容可以看

---

① 主要是国际劳工组织、世界卫生组织和联合国教育、科学及文化组织。

② 第一,独立原则。老年人应能通过提供收入、家庭和社会资助以及自助,享有足够的食物、水、住房、衣着和保健;老年人应能生活在安全且适合个人选择和能力变化的环境;老年人应能尽可能长期在家居住等内容。

③ 第二,参与原则。老年人应始终融合于社会,积极参与制定和执行直接影响其福祉的政策,并将其知识和技能传给子孙后辈;老年人应能寻求和发展为社会服务的机会,并以志愿工作者身份担任与其兴趣和能力相称的职务。

④ 第三,照顾原则。老年人应按照每个社会的文化价值体系,享有家庭和社区的照顾和保护;老年人应享有保健服务,以帮助他们保持或恢复身体、智力和情绪的最佳水平并预防或延缓疾病的发生;老年人应享有各种社会和法律服务,以提高其自主能力并使他们得到更好的保护和照顾;老年人居住在任何住所时,均应能享有人权和基本自由。

⑤ 第四,自我充实原则。老年人应能追寻充分发挥自己潜力的机会;老年人应能享用社会的教育、文化、精神和文娱资源。

⑥ 第五,尊严原则。老年人的生活应有尊严、有保障,且不受剥削和身心虐待;老年人不论其年龄、性别、种族或族裔背景、残疾或其他状况,均应受到公平对待,而且不论其经济贡献大小均应受到尊重。

⑦ 节选自《联合国概况》。

出，成年人监护制度作为保护欠缺民事行为能力的残疾人及老年人的主要保护制度，这些宣言或公约在一定程度上衍生出新的成年人监护制度立法理念，并对其缔约国均提出一定的要求，而要实现这些要求，必然要通过对法律的修改和完善。所以，各国应当按照这些要求来继续完善和补充这一制度。

第二节　现代成年人监护制度变革的新理念

在人权化、普遍化和国际化的时代背景下，保护和促进人权是人类社会的共同理想。实现人权，要让每个人都能获得自由、平等和有尊严的生活。在现代民族国家，人权是立法的首要价值取向，不以保障和促进人权为根本目的的立法都将自绝于全球化时代、自绝于国际社会、有违人之为人的根本价值。在国际公约的指导以及人权理念的普及下，直接促生了现代成年人监护制度的新理念，根据这些新的理念设计出的制度才能符合各项人权公约对各国的要求以及在重要民生当中国家责任的体现。

一、尊重本人的自我决定权

《残疾人权利公约》的序言第 5 条中明确提到，“确认残疾是一个演变中的概念”。第 14 条提出“确认个人的自主和自立，包括自由作出自己的选择，对残疾人至关重要”。紧接着在第 15 条提出“残疾人应有机会积极参与政策和方案的决策过程，包括与残疾人直接有关的政策和方案的决策过程”。这就衍生出“尊重自我决定权”的成年人监护的立法理念。

同时这一理念也与民法之“私法自治”理念紧密相关。民法是调整平等主体之间的权利义务关系。那么，监护作为民法中的重要制度，其调整的主体之间应当也是平等的，而不因其中一方存在精神障碍而发生变化。其平等体现在两个方面：一是被监护人和监护人之间；二是监护人补足被监护人的民事行为能力欠缺以维持其与社会对象之间的平等。日本学者对“自我决定权”作出界定，即“在私生活领域中，有关于一定范围的自身的私事，可以自行决定而不受公权力的干涉的权利”。[①]“自主决定权”是人格权的题中之意，是意思自治的体现。[②]私法自治理念的精神在于“个人自主”，即个人可以自主决定，并就其行为“自我负责”。[③]实际上，尊重本人的自我决定权就是“私法自治”理念的体现。其作为民法最基本的理念。成年人监护制度作为民法的重要组成部分，自然应当贯彻这一原则。

尊重自我决定权这一理念，有学者认为其与禁治产和准禁治产制度之间存在矛盾。理由是人的民事行为能力（或判断能力）是随着年龄的增长而逐渐衰退的，从精神医学的角度，完全丧失决定能力的人数是非常少的，所以不应将所有判断能力不充分的老年人简单地划分为这两种类型。[④]因此，法国法系的国家相继废止了禁治产、准禁治产制度。而应当根据个人现有民事行为能力的程度作出多层级的规定，而且还要注意到有必要完善一种——在成年人本人仍具备完全的判断能力时对自己将来丧失判断能力之后的监护事务事先作出决定的监护方式以体现这一理念，即催生了意定监护制度的出现。

二、活用当事人的剩余能力，维持本人生活正常化

活用当事人的剩余能力也就是所谓的“最少限制原则”，也称最小限度干预原则、必要性原则、禁止过度侵害原则，是指“对于当事人自由的干预应尽可能最少”。[⑤]该原则要求在立法上，限制权利的手段和目的之间要有适当之比例，不应过分。表现在监护措施上，应先尝试以最少干预之各种方式辅助能力不足者自我决定，唯有在穷

---

① ［日］五十岚清：《人格权法》，铃木贤、葛敏译，北京大学出版社2009年版，第187～188页。

② 李霞：《成年监护制度的现代转向》，载《中国法学》2015年第2期，第200页。

③ 王泽鉴：《民法总则》，中国政法大学出版社2001年版，第246页。

④ 渠涛编译：《最新日本民法》，法律出版社2006年版，第428页。

⑤ 陈新民：《德国公法学基础理论》（下册），山东人民出版社2001年版，第358页。

尽前述方式而仍无效果时，方可适用监护。应用“最少限制替代”原则的先例是英国1966年的Lake v. Cameron案。[①] 该案法官在判决中认为，因为威胁到病人自身而剥夺其自由不应超过其保护需要。法院通过限制监护的范围，确保本人享有相当的决定权，从而最大限度地控制自己的生活。该意见在2005年作为英国《意思能力法》第6条被正式规定。[②] 在随后的其他国家，如德国，亦确立了必要性原则，仅就有必要照管的职责范围选任照管人（《德国民法典》第1896条第2款）。在日本、法国等国，新制度都强调以部分监护为中心，如《日本民法典》第9条、第13条、第17条。即使在有些保留了全面监护的大陆法系国家（地区），立法例中也都以“但书”规定，保留了本人的日常生活自主权，并强调该权利不得被撤销，以确保本人可以融入正常人的社会生活中，如《德国民法典》第1903条第2~3款、2013年《韩国民法典》修订案第12条第1项，以及我国台湾地区“民法”（修正）第15条第2款。

1959年丹麦一个智力障碍者的父母提出“常人化”的理念，即“Normalization”。该理念主要提出，不应该将精神障碍者看作特别的群体而使他们生活在社会之外，而应该让他们置身于与普通人一般生活、活动。他们可以普通（normal）地生活、参加普通人的活动。

三、重视人身上的照顾

成年人监护制度一直以来都体现了对弱者利益的保护。传统的成年人监护制度通过限制被宣告人的财产相关行为能力来保护被宣告人的财产利益，主要内容就是禁止禁治产人和准禁治产本人对财

---

① 法院查明Lake夫人是一个患有“慢性脑病综合征”的老年人，在穷尽所有可能的诸如在社区对其进行照料和治疗的替代措施之前，不可将她交付不定期民事关禁（Indeterminate commitment）。李霞：《成年监护制度的现代转向》，载《中国法学》2015年第2期，第203页。

② See Norman Fell, Guardianship and the Elderly: Oversight not Overlooked, 25 University of Toledo Law Review 189 (1994).

产的管理和处分。而我们应当看到对于民事行为能力欠缺的被监护人的财产管理,其并非不是独立的,这一财产管理一定要和人身监护相结合,这里的财产管理的目的是为了提高被保护者的生活质量。尤其对老年人来说,其体力和脑力随着年龄的增长而逐渐衰退,那么日常生活中就更加需要他人的帮助和照料,禁治产宣告制度没有为这些需要者提供合适的保护手段。同时,保护弱者利益作为成年人监护制度的重要功能,其应当体现在两方面,既包括财产利益的保护,也应当包括人身利益的保护。那么针对原来重财产而轻人身的情况,所以,诞生了平衡人身财产利益,侧重保护人身利益的这一立法理念。这样的理念考虑到了被监护人在人身照顾方面的需求,同时也使改革后的成年人监护制度更加人性化、合理化,制度从原有的侧重被监护人的财产管理而转变到以人身监护为中心,以财产管理为次要。

四、国家公力的适当介入

《残疾人权利公约》序言第 24 条规定①反映出,国家在保护残疾人中应当发挥的作用。成年人监护所涉及的对象,无民事行为能力人、限制民事行为能力人都是更应受到社会保护、国家保护的群体。关于人权的制度建设、实际水平,各国、各地区均存在一定程度的差异,这与社会制度、历史传统、文明程度、发展模式、物质基础、价值观念等因素皆有关系。人权的理想犹如夜航的灯塔,指引着国际社会、政府、社团以及每个人克服困难险阻,尽可能缩减人权现实与人权理想的差距。人权理论与人权制度、人权实践的关系是相伴而生的。人权理念的提出及推广,加之通过一系列有关于残障者、老龄人等身心残障者的人权公约和行动纲领。社会看待"残疾"或残障者经历

① "深信家庭是自然和基本的社会组合单元,有权获得社会和国家的保护,残疾人及其家庭成员应获得必要的保护和援助,使家庭能够为残疾人充分和平等地享有其权利作出贡献。"

了"隔离—慈善—医疗/福利—社会/权利"模式几个阶段。[1] 而在"社会模式/权利模式"下,"残疾"的称呼被改为"残障"(Persons with Disability),随之"常人化理念"和"尊重本人自我决定权理念"的提出,以及《残疾人权利公约》中将政府、社会作为落实该公约的主体,并为了避免缔约国对公约中残疾人权利实现未加以真正落实,其在每一个权利条款之外,基本上都会附加一条"政府义务",以凸显"国家责任理念"或"国家公力的适当介入"在成年人监护中的重要性。

第三节　成年人监护制度变革的新内容

笔者以下选取法国、德国、俄罗斯、日本、韩国和瑞士作为典型国家进行考察与评析,主要是出于以下五个原因,第一,这六个国家都是现代成年人监护制度改革的典型,其制度具有一定的特点;第二,韩国的成年人监护制度在我国目前的出版物中是找不到相关翻译文本的,所以具有一定的新颖性;第三,瑞士在2013年修改了成年人监护制度,还未有学者对其进行专门的考察与评析;第四,俄罗斯作为我国当时立法重要的参考对象,值得深入的研究;第五,法国、德国和日本作为众多研究成年人监护学者考察的对象,有很多值得我国借鉴之处,且其独特的特点也适宜与其他国家进行比较评析。

一、域外国家对成年人监护制度的改革进程

(一)法国

《法国民法典》的旧法例中设有成年人禁治产制度和准禁治产制度,即通过法院进行司法拟制,对精神障碍者、生活浪费的成年人宣告其为禁治产人或准禁治产人。被宣告后,宣告人在任何情况下一律没有民事行为能力或者限制民事行为能力。[2] 1968年1月3日

---

① World Health Organization(2010), *Community – Based Rehabilitation: CBR Guifrlines*, p. 15.

② 龙卫球:《民法总论》(第二版),中国法制出版社2002年版。

第68－5号法律，这一关于成年人的禁治产和准禁治产宣告制度被彻底废除，同时对监护制度进行了重要修改补充，增加了司法保护制度，将原有的“监护和辅助制度”修改为具有保护意义的“监护或财产管理制度”。①

（二）德国

20世纪70年代以后，德国学术界及实务界开始大声疾呼修改监护法的必要性。1975年联邦德国的精神医学专家委员会公布了“精神医学调查报告”之后，有关精神病、身心障碍者的法制问题开始受到广泛重视。之后，积极促进身心障碍者权益的社会福利团体，成为推动立法的原动力。1979年，联邦德国政府也开始认识到修改成年人监护制度的必要性，同时国会也给予了大力支持。1986年，立法机关再次燃起修法争论。当年，联邦政府在回答社会民主党议员团对联邦议会的质询时，即明确表示了要修改成年人监护制度的方针，要废除对身心障碍者剥夺民事行为能力的禁治产制度，法律的介入将局限于最低程度，并将构筑更有弹性的新制度。绿党议员团也公布了其所拟定的法条。此时成年人监护制度的改革已成为联邦议会各议员所属之政党共同的要求。

在此背景下，德国联邦司法部长命令组成研究会并于1987年11月公布了“关于成年人照管法律讨论第一部草案”。第一部草案公布后，引起了学术界的热烈讨论。在1988年第57届德国法官大会上，该问题也成为热门话题，尽管法官大会上提出了种种不同见解，但基本上还是采取与第一部草案基本相同的观点，一致认为旧制度确有修正的必要。经过各界讨论及法官大会的决议之后，联邦政府正式于1989年2月1日向联邦参议院提出“关于改革成年人监护和代管法的法律”（简称照管法）。其后，联邦政府草案连同联邦参议院对本案所提出的81项意见，一起送到联邦众议院审议，联邦众

---

① 李因来：《世界各国成年人监护制度的历史演变及比较评析》，载《湘潭师范学院学报》（社会科学版）2007年第2期，第55页。

议院交由其法制委员会负责举办听证会，广泛征求学者、法官、律师、医学界及社会福利机构等部门的意见，并向奥地利、瑞士专家请教。法制委员会定案后，联邦众议院于1990年4月25日通过，接着联邦参议院于同年6月1日获得通过，正式完成立法程序。该法于1990年9月12日公布，自1992年1月1日起生效实施。[①] 由此可见，其制度名称由原有的“监护”改为“照管”。1990年9月12日至1998年6月28日这一段时间里，先后通过了多部法律，[②]强化了国家监护的监护职责，完成了成年人监护由私权自治到公权介入的转变。

（三）日本

由于受到欧美各国对成年监护法修改的影响，日本为了修改成年监护法，于1995年在法务省民事局内设立了“成年监护制度问题研究会”。之后的1997年在法务省民事局法制审议会民法部会中审议了有关成年监护制度修改的问题，在1998年公布了“关于成年监护制度修改的草案”。草案中强调了“尊重自己决定权”的理念（包括尚存能力的活用、维持正常生活等理念）与“本人保护”的理念相协调的内容。修改工作以法国、奥地利、加拿大魁北克省等的修改法为参考，把“本人保护”和“尊重自己决定权”的协调作为基本方针。草案把原来的禁治产、准禁治产的规定转变为监护、保佐两类型的同时又创设了第三类型——辅助制度。就第三类型辅助的设置而言，主要参考了德国“照管法”，而以特别法设立的任意监护制度主要参考了英国持续性代理权。经过长时间的研究分析及讨论，于1999年12月8日公布了以成年监护制度的修改及公证证书遗嘱方式的修改等为内容的“修改民法一部分的法律（1999年法律第149号）”“有关任意监护合同的法律（1999年法律第150号）”“关于完善民

① 王竹青：《德国从成年人监护制度到照管制度的改革与发展》，载《北京科技大学学报》（社会科学版）2005年第2期，第7页。

② 《关于改革成年人监护和代管的法律》《废除法定官方代管和重新规定辅助法的法律》《修改照管法及其他规定的法律》，全面修改了《德国民法典》中关于监护和代管的规定。

法部分修改的法律施行的法律(1999 年法律第 151 号)”“关于监护登记等的法律(1999 年法律第 152 号)”(为了保障交易的安全,开始辅助、保佐、监护的情况下,其主要内容登记于监护登记机关。在旧制度中记载于户籍)四部法律,于 2000 年 4 月 1 日起施行。根据这些法律的公布,日本导入了任意监护合同及监护登记等新的制度。

(四)韩国

20 世纪 90 年代末,韩国注意到德、日等国在成年人监护制度上的立法成果,同时也基于本国的老龄化速度加快,老年人权益保护成为韩国广泛关注的社会问题,在这样的社会氛围下,韩国从 1998 年起,将成年监护制度作为民法修改工作的一部分,因为当时的研究还不够成熟,所以将其排除在修改范围外。2004 年 4 月韩国国会对成年监护立法做出结论,即该法的指定需要大范围改动,将其作为长期研究的课题。同年 10 月成年监护制度促进联合大会成立,这一大会获得了国会议员李恩英的支持,其于 2006 年 8 月向国会提交引入任意监护和法院选任监护人为主要内容的特别法案。同年 12 月其再次向国会提交以成年监护制度代替限定治产和禁治产制度为主要内容的民法修正案。2007 年 5 月由法官组成的成年监护制度研究会在研究域外立法的基础上向国会提交以成年监护制度代替限定治产和禁治产制度为主要内容的民法部分修正案、以引入任意监护为主要内容的任意监护合同法案,这是韩国在成年监护研究上的重要进步,但该提案依然落后于其他国家最近的立法趋势。2009 年 2 月法务部成立民法修正委员会,同年 9 月法务部对成年监护制度进行立法预告、召开听证会并收集意见,同时进行舆论调查。韩国国会于 2011 年 3 月 7 日通过了法务部提交的政府案,并以部分修改的形式颁布新的《民法修正案》,该修正案于 2013 年 7 月 1 日起开始施行。[①]

---

① 李世刚、江俊杰:《韩国成年监护制度解析》,载《青海社会科学》2017 年第 1 期,第 148 页。

(五)瑞士

瑞士的民法典在1912年生效,成年人保护制度(原为监护制度中的内容,且瑞士民法典原监护制度的内容与德国原规定基本一致)被规定在第二编亲属法的第三部分监护之中。自20世纪70年代以来,瑞士民法典对亲属法进行了逐步的修订。第一次是在1973年,主要修改收养儿童方面的规定。接着是在1978年对儿童法律的一般规定进行修改。然后1988年结婚法生效,2000年离婚法生效。但成年人保护制度几乎未被触及,仅是涉及一个较小的修改,即因社会福利原因将当事人送入医院的规定。而且这项修改的提出是为了符合欧洲人权公约的要求。但随着人权事业的不断发展、现实情况的客观需要以及广大人民的要求,瑞士于1993年开始对成年人保护制度进行修订,经历了诸多思考和讨论。直到2013年1月,瑞士开始正式对成年人保护制度的法律进行修改,同时这次修订也是瑞士民法典一系列重大改革的最近一次改革。将原来第三部分监护修改为成年人保护制度,其规定在第360条至第456条。①

二、立法原则的更新

出于对"尊重本人的自我决定权""活用当事人的剩余能力""重视人身上的照顾"及"国家公力的适当介入"立法理念的贯彻,德国、法国、瑞士等国的成年人监护措施应当符合其公力监护制度适用的原则。

(一)辅助性原则

辅助性原则的内容包括两个方面,即公力机关只有在下述两种情况出现时才应当介入或为成年人设立公力监护措施。一方面是为有监护需要的人提供保护的家庭;其他关系密切人、私立或公共服务存在不足或证明其将要存在不足时;另一方面是有保护监护的人丧

① Ingeborg Schwenzer and Tomie Keller, *Switzerland*: *A New Law for The Protection of Adults*, International Survey of Family Law, Vol. 2013, pp. 375 – 386.

失判断能力，其已经不能作出为其自身照顾的任何或充足的安排，并且现有的法定顺序监护人无法满足其自身利益时。通俗讲，就是在被监护人所需要的必要限度内来设立监护措施。例如，瑞士就明确将这一原则规定在其民法典的第389条，以起到限制官方措施的适用，体现国家公力适当介入原则的立法理念。

（二）比例原则

如果达到上述情形，公力应当介入为该成年人设置监护措施，那么这个措施必须是必要且适当的。如果该成年人还有能力独立处理自己的事务，或者其有能力独立处理自己的部分事务，则不予设立监护措施或只对部分事务设立相应监护措施。这种做法充分活用了被监护人的剩余能力，有利于最大限度地使其参与正常的社会生活当中，如《德国民法典》规定“仅允许在需要照管范围内选任照管人，且一旦照管的前提消灭或有其他更好的方式替代照管，则应当立即解除照管”。当然，根据被监护人的情况来扩大或缩小监护人的职责范围，但要注意，即使是完全丧失民事行为能力，被监护人仍然是具有从事一定日常行为的能力的。依《日本民法典》的规定，如果被监护人的剩余能力足以行使对于日常用品的购置以及对于有关日常生活的行为，出于实现维持本人正常化生活的目的，对于其能够从事的事务由其独立实施，而不得设立监护人的代理权或同意权。

此外，如法国在监护的共同规定中规定，在设立和确保此种保护时应当尊重人的自由、基本权利与尊严，设立的目的是为了保护被监护人的利益，尽可能地有利于其自理，并且此种措施是家庭的责任也是公共行政部门的责任。在制度的开头就体现出最新的立法理念，作为监护措施实施的基础。

三、具体制度的变化

（一）监护类型从单一救济到多元化保护

1. 意定监护优先于法定监护的立法模式。意定监护制度是监护制度的重大突破，体现了“尊重当事人自我决定权”这一立法理念。同时,该制度适应了老龄化社会发展的需要,为现代成年人对于未来监护措施的规划提供了法律路径,缓解人口老龄化带来的压力,灵活地解决群众对于未来可能面临丧失或部分丧失民事行为能力而不得不被法定监护的境遇。所以,出于当事人意思自治优先,各国相继创设成年人意定监护制度,并在意定监护和法定监护的适用上,原则上前者优于后者,即意定监护优先适用。如果意定监护人的帮助足以处理其事务,则无须再发动法定监护。如法国、日本、韩国和瑞士都规定了意定监护措施,并将其优先适用。

2. 法定监护中的多元化措施。尊重被监护人意思能力的个体差异,应当设立多层次且富有弹性的成年人法定监护措施类型。修改后的成年人法定监护制度针对不同程度的被监护人设置了多种监护类型,不同的监护类型对被监护人的行为能力也予以不同程度的限制。例如,《法国民法典》规定了"成年人的司法保护""成年人的协助保护"和"成年人的监护保护"三种监护类型。针对其中的监护类型,法律明确规定了监护人予以代理或同意的监护事务的范围。根据比例原则,法律规定法官可以根据具体情况而适当地增减这一范围。《日本民法典》根据成年人辨识能力的不同将法定监护分为监护、保佐和辅助三种类型,不同的措施其监护人的职责范围不同,并且允许法院根据具体情况对监护人的职责范围作适当的增补或删减。《德国民法典》在成年人监护制度中设立一种监护措施,即照管制度。看似"一刀切",实际上最为灵活,其是根据每个被照管人的具体情况,根据个案由法官裁定具体的照管范围。

(二)适用监护的主体标准与范围的变化

从制度的改革中我们发现,对于成年被监护人的主体范围从罗马法时的妇女——近代社会的禁治产或精神病人——需要监护的人或需要保护的人。这一转变体现出的是称谓上的变化以及被监护人主体范围的变化。

改革后的成年人监护制度降低了对于需要保护的成年人的判定标准或要求,使更多的精神及智力残障者能够得到法律上的保护。

同时排除了一些并不应当适用于监护措施的主体，如《法国民法典》就将被监护主体的范围由原来的“经常处于痴愚、心神丧失或疯癫的状态者及浪费人”修改为“经医疗认定精神或身体官能损坏不能表达自己意思无法自行保障其利益的成年人”，德国、日本也对此进行了修改。

（三）职责上主体间限权与赋权的变化

1. 监护人从大包大揽到部分监护，并注重人身照顾。从近年多国对于成年人监护制度的改革中可以看到，目前呈现出的一种改革趋势，即改变完全监护而推行部分监护，这也是活用当事人剩余能力的体现。

同时，在部分监护中体现出的改变还有，从原有重视被监护人财产利益较少涉及人身保护逐渐转向对被监护人的财产与人身的双重照顾，这也是“重视人身上照顾”立法理念所要求的。引进成年人监护制度的国家在社会基础上都有一个共同点，就是人权的深入人心和老龄化社会的到来，对成年人保护的要求也越来越高，而现有的法律制度无法承担对成年人的保护。为了对残障者尤其是老年残障者的日常生活提供必要的帮助和照顾，改革后的成年人监护制度加强了对被监护人人身照顾方面的职责内容，尤其是被监护人医疗事项方面的重视。例如，《德国民法典》的成年人照管制度中就专门规定了医疗照管措施（第1901a、1901b）；《日本民法典》修改后明文规定，成年人监护人的监护职责包括对本人生活的看护、监护的人身方面的事务。

2. 被监护人全面限制到赋予权利，重视意思自治。无论是意定监护还是法定监护，在监护人的选任以及监护事务内容以及执行方面，都应充分尊重身心残障者的主观意愿。被监护人民事行为能力有所欠缺，但实际上仍具有一定的判断能力，能够表达自己的真实意愿。修改后的各国成年人监护制度纷纷在上述规定的基础上增加应当尊重被监护人的真实意愿，同时增加被监护人在重要事项上的知情权和参与权。例如，根据《瑞士民法典》第401条的规定，如果当事人推荐某人作为其代理人，如果被推荐的人是合适的并准备接受代理关系，成年人保护机构应当同意。如果当事人拒绝某一特定人作为其代理人，若该意愿是合理的，成年人保护机构应尊重其意愿。根据《德国民法典》第1901c条规定的书面照管愿望又称预备性代理权，被照管人选择照管人或履行照管的建议应当被尊重。

(四)从家庭内部监督到公力介入的加强

公权介入成年人监护领域已成为世界各国立法者的共识。早在罗马法时期，为防止监护人损害被监护人的人身和财产权益，就已经设立了相关规则。近代以来各国适用监护法院、亲属会议、设置监护监督人等方式对监护人的行为进行监督和约束。而到了现代，以监护法院为代表的国家公权力对监护的介入愈渐加深，而通过"亲属会议"所进行的家庭内部监督逐渐被废弃。目前尚保留亲属会议的国家很少，如德国在1980年以亲属会议并无多大的实际意义为由将其废除；而日本也取消了这一制度，将其职权赋予家庭法院，其废除的理由为在现代社会环境之下，亲属自治并不可靠。目前仍保留此制度的仅有法国、秘鲁。

第四节　我国成年人监护制度发展概况及完善的必要性分析

一、我国成年人监护制度的历史发展概况

历史上我国古代社会的法律未使用"成年人监护"一词，但并不代表没有类似的制度。例如，我国封建社会实行家长制，家族中若有无民事行为能力人或限制民事行为能力人，一切统归属于家长管控之下，虽然没有使用监护一词，但实际上这些是处于家长的监护之下的。清朝末年，改制和立法改革，清政府学仿德、日等大陆法系于1911年起草完成《大清民律草案》，将监护列入亲属编中，并以专章的形式规定了监护的系列问题。于1911年完成了《大清民律草

案》,其中第四编亲属部分内列监护条款。这可以说是我国监护立法的突破和基础。[①] 1930 年 12 月国民党政府公布了《中华民国民法》亲属编,其中第四章规定了监护,该法在我国台湾地区经过数次修改沿用至今。中华人民共和国成立后,直至 1986 年《民法通则》的颁布及之后出台的《民通意见》,为监护制度的研究和操作适用提供了规范性依据。但其中"成年人监护制度"一词仍未被使用,司法实践和民事生活普遍认知其为"精神病人监护"。党的十八届四中全会明确提出要"编纂民法典"。[②] 全国人大常委会法制工作委员会民法室副主任杜涛提到,本次编纂民法典的思路并不是制定全新的民事法律,而是对现行分别规定的民事法律规范进行科学整理;对经济社会生活中出现的新情况、新问题作出有针对性的新规定。在此次修改中,关于监护制度的更改主要体现在下述内容。

从 2015 年起,全国人大常委会法制工作委员会多次召开会议,如召开监护制度相关问题研讨会,了解监护制度的有关情况及存在的问题,听取相关立法建议;赴江苏了解实践中监护制度的实施情况、面临的突出问题,听取完善监护制度的立法意见;召开民法总则监护问题座谈会,听取对上述"室内稿"之监护部分的意见和建议等。2015 年 12 月 9 日形成民法总则(2015 年 12 月 9 日民法室"室内稿"),修改完善体现在三个方面:一是把精神病的提法改为不能辨认自己的行为,把精神衰退、智力减弱的情况包括进来,由法院结合医疗诊断以及社会生活的一般判断来认定;二是增加意定监护制度,将《老年人权益保障法》中的规定吸收进来;三是明确提出应当尽可能地尊重被监护人的真实意愿,活用被监护人的剩余能力。2016 年 6 月 28 日,审议民法总则(草案)。成年人监护制度修改体现在:对监护制度在民法典的位置仍选择规定于民法总则"自然人"

---

① 李霞:《民法典成年保护制度》,山东大学出版社 2007 年版,第 249 页。

② 编纂民法典是对现行民事法律规范进行系统整合,编纂一部适应中国特色社会主义发展要求,符合我国国情和实际,体例结构严谨、规范合理、内容协调一致的法典。

一章中；监护人的范围扩大至将有关机关纳入；将担任监护人的顺序上升为立法；规定了协议监护的方式，且应当尊重被监护人意见；删除了兜底监护人中的“法律规定的有关组织”等。2016年11月2日，审议民法总则（草案二）。对成年人的监护人进行了调整；增加“安排必要的临时监护措施”的规定；对监护人履行职责加以限制；仍未对监护监督制度作出系统规定。2016年12月20日，审议民法总则（草案三）。其中，将遗嘱监护原有仅适用于未成年人，扩大到成年人亦可适用；对于兜底监护人，修改为以民政部门为主，村居委会为补充的形式；将“恢复监护人资格”扩大至成年人的监护人。2017年3月5日，全国人民代表大会开幕。从三审稿到大会草案期间，成年人监护制度主要修改内容包括：父母担任监护人时才有资格通过遗嘱指定监护人；协议确定监护人的范围限定在依法具有监护资格的人之间；对兜底监护人规定的用语更加精练、严谨；将监护人的具体职责单列为一个条款；增加监护人资格被撤销并不影响其履行法定扶养义务；将监护资格恢复中的“确有悔改情形”修改为“确有悔改表现”。

大会期间，经过多次会议及审议，2017年3月15日第十二届全国人大五次会议闭幕会表决民法总则草案，通过《民法总则》。在此期间，成年人监护制度中的修改内容仅有对有关组织担任监护人的规定中将“有关”一词删除，其他也都是用语上的改动，具体内容的规定未有变动和修改。①

由上述内容反思我国目前的立法情况（本章后有详述），笔者发现我们同样存在与其他国家相似的问题，除了制度上的缺陷，还有现实情况的迫切需求，都反映了完善我国成年人监护制度的必要性。同时，因我国《民法通则》等法律法规已规定相关制度并已经实践多年，且人民群众在新时代相关法律意识的提升，提供了这一制度在我国实施的可行性。

---

① 杜涛：《民法总则的诞生：民法总则重要草案及立法过程背景介绍》，北京大学出版社2017年版，第14～15页。

二、我国成年人监护制度完善的必要性分析

(一)人口背景:我国老龄化社会进程的加快及空巢老人现象的增多

1. 老年人中的失智者需要监护措施。“我国目前老龄化较为严重,并且老年人的健康状态也并不乐观。”[①]我国《民法总则》采用的是“民事行为能力”标准以确定成年人是否需要被监护。[②] 当成年人对自己行为的性质和后果没有判断能力时就意味着其已经丧失或部分丧失了民事行为能力。失智者[③]随着病情的逐渐加重,同时逐渐失去独立进行民事活动的能力。此时,需要监护制度对其加以监护或辅助才能使其尽可能正常生活。

2. 空巢老人、独居老人人数众多,部分需要设立监护的此类老年人很难通过法定监护得到解决。我国从1980年开始实施“计划生育政策”即一对夫妻生育一个子女,直至2013年才改为“单独二胎”政策,将可以生育二胎限制在夫妻双方均为独生子女的范围内,到2015年则全面放开二胎政策。由于计划生育政策的有效落实,在这33年间产生大量的独生子女家庭,而目前这些家庭都已经面临着父母已经年老,独生子女将要承担监护父母的职责。而社会生活压力的增大,独生子女很难兼顾工作和监护职责,其父母面临着监护困难的境遇。为了缓解这一情况,意定监护协议是很好的办法之一,但是我国目前关于这方面的法律规定比较简单,没有具体的法定要件和法定程序,很难实际保障这一协议的最终履行,所以仍应继续补充完善。

(二)现实需求:保护民事行为能力欠缺者的人身财产权益

法国思想家福柯说:“疯癫不是一种自然现象,而是文明的产

---

① 戴建兵:《我国人口老龄化程度以及老年人口量与质的实证分析——基于四普、五普和六普数据》,载《兰州学刊》2017年第2期。

② 王利明:《民法总则研究》(第二版),中国人民大学出版社2012年版,第228页。

③ 失智是大脑出现的渐进性认知功能退化的表现,65岁以上的老年人是常见发病人群。引自孙文灿:《老龄化背景下的民事立法研究》,载《人口与发展》2016年第6期。

物。”从媒体的报道来看，近些年来，精神病人走失、暴力伤害他人以及精神病误判甚至是虐待精神病人的新闻屡屡被报道。总结上述情形发生的最主要原因都是源于监护不力，同时也暴露了监护制度的缺陷，虽然强制医疗在我国属于刑法和刑事诉讼法所规定的，但其与成年人监护，尤其是涉及精神障碍成年人的监护是紧密联系的。

虽然现有的成年人监护制度已经修改为不单单是针对精神障碍者的监护制度，但是不能否认精神障碍者仍是成年人监护的最主要主体之一。在社会转型期，诱发精神障碍的因素增多，如生活工作上的压力、价值观的转变等。同时很多从前不被认定为精神障碍的疾病也被增加进来，如 2017 年世界卫生组织将游戏障碍（游戏成瘾）列入精神障碍。而这些精神障碍者不仅会对自身造成损害，同时还会造成社会秩序的不稳定。那么为了监督和保护这类人群，应当进一步完善监护措施，在让其正常生活的前提下又要合理合法地对其人身进行适当的限制。

（三）域外影响：世界性成年人监护制度改革浪潮的推进及我国现有立法仍有不足

由于现实情况，尤其是老龄化社会的来临和人们对于丧失判断能力后生活质量的重视，世界上多数立法先进的国家为了应对接踵而来的成年人监护问题，如法、德、日等大陆法系国家掀起了成年人监护制度改革的热潮，[①]主要表现为：（1）法国、德国[②]和日本等国[③]的成年人监护不再以被监护人的行为能力的宣告或公示为前提条

① 余延满：《亲属法原论》，法律出版社 2007 年版，第 470 页。

② 德国修订的立法目标即“将以往的对精神障碍者一律先剥夺其行为能力，然后再加以法律保护的方法废止；而且将法律的介入缩小到必要的最小限度，而按各个障碍者个别的事情来予以弹性的照顾”。

③ “就指定照管人一事而言，对于被照管人的法律行为能力并不发生任何影响。在具体情况下，被照管人可以是第 104 条第 2 项所规定的无法律行为能力人，然而这既不是指定照管人的必要前提也不是其后果。”引自[德]迪特尔·施瓦布：《民法导论》，郑冲译，法律出版社 2006 年版，第 124 页。

件。法国“新法的最大特征是被监护人民事行为能力的限制由法官根据案件的具体情况,按种类、灵活地确定”。(2)废除“禁治产”和“准禁治产”制度,由法定监护制度所取代。

成年人监护制度的改革浪潮也带动了其他国家相继对自己的法律进行修改或补充。有学者认为,自 20 世纪 80 年代以来,以德国、日本等国为代表,成年监护制度遭到理论上的批判和立法变革的冲击,开始走向衰微、消失的命运,而代之以保护和照顾制度。[①] 但有学者认为这一说法值得考量,因为成年人监护制度的改革,绝不意味着成年人监护制度的消亡,而只是其功能、内容等发生了变化。[②] 前述改革现状已有详细的考察。作为同样面临着老龄化社会以及人权理念在人民群众扎根的现状,我国应该积极面对,做出法律制度上的回应。我国《民法总则》仍未充分体现现代成年人监护的立法理念,虽然已经明确了“尊重本人的自我决定权”的立法理念,也在一定程度地反映了“活用本人的剩余能力”和“国家公力的适当介入”的立法理念,但是可以看出这些规定都是非常抽象和原则性的,而对于“重视人身上的照顾”的立法理念基本上没有作出回应,这与其他国家从财产管理转移到重视人身照顾相矛盾,未反映出应当改革的内容。

(四)立法基础:立法理念发生转变且现行监护制度已对相关措施进行增补

1. 立法理念的转变。我国《民法总则》所规定的成年人监护制度,其修改内容体现的是立法理念的重大转变。我国《民法总则》第 30 条、第 31 条、第 35 条中都分别强调要尊重被监护人的真实意愿。尊重被监护人的真实意愿,这是现代各国法律中所倡导和体现的一条重要的立法理念,而在我国《民法总则》中强调这一点,充分体现了我国立法水平的进步,有利于维护和保障被监护人的权益,使监护

---

① 曹诗权:《未成年人监护制度研究》,中国政法大学出版社 2004 年版,第 69 页。

② 余延满:《亲属法原论》,法律出版社 2007 年版,第 471 页。

制度的优越性得到充分彰显，并将对民法分则的编纂产生积极影响。此外，认定为无民事行为能力人或者限制行为能力人，而非“宣告”，这一改变也是对这两种人群的人格上的尊重。

2. 民法总则已规定了成年人监护制度的通用性内容。从理论上看，作为私法的基本法，民法总则是对民法典中的各项制度的高度抽象与概括，而民法的其他各编则应当是总则中民事法律关系的具体展开。我国学者指出，为了保持民法总则的概括性、普遍适用性和稳定性，其规则应当保持适度的抽象，不能过于具体。[①] 从我国开始制定民法典，到如今出台了《民法总则》。这一选择意味着我国采取并使用潘德克顿学派所运用立法技术即总分结构。[②] 目前，我国《民法总则》已经将成年人意定监护制度和法定监护制度的通用性规则提炼并规定出来，并在立法中作出了一定的突破，在具体内容细化后，应当会得到更多成年人的选择和适用。

---

① 王利明：《我国民法典重大疑难问题之研究》，法律出版社 2016 年版，第 109 页。

② 所谓总分结构，就是指按照提取公因式的方法，区分共通性规则与特殊规则，将共通性规则集中起来作为总则或一般规定，将特殊规则集中起来编为分则或作为特别规则加以规定。总分结构是潘德克顿学派在解释罗马法时所创立的，也是潘德克顿体系的重要特点。参见［日］松尾弘：《民法的体系》（第四版），日本庆应义塾大学出版社 2005 年版，第 13 页。

第三章　我国成年人监护制度立法体例的思考与完善

本章主要考察与评析我国成年人监护制度之“立法体例”的现状，得出此次《民法总则》在立法体例上的补充之处与不足之处，紧接着通过对现代域外成年人监护制度的立法体例和我国学者相关观点建议的考察与评析，得出值得我国借鉴的立法经验与建议并结合我国立法传统与实际情况，最后提出笔者关于成年人监护制度立法体例的完善建议。

第一节　我国成年人监护制度立法体例的现状与反思

由于本书写作于我国《民法总则》出台之后，所以对于我国成年人监护制度立法现状的介绍都分为两部分，即《民法总则》施行前的立法现状与施行后的立法现状，通过对比以体现《民法总则》对我国原有相关立法的补足与仍存在的不足之处。

一、我国成年人监护制度立法体例之现状

（一）我国《民法总则》施行前的立法体例现状

2017年3月我国《民法总则》出台前，从外部体例上看，因为我国没有民法典，我国“监护”制度的基本内容被规定在具有民法总则地位的《民法通则》之中。

从内部体例看，我国成年人监护包括“精神病人的法定监护”和

“老年人的意定监护”两部分。前者被分散规定于1987年实施的《民法通则》第14条、第17～19条；1988年实施的最高人民法院《民通意见》第10～23条；2015年修正的《中华人民共和国老年人权益保障法》（以下简称《老年人权益保障法》）第26条；2013年实施的《中华人民共和国精神卫生法》（以下简称《精神卫生法》）等法律法规及司法解释之中；后者被规定于2015年修正后的《老年人权益保障法》之中。①

（二）我国《民法总则》施行后的立法体例现状

2017年我国《民法总则》出台后，从外部体例上看，目前我国成年人监护制度仍是被规定在民法典的总则编，具体则是在其第二章“自然人”的第二节“监护”之中，其以专节设立监护制度，将“成年人法定监护”和“成年人意定监护”整合在一起作出规定，已经改变了原来的分散规定的立法结构。（详见下图）

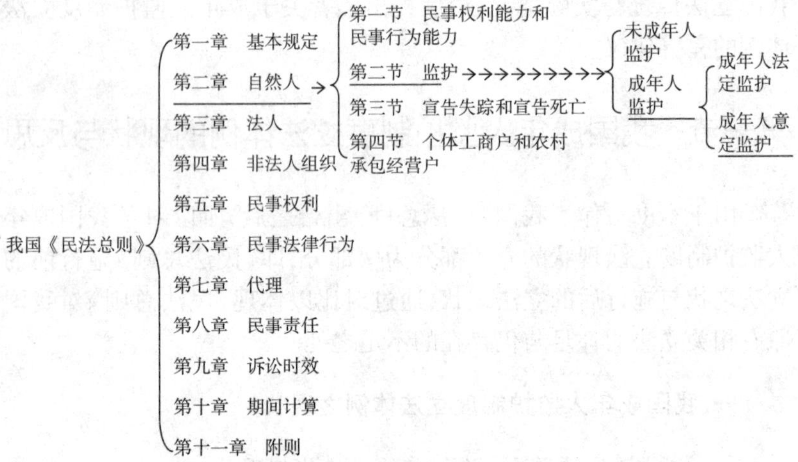

① 1986年通过的《民法通则》第14～19条、1988年颁布的《民通意见》第10～23条、2012年颁布的《精神卫生法》、2015年修正的《老年人权益保障法》第26条。

二、我国成年人监护制度立法体例之反思

（一）立法体例之补充

意定监护是被监护人行使意思自治的一种方式，意在借助意定监护人之手处理本人的事务。我国《民法总则》第33条规定了意定监护制度，将意定监护确立为我国民法上的一种新的监护类型，这是我国监护立法方面的新突破。这一制度的确立，适应了我国人口发展的新情况和新趋势从法律上确保了智力障碍者、身体残疾者（含失能老人）乃至高龄（空巢）老人与其他民事主体享有平等的法律地位，可以更好地满足他们的保障需求。

（二）立法体例之不足

目前，我国成年人监护制度的立法体例仍然是残缺的。我国《民法总则》将成年人监护制度规定在第二章“自然人”的第二节“监护”之中，这与《俄罗斯民法典》之成年人监护制度的立法体例是一致的。但是相较于其他法律体系较为发达的国家如日本和韩国，其成年人监护制度的立法体例，则是采取总则对成年人监护的基本问题作为民事主体制度的重要组成部分进行原则性规定；分则则对成年人监护的具体内容作出细化规定。笔者分析，这是因为“民法典之总则”的地位决定其仅能对成年人监护的通则性内容作出规定，而不可能对其制度内容作出具体化的规定。反观我国《民法总则》的规定，目前仅是规定了成年人监护制度的原则性内容，这一规定无论是从制度的完整性上看，还是从制度的实践上看，都存在较大的问题。那么成年人监护制度之具体内容应当规定在哪里？其立法体例应如何选择？仍需要深入的探讨。

第二节 现代域外成年人监护制度立法体例现状的考察与评析

一、现代域外成年人监护制度立法体例的考察

（一）法国

从其外部立法体例看，法国成年人监护制度被规定在《法国民法典》[①]第一卷“人法”之第十一编“成年及受法律保护的成年人”第414条至第494条之中，共计89条。从内部立法体例看，法国成年人监护制度亦分为意定监护与法定监护，其名称已被修改为“对成年人的法律保护措施”。[②]

（二）德国

从德国成年人监护的外部立法体例看，德国于1992年1月1日起施行《关于改革监护法和成年保佐法的法律》，废除了旧法例规定的禁治产宣告制度和成年人的监护、保佐制度，而代之以“照管”制度，之后经过《修改照管法及其他规定的法律》的修正，“照管”被称为“法律上的照管”，从而完成了成年监护制度的全面改革。[③]“根据德国法，自1992年1月1日起，对成年人不再有监护一说。”[④]新法体现在《德国民法典》[⑤]第四编“亲属法”的第三章的第二节“法律照管”的第1896～1908i条，共计23条。同时成年人监护制度与未成

① 罗结珍译：《法国民法典》，北京大学出版社2010年版。本文以下引用的法国成年人监护制度之条文均来自此法典译本。

② 陈苇、李艳：《中国民法典之监护制度立法体系构建研究》，载《西南政法大学学报》2017年第2期，第80页。

③ 刘金霞：《德国、日本成年监护改革的借鉴意义》，载《中国青年政治学院学报》2012年第5期，第119页。

④ ［德］迪特尔·施瓦布：《民法导论》，郑冲译，法律出版社2006年版，第125页。

⑤ 杜景林、卢谌著：《德国民法典——全条文注释》（下册），中国政法大学出版社2015年版。本文以下引用德国成年人监护制度之条文均来自此法典译本。

年人监护制度区分不同章节进行规定,而未加以混同规定。

从德国监护制度的内部法体系看,照管制度为"一元制",未区分意定和法定,也未区分设立照管的原因,"将被监护人民事行为能力的范围全部委诸法官个案裁决决定"。[①] 但笔者考察其具体内容,其仍包含意定监护的内容,即"病人处分"和"书面照顾愿望"。

(三)俄罗斯[②]

俄罗斯的成年人监护制度在其民法典中仅规定了法定监护,其被规定在第一编"总则"第二分编"人"的第三章"公民(自然人)"的第31条至第41条,共计11条。被规定在民事行为能力的规定之后,我国立法体例与其一致。

(四)日本

日本的成年人监护的内部立法体例同样分为法定监护与意定监护(任意监护)两部分,但是仅有法定监护规定在《日本民法典》第一编"总则"第二章"人"的第7条至第21条,仅规定了原则性的规定;法定监护的具体内容则被规定于第四编"亲属"之第五章"监护"及第六章"保佐及辅助",即第838条至第876条之十;而意定监护则是以特别法的方式单独规定。

(五)韩国

根据笔者对韩国民法2016年12月2日部分修订、2017年6月3日施行的版本进行翻译。其成年监护制度的外部立法体例分别规定在《韩国民法典》第一编"总则"第二章"人"的第一节"能力"第9条至第17条以及第四编"亲属"第五章"监护"第929条至第959条之二十之中。其内部立法体例则包括成年监护、限定监护、特定监护和任意监护,按照通常的分类,也就是分为法定监护和意定监护。

---

① 史浩明:《中国民事法律制度继承与创新》,人民法院出版社2006年版,第116页。

② 黄道秀译:《俄罗斯联邦民法典》,北京大学出版社2007年版。本文以下引用俄罗斯成年人监护制度之条文均来自此法典译本。

(六)瑞士①

从瑞士成年人意定照顾制度的外部立法体例看,瑞士成年人监护制度被置于《瑞士民法典》第二编“亲属法”之第三部分“成年人保护制度”(第360条至第456条,共计97个条文)之中。瑞士成年人保护制度的内部立法体例分为三个章节,即第十章至第十二章,主要包括三个主要制度:一是意定照顾制度;二是法定措施;三是官方措施。意定照顾制度位于三个制度的首位,其外部体例如下:

1. 第十章自我照顾安排和法定措施中分为两节,第一节自我照顾安排包括两小节,即预先照顾指令和针对缺乏判断能力人的法定措施。第二节针对缺乏判断能力人的法定措施包括配偶或登记伴侣作为代表、与医疗程序有关的代表以及在家中或护理机构三方面内容。

2. 第十一章官方措施分为三个章节,即一般原则、代理关系、照顾相关的住院治疗。其中第二节代理关系包括总则、代理关系的类型、代理关系的终止、代理人、代理任务的内容、成年人保护机构的职责、成年人保护机构的介入、家庭成员的特殊条款、代理职位的终止九个小节。

3. 第十二章机构组织分为四节,即官方机构和地方司法管辖权、程序、与第三人的关系和合作义务、责任。其中第二节程序中包括四个方面的内容:在成年人保护机构之前、在申诉机关之前、共同条款、执行。

二、现代域外成年人监护制度立法体例的评析

(一)成年人监护制度名称上的改变

日本将原来的“禁治产宣告”“准禁治产宣告”“禁治产者”“准禁治产者”“无能力者”等带有歧视意味的用词改为“监护开始的裁

① 陈苇、陈钊译:《瑞士成年人保护制度》,梁慧星主编:《民商法论丛》(第65卷),法律出版社2017年版,第719~746页。

定""保佐开始的裁定""成年被监护人""被保佐人""限制民事行为能力人"等中性用词。而法国、德国及瑞士则直接将成年人监护制度称为"成年人保护"或是"成年人照管",在名称上体现他们对于该成年人的尊重和保护,从原有的监管转变为保护和尊重。可以看出,制度名称上的修改,主要是为了体现该制度与传统成年人监护制度的差别,也是为了体现最新的成年人监护立法理念。

综上,是否应当借鉴、考察监护与保护、照管之间的关系,在本书初始已经对两者之间的概念进行了分析,笔者认为名称上的更改固然能体现立法者对该制度观念上的转变,但实际上制度内容的变化才是重中之重,是否改变名称仍为次要,所以不宜借鉴。

(二)成年人监护制度在民法典中的位置

除俄罗斯外,将监护制度规定在民法典亲属编之中是大陆法系多数国家的通例,如法国①、德国、日本、韩国、瑞士,将监护制度都规定在其民法典的亲属编之中。分析其主要原因:一是从监护人的选任看,监护人多是从近亲属中选择,近亲属往往被作为首选;二是从民众的意愿看,一般是愿意优先选择关系亲近的人作为其监护人;三是从结构体例的完整性看,监护应当分为未成年人监护与成年人监护,而未成年人监护是在父母的亲权无法履行后由非父母担任监护人而才产生的。所以,瑞士将父母对未成年子女的"亲权"规定在"家庭法"的"父母"这一分编之中,内容包括亲权和未成年人监护制度;同时,在下一分编专门规定"成年人监护制度"。可见,这些国家的未成年人监护和成年人监护制度被规定在民法典亲属编中是具有合理性的。仔细分析,日本和韩国都是将监护制度的开始、撤销等一般性内容规定在总则部分,因为总则部分的规定并不能使这一制度

---

① 《法国民法典》是将成年以及受法律保护的成年人以及受监护的成年人的概括财产的管理规定在第一卷"人"的第十一编、第十二编之中,但是婚姻、离婚、亲子关系、收养子女、亲权、未成年与解除亲权、成年以及受法律保护的成年人、受监护的未成年人与成年人的概括财产的管理分别规定在第一卷"人"的第五编至第十二编中。可见,法国也是将监护制度放置在亲属法的范围中的。

得到较好的适用，必须加以补充才可以提高可操作性，所以其将制度的具体内容规定在其亲属编之中。

综上，日本和韩国成年人监护制度这样的体例构成和我国类似，因为民法总则作为统领民法典全局的纲领性规则，应当是对通用性的内容进行规定。目前，我国《民法总则》已经出台，那么应当借鉴日本和韩国的立法体例模式，将具体内容规定在“婚姻家庭编”中。

（三）成年人意定监护与其法定监护的关系

意定监护制度是现代成年监护制度改革的共同选择。[①] 这种模式成为维持他治与自治的平衡点，成为现代成年监护制度的方向。当代成年监护制度以意定监护为基本制度，主旨是应对日益老化的社会，提倡成年人在能力完全时，提前决定和规划自己丧失能力之后的事务。

就意定监护制度优先于法定监护的原因，正如日本在其任意监护法的立法理由书中所阐明的：“成年监护制度的中心，从民法典的法定监护向意定监护转移，是基于理念和法制层面的考虑。”[②]具体而言：

第一，在理念上，意定监护秉持的是尊重自我决定，法定监护的理念则是保护本人并兼顾交易安全，本人是被动的，以监护人的意思优先。在监护措施上，采取强制的法律父爱主义之立法形态。从这个意义上来说，鉴于意定监护制度更好地贯彻了现代人权保障理念，与法定监护制度相比，理应占据更加优越的地位。尊重自我决定权，

---

① 1999 年施行的德国《照管法》使其《民法典》第 1904 条第 2 项、第 1906 条第 5 项转向意定监护。实际上，德国整个成年照管制度是以“预防性代理权”为基础的意定监护制度居于优先地位的。这种新制度在 2007 年被法国民法修正案所采纳。日本在继受美、英、加、德诸国制度的基础上，于 1999 年颁布了《任意监护法》，2011 年被韩国引入。瑞士于 2013 年 1 月 1 日施行的《瑞士民法典》相继承认了该制度。

② Harriet P. Prensky, *Durable Powers of Attorney and Revocable Living Trusts*, available at http://www.caregiver.org/caregiver/jsp/content_node.jsp?nodeid =434(last visited June. 6, 2013).

表现在不仅尊重意思能力不健全时残留的自我决定,而且尊重意思能力丧失之前的自我决定。[①] 重要的是,这种尊重还及于本人预先对自己将来能力欠缺后的事务的决定。[②] 使其在能力完全时对自己将来能力丧失后的事务预先作出决定。这也是监护制度改革确立意定监护为核心的根本原因。[③]

第二,从正当性来看,意定监护是尊重自我决定的必然制度设计。民事主体从出生到具有完全民事行为能力直至其能力衰退,生命历程中的两端都适用到监护制度,是完全符合法的正当性的。利用意定监护的当事人,可以不必受行为能力宣告制度之限制,假借监护人的援手,活用自己余存的能力,自主决定自己的生活。意定监护是在行为人有意思能力之时,对人身与财产事务的事前意思表示——于本人能力丧失之后由该制度对本人预先的意思予以支援和保障。这是一种能力欠缺以前的私力救济;而法定监护,仅是在能力欠缺以后的公力救济。意定监护创设之目的是弥补法定监护的不足。如果说法定监护提供的是单一型的保护措施,那么意定监护提供的则是菜单式的可选择型,[④]因其意定性、差异性从而极富弹性,符合"最低干预"原则。

综上,意定监护优先于法定监护适用,我国已经如此规定。同时,笔者认为应当借鉴瑞士的规定,将意定监护规定在法定监护之前,以符合顺序上的规定,具有一定的逻辑性。

---

① [日]新井诚:《任意後见制度の立法的必要性について》,シ□ユリスト1141号,1998年,第42页以下。

② [日]细川瑞子:《认知障碍者的成年监护的原理》,日本信山社2010年日文第2版,第6页。

③ 李霞:《成年后见制度的日本法观察——兼及我国的制度反思》,载《法学论坛》2003年第5期。

④ 渠涛:《最新日本民法》,法律出版社2006年版,第438页。以下有关于《日本民法典》的规定均来自于此。

第三节 我国成年人监护制度立法体例学者观点之论争

一、立法体例的学者观点考察

(一)立法体例的考察

对于这一问题,分为立法的外部结构体系和内部结构体系,立法的外部结构体系是指某制度在民法典中的位置,其与民法典的其他制度共同构成外部的立法体系关系。立法的内部结构体系,是指某制度自身的结构体系,其内部各制度之间共同构成内部的立法体系关系。

1. 外部立法体例的主要观点。关于监护制度在民法典中的结构体系问题,我国法学研究者们普遍认为现行法律关于监护制度的规定存在较大缺陷,应对其加以完善。但对于应当如何构建未来民法典中的监护制度,究竟应将监护制度置于民法典之何位置,学者们的意见并不统一,归纳起来,大概有以下几种观点:

第一种观点是我国多数学者认为,监护制度(包括成年人意定监护制度)应当被规定在民法典的亲属编之中,支持这一观点的主要有梁慧星①、巫昌祯、夏吟兰②、李洪祥等③。此外,婚姻家庭法研究

① 梁慧星教授认为,现行制度操作性差,且理念陈旧,与我国国情及当今监护制度立法发展趋势,均有不符。因此,在他主持编纂的民法典亲属编中,不采民法通则自然人一章规定监护制度的模式,而将监护制度作为亲属法的内容,规定为亲属编的一章。参见梁慧星:《中国民法典草案建议稿附理由:亲属编》,法律出版社 2013 年版。本书中以下简称为梁稿。

② 夏吟兰认为,监护作为一项具体的法律制度,不应当规定在民法的总则中,而应当将监护制度规定在婚姻家庭法中,这符合未来民法典的总分体例,符合监护制度的双重法律属性,也符合大陆法系民法典的体系化传统,且有利于监护制度的完善与发展。参见夏吟兰:《民法典体系下婚姻家庭法之基本架构与逻辑体例》,载《政法论坛》2014 年第 5 期。

③ 李洪祥:《我国民法典立法之亲属法体系研究》,中国法制出版社 2014 年版,第 274 页;陶源:《浅论现代民法的发展趋势》,载《商业研究》2004 年第 14 期;赵虎、张继承:《成年人监护制度之反思》,载《武汉大学学报》2011 年第 2 期,第 24 页。

学者多数认为，监护制度（当然包括成年人监护），应当规定在民法典的亲属编中，理由是：第一，将监护制度规定在民法典亲属编之中是大陆法系多数国家的通例，如法国[①]、德国、日本、瑞士，以及我国台湾地区，均将监护制度规定在其民法典的亲属编之中。第二，监护制度主要补足被监护人行为能力的欠缺，从而进一步保护被监护人的合法权益，但并非任何人都能担任监护人。[②] 监护制度与亲属关系密不可分，监护人仍以亲属为首要的承担主体，带有浓厚的亲属色彩。无论是对未成年人的监护还是对精神病人的监护，都是以亲属监护为主，第三人监护只是亲属监护的补充和延伸。[③] 第三，一般而言，置于民法总则中的主体制度体现的是民法总则规范的一般性、原则性、体系性，而处于民法分则的亲属法规定的是以上一般性权利如何实现、如何保护的具体法律规则。监护制度的现代民法的发展趋势是民法总则日益体系化、逻辑化和高度抽象化，与民法分则的制度联系更为紧密，对分则中具体制度的指导意义愈加明确。[④] 成年监护制度就是规范如何弥补或协助成年人的民事行为能力的具体规定。第四，民事行为能力制度是民事主体制度的组成部分，其贯穿民法始终，对整个民法领域都具有指导意义，无疑应当放在民法总则之中予以规定；而监护制度的内容更多的是属于亲属法领域，构成亲属法的有机组成部分，并非民法总则的当然内容。将监护制度纳入民法总则中加以规定，不符合总则的特质，对民法体系的圆满性是一种

---

① 《法国民法典》是将成年以及受法律保护的成年人以及受监护的成年人的概括财产的管理规定在第一卷“人”的第十一编、第十二编之中，但是婚姻、离婚、亲子关系、收养子女、亲权、未成年与解除亲权、成年以及受法律保护的成年人、受监护的未成年人与成年人的概括财产的管理分别规定在第一卷“人”的第五编至第十二编中。可见，法国也是将监护制度放置在亲属法的范围中的。

② 李洪祥：《我国民法典立法之亲属法体系研究》，中国法制出版社 2014 年版，第 274 页。

③ 巫昌祯、夏吟兰：《民法典婚姻家庭编之我见》，载《政法论坛》2003 年第 1 期。

④ 陶源：《浅论现代民法的发展趋势》，载《商业研究》2004 年第 14 期。

破坏。[1]

第二种观点是有学者认为，监护制度应当被规定在民法典的总则之中，支持这一观点的主要有史尚宽、杨立新、李永军等学者；[2]杨立新认为，应当将监护制度作为主体法在民法总则之中规定，建立起亲权、监护和照管三位一体的监护制度。其理由主要有：一是认为这一制度不是完全的属于亲属法的内容，而更多内容是具有主体制度一般规则的性质，因此将监护制度置于亲属法中作为身份法加以规定存在缺陷；二是此种制度并非只适用于亲属之间，而是民法共用的规则；三是认为将监护作为自然人能力的补正规定在主体法中，比较符合逻辑。[3]

第三种观点是有学者提出，应当将监护的一般规则规定在总则之中，监护制度中的具体规则应当置于婚姻家庭法之中规定，这种观点主要代表学者有陈苇[4]、王利明、吴国平[5]。王利明在其立法建议稿中是将监护制度规定于第一编“总则”中的第二章“自然人”的第二节的“监护”，[6]在《民法典体系研究》一书中对于监护制度的立法体例提出了最新的意见。民法总则的自然人制度中的许多规则可以直接适用于婚姻家庭法。民法典总则将在主体制度中对自然人作出规定，原则上对婚姻家庭法具有指导意义。民法总则中规定的一些

① 赵虎、张继承：《成年人监护制度之反思》，载《武汉大学学报》2011 年第 64 卷第 2 期，第 24 页。

② 李永军主编：《中国民法典总则编草案建议稿及理由（中国政法大学版）》，中国政法大学出版社 2016 年版。

③ 参见杨立新：《〈民法总则〉制定与监护制度之完善》，载《法学家》2016 年第 1 期；《民法总则编的框架结构及应当规定的主要问题——杨立新 2.0 版〈中华人民共和国民法·总则编〉建议稿的设计思路》，载《财经法学》2015 年第 4 期。

④ 陈苇、李艳：《中国民法典之监护制度立法体系构建研究》，载《西南政法大学学报》2017 年第 2 期。

⑤ 吴国平：《民法总则监护制度的创新与分则立法思考》，载《中华女子学院学报》2017 年第 5 期，第 21 页。

⑥ 王利明主编：《中国民法典学者建议稿及立法理由（总则编）》，法律出版社 2005 年版。以下简称为王稿，下文引用该建议稿中监护制度之条文均来自此书。

制度,也需要婚姻家庭法予以具体化。其中就包括为了弥补无民事行为能力人和限制民事行为能力人的民事行为能力不足,在未来的民法典中,监护制度的一般规则应当置于民法典总则部分进行规定,而监护人、监护方式、监护责任等与婚姻家庭关系密切联系的具体制度,应当规定在婚姻家庭法之中。但王利明同时也提出,这不意味着将监护制度整体归入婚姻家庭法之中。原因在于:一方面,监护制度涉及主体资格的问题,监护是对民事行为能力不足者的补充,需通过监护人弥补被监护人意思能力的欠缺,或者代替无民事行为能力人做出意思表示。监护制度与民事行为能力制度是相互配套的,所以,有必要在总则中对监护制度加以规定。另一方面,我国已经将监护制度规定于总则部分,此种立法模式已经为法官和民众普遍接受,没有必要作过大的变动。因此,我国未来的民法典立法应当尽可能遵循已有的做法,将监护的一般规则规定在总则之中,但是,监护制度中的具体规则仍然应当置于婚姻家庭法之中规定,即使是成年监护,如果其是以亲属关系为基础的,也应当规定在婚姻家庭法之中。

第四种观点是将成年人的民事行为能力规定在第一编“人身关系法”的第一分编“自然人法”的第一题“人格”之中,而将监护规定在第二题“市民社会的自维护”的第一章“对无民事行为能力人的保护”的第二节“保护”之中。可以说是将成年人监护的全部内容规定于第一编“人身关系法”之中,而未将其规定于第三编“婚姻家庭法”,持这种观点的主要是徐国栋在其《绿色民法典》中所提出的。

2. 内部立法体例的主要观点。在内部结构体系上,除了极少数学者未规定意定监护外,多数学者都是赞同成年人监护制度中应当划分为意定监护和法定监护两类措施的,在适用上也不存在争议,均认为意定监护应当在法定监护前适用。而关于两者应当如何规定存在三个问题:

一是规定在前在后的问题,主要有两种做法,即第一种将法定监护置于意定监护之前规定,代表学者有梁慧星、李霞;第二种即是将意定监护放置于法定监护之前规定,代表学者有陈苇。

二是法定监护与意定监护是混合规定还是分章节单独规定。梁稿中对于法定监护与意定监护的衔接方式是在制度中分为法定监护、指定监护以及辅助。其中,指定监护又进一步分类为法院指定监护人与委托照顾合同指定监护人两种。其余的规定基本上均是通用性规定,实际上是很难分辨是否为法定和意定通用,抑或是如何适用。可以说,梁稿并没有采用法定监护与意定监护分类规定的方式。李霞的《成年监护制度研究——以人权的视角》中所选择的是两者分别规定;陈苇教授亦是认为将我国"成年人的保护"之具体措施,区分为意定的与法定的两种类型,即"意定的成年人的保护措施"与"法定的成年人的保护、保佐和辅助措施"。①

三是未成年人监护与成年人监护是混合规定还是分章节单独规定。王稿采取的是未成年人与成年人监护混合规定的方式;梁稿和李霞在其书中的建议稿②都是采取各自分章节单独规定的模式。

(二)制度名称的学者观点考察

根据学者建议稿和学者的期刊论文,就成年人监护制度的名称主要有以下两种观点:

1. 保持原有的"监护"不做变动,代表学者有王利明,其在学者建议稿中仍采"监护"一词,而未做改动。

2. 将"监护"更名为"保护"或"照顾"。(1)徐国栋的《绿色民法典》从章节名称可以看出,其将成年人监护更名为"保护";陈苇教授在其论文中也提出将我国成年人监护制度更名为"成年人的保护"制度。理由是有利于体现尊重人格尊严和私人生活的自主决定权的人权理念,即尊重自我决定权。(2)梁稿将成年人监护更名为"成年人照顾"。之所以采"照顾"一语,他提出主要出于四个原因:

---

① 陈苇、李艳:《中国民法典之监护制度立法体系构建研究》,载《西南政法大学学报》2017 年第 2 期,第 91 页。

② 李霞:《成年监护制度研究——以人权的视角》,中国政法大学出版社 2012 年版,第 321 ~419 页。本书以下简称为李稿。

一是因为成年人照顾制度的立法目的；二是彰显与传统禁治产宣告制度的区别；三是突出成年人照顾制度的立法理念；四是与“未成年人监护”相对称。(3)杨立新在其建议稿①中对制度名称也是采取了与德国一样的“成年人照管制度”，所以主体上也是称为被照管人、照管人。

二、立法体例的学者观点评析

(一)成年人监护制度立法体例的争论

1. 制度位于民法总则部分还是亲属编部分。三个学者建议稿中，除了梁稿，其他两个都选择将监护仍规定在总则部分。但是这样的选择并不是就代表了多数学者的意见。杨大文教授提出监护制度是调整家庭、亲属关系的一项重要民事制度，他提出在今后的民法典制定过程中，应于婚姻家庭编中增加“监护”一章，在现有的原则规定的基础上填补立法空白，使之更加完善。② 同时，在各国新的改革中，出于对人权以及其他批判的回应，均对成年人保护制度进行大规模的修改。而我们不应当回避这种立法趋势，而是应当正确面对，我们应该保留在总则中总括性规定的这一传统，但也要直面这一制度其内涵仍体现的是一种亲属关系，将之具体制度内容规定在“亲属编”之中才能体现制度的应有之意。

2. 法定监护与意定监护的衔接或是规定方式。梁稿采用的这种与民法总则规定类同的方式，不利于两类监护的分别适用，在适用上容易造成理解上的偏差。比如，照顾人的职责，意定监护当然适用合同中所规定的职责，而不应适用法定监护的职责。但是法条中并未明确写明意定监护是否应当遵守，那么如果意定监护人未履行是

---

① 杨立新:《民法总则重大疑难问题研究》，中国法制出版社 2011 年版，第71～77页。以下简称杨稿。这里虽然并未形成一个法条似的建议稿，但是制度的基本内容都已经涵盖。

② 杨大文主编:《亲属法与继承法》，法律出版社 2013 年版，第 222 页。

否违反了法律规定而被撤职呢？而王稿并未规定真正意义上的意定监护，其建议稿中的协议监护与约定监护根本不是通常意义上的意定监护制度。陈苇、李霞等学者所认为的将意定监护和法定监护分类规定，无论从制度设计的逻辑性或是从制度的可操作性上讲，均为了明确地划分意定监护和法定监护的适用界限，而且两类制度存在内容上的不同之处，从制度的可操作性以及制度内容的需要上，都应当分类进行规定。

3. 对于成年人监护与未成年人监护制度的安排。从某些学者建议稿或是韩国民法典成年人监护制度的规定上看，能清楚地得知这种混合规定的模式呈现的是逻辑上的混乱，有些条文写明父母才能实施，那么就能判定是未成年人和成年人共用的条款，而有些虽然写明但是明显内容无法适用于成年人监护。所以从立法体例的逻辑性以及法律适用的可操作性上看，都应当将两者区分开来进行规定。

（二）成年人监护、照顾、保护制度之名称的选择

成年人监护、照顾、保护制度之名称采"监护"一词，我国《民法总则》对此未作出改变，其实这与我国此次全国人大法工委编纂民法典的指导思想是密不可分的，其指出此次民法典的编纂并非是制定新的民事法律，而是对已有现行的民事法律规范进行科学的整理。就此，笔者认为此次民法典的编纂，包括民法总则的出台在制度内容上的变动不会很大。且在对草案征求意见的过程中，对于改变这一名称的意见并未采纳，主要出于两个方面，一方面是考虑到法律制度的稳定性，另一方面也是考虑到我国的实际情况。

采"照顾"的学者，如梁慧星，其"因为成年人照顾制度的立法目的，强调尊重成年障碍者本人的意思，着重于对成年障碍者的人身关怀与保护，有别于以保护精神病患者财产为中心的禁治产宣告制度。其主要理念在于，重视成年障碍者的人权，尊重其残余意思能力和自我决定权，援助其在不受歧视的条件下，平等、正常地参与社会生活"。

但是从本书一开始对监护概念的界定中可以看出，名称上的改变主要是出于突出这一制度的侧重点发生了变化，即从监管到保护

的侧重。但是考虑到我国监护制度已经实施三十余年，民众对于“监护”一词已经知晓并较为熟识，由此，笔者认为，根据我国的实际情况，不宜对制度名称进行修改，但是修改为“照顾”或是“保护”仍是未来的立法趋势。因为法定监护的类型化即在法定监护的内在分类中添加针对不同主体的不同监护措施，若还是称为“监护”，则发生制度名称上的重叠，容易造成混淆。笔者认为，名称虽未改变，但是我们更应该关注的是在制度设计中应当体现现代的立法理念，对制度的具体内容进行进一步的完善。

第四节　我国成年人监护制度立法体例的完善

本节主要是总结前述域外立法及学者观点中值得借鉴之处，结合我国目前的立法现状和实践情况，提出笔者对于成年人监护制度立法体例的完善建议及其理由分析。

一、我国成年人监护制度立法体例的完善建议

（一）我国成年人监护制度制度名称之选择

虽然如德国、瑞士等国都对其成年人监护制度的名称进行了修改，并且如梁稿也将这一制度的名称修改为成年人照顾制度。但是笔者认为，按照目前我国立法现状，无须更改成年人监护制度的名称，即仍维持“监护”这一名称。

但是，在这里笔者仍然坚持将成年人监护制度修改为成年人保护制度抑或是成年人照顾制度是未来的立法修改趋势。

（二）我国成年人监护制度立法体例之完善

笔者建议，一方面坚持我国《民法总则》现有的成年人监护制度的立法体例及原则性规定；另一方面对于总则中应当增加的内容，通过制定司法解释的方式进行增加补充，并将意定监护和法定监护中具体的、细化的内容规定于民法分则之“婚姻家庭编”之中。

二、理由分析

(一)维持现有立法名称的理由

维持现有立法名称的理由是虽然多数学者都提出更改监护制度的名称,且域外立法改革中法国、德国、瑞士都相继对其制度名称进行了改变。但是出于下述原因目前仍不宜对制度名称发生变动:一是从我国民法典的编纂原则以及制度的稳定性还有人民大众对其的认可性来说,维持目前的"监护"名称是可以的;二是我们在内容上应当逐步地体现现代成年人立法理念,而不局限于名称的更改才体现立法理念的说法;三是由于我国此次修改民法典的立法原则并不是重新创设法律,而是在现有法律的基础上进行修改,并且从我国《民法总则》仍然未对名称进行修改,从立法实际考虑也不宜改变制度名称。

但是,我国未来修改的趋势应该是为了突出体现现代成年人监护制度立法理念,学习借鉴德国、瑞士等国并参考有关学者建议,将名称进行更改,如成年人照管制度或成年人保护制度。

(二)具体规则规定在民法典"婚姻家庭编"的理由

主要理由:其一,监护制度被作为补足民事行为能力的制度于1986年被规定在我国《民法通则》中,至今已有三十多年,并被广大民众所接受。其二,民法总则中的主体制度体现的是民法规范的一般性、原则性、体系性,而处于民法分则的亲属法规定的是以上一般性权利如何实现、如何保护的具体法律规则。所以,民法总则不宜对监护制度作细化规定,加之监护制度与亲属关系制度是密不可分的关系,故将监护制度的具体内容规定于婚姻家庭编之中是合理的①。其三,此次我国《民法总则》已经将成年人监护制度规定其中,且其内容多属一般性、抽象性规则,应当补充细化成年人监护制度的具体

① 陈苇、李艳:《中国民法典之监护制度立法体系构建研究》,载《西南政法大学学报》2017年第2期,第87页。

规定，以增加可操作性。其四，从国外情况看，已经早有先例。从实践情况看，尽管监护人与被监护人之间并不一定具有婚姻家庭法上某种特定的身份关系，监护人的范围大于被监护人亲属的范围，但无论是未成年人监护还是成年人监护，实际上绝大多数的监护人都是以被监护人的亲属（包括配偶、父母、成年子女等）为主体的，其他个人或者组织担任监护人只是被监护人亲属监护的一种补充，由此可见，监护制度与婚姻家庭制度关系十分密切，民法总则监护制度的细化任务完全可以由民法分则中的“婚姻家庭编”来完成，监护制度的主体内容应纳入“婚姻家庭编”中。

第四章 我国成年人意定监护制度的思考与补充构建

本章主要对成年人意定监护制度进行研究。首先,第一节对于我国成年人意定监护制度的现状进行考察与评析,包括立法现状及司法实践现状。立法现状同前述分为两部分,即《民法总则》施行前和施行后的立法现状;司法实践现状是笔者选取的较为经典的意定监护案例,总结提出目前立法的补足之处及不足之处。其次,第二节、第三节中笔者对域外典型国家的立法及我国学者相关观点进行集中考察与评析,指出值得我国借鉴之处。最后,第四节中根据第一节我国《民法总则》中对于通用性规定及意定监护内容不足之处,结合第二节、第三节值得我国借鉴之处和我国实际情况,提出针对我国成年人监护制度之通用规定及意定监护的立法建议。

第一节 我国成年人意定监护制度的现状与评析

一、我国成年人意定监护制度立法及司法实践现状

(一)我国《民法总则》施行前意定监护的立法现状

在《老年人权益保障法》修订之前,我国虽没有明确规定成年人意定监护,但也没有明确禁止,而是采取一个开放式的态度。2015年我国《老年人权益保障法》第26条第1款规定老年人具有完全民事行为能力的,可以协商确定其监护人,以备在其丧失或者部分丧失

民事行为能力时，监护人依法承担监护责任。

1. 主体：委托人为具有完全民事行为能力的老年人；受托人为委托人确定的人。

2. 设立形式、内容及要求未具体规定。

3. 权利义务：受托人具有依法承担监护责任的义务。

4. 生效时间：委托人丧失或者部分丧失民事行为能力时。

5. 变动：未规定。

6. 公力介入及监护监督：未规定。

此外，委托监护可以算作我国独创的一种意定监护模式，即我国《民通意见》第22条规定，①其与通常意义上的意定监护不同，其订立的主体是监护人，而通常意义上的订立主体是被监护人自己与他人订立的。所以，在此不讨论其具体内容。

（二）我国《民法总则》实施后意定监护的立法现状

我国《民法总则》第33条规定了意定监护，即具有完全民事行为能力的成年人可以通过契约的方式为自己指定一名自然人或法人在其丧失或部分丧失行为能力时担任其监护人。

1. 主体：委托人为具有完全民事行为能力的成年人；受托人为由委托人指定的，且具有完全民事行为能力的自然人或法人。

2. 设立形式、内容及要求：必须以书面形式达成协议。

3. 权利义务：因为我国成年人法定监护与意定监护是混合规定的，这里权利义务理论上应当由委托人和受托人双方协商达成，当权利义务不明时适用法定监护中监护人的权利与义务的规定。权利即监护人依法履行监护职责产生的权利，受法律保护；义务即我国《民

① 《民通意见》第22条规定：监护人可以将监护职责部分或者全部委托给他人。因被监护人的侵权行为需要承担民事责任的，应当由监护人承担，但另有约定的除外；被委托人确有过错的，负连带责任。

法总则》第34条、第35条的规定。[①]

4. 生效时间:该协议属于附条件的法律行为,也就是只有当委托人成为无民事行为能力人或限制民事行为能力人时才发生效力。

5. 变动:

(1)监护人有争议的。由被监护人住所地的居民委员会、村民委员会或者民政部门指定监护人,有关当事人对指定不服的,可以向人民法院申请指定监护人;有关当事人也可以直接向人民法院申请指定监护人。

(2)人民法院依申请撤销监护人资格。安排必要的临时监护措施,并按照最有利于被监护人的原则依法重新指定监护人:实施严重损害被监护人身心健康行为的;怠于履行监护职责,或者无法履行监护职责并且拒绝将监护职责部分或者全部委托给他人,导致被监护人处于危困状态的;实施严重侵害被监护人合法权益的其他行为的。

本条规定的有关个人和组织包括:其他依法具有监护资格的人,居民委员会、村民委员会、学校、医疗机构、妇女联合会、残疾人联合会、未成年人保护组织、依法设立的老年人组织、民政部门等。

(3)监护资格的恢复。被监护人的父母或者子女被人民法院撤销监护人资格后,除对被监护人实施故意犯罪的以外,确有悔改表现的,经其申请,人民法院可以在尊重被监护人真实意愿的前提下,视情况恢复其监护人资格,人民法院指定的监护人与被监护人的监护关系同时终止。

(4)监护关系的终止。①被监护人取得或者恢复完全民事行为能力;②监护人丧失监护能力;③被监护人或者监护人死亡;④人民

---

① 代理被监护人实施民事法律行为,保护被监护人的人身权利、财产权利以及其他合法权益等;监护人不履行监护职责或者侵害被监护人合法权益的,应当承担法律责任;监护人应当按照最有利于被监护人的原则履行监护职责。监护人除为维护被监护人利益外,不得处分被监护人的财产;成年人的监护人履行监护职责,应当最大限度地尊重被监护人的真实意愿,保障并协助被监护人实施与其智力、精神健康状况相适应的民事法律行为。对被监护人有能力独立处理的事务,监护人不得干涉。

法院认定监护关系终止的其他情形。监护关系终止后,被监护人仍然需要监护的,应当依法另行确定监护人。

6. 公力介入及监护监督:

(1)确定和指定监护人:当监护人的确定发生争议时,居民委员会、村民委员会、民政部门或者人民法院应当尊重被监护人的真实意愿,按照最有利于被监护人的原则在依法具有监护资格的人中指定监护人。

(2)担任临时监护人:依照前述规定指定监护人前,被监护人的人身权利、财产权利以及其他合法权益处于无人保护状态的,由被监护人住所地的居民委员会、村民委员会、法律规定的有关组织或者民政部门担任临时监护人。

(3)撤销监护人资格的申请:法律规定的个人和民政部门以外的组织未及时向人民法院申请撤销监护人资格的,民政部门应当向人民法院申请。

此外,遗嘱监护也可算作一种意定监护的特殊方式,即当父母作为成年被监护人的监护人时,其可以为被监护人以遗嘱的方式指定监护人。通过遗嘱指定的监护人没有范围的限制,由其父母来决定。这是一个新增规定,但这里有学者提出需要注意之处,遗嘱是单方法律行为,其生效无须他人合意即可生效,因此若遗嘱指定的人不愿意担任监护人并且也没有担任监护人的法定义务时,其可以拒绝担任监护人。[①] 那么这样的指定是否存在意义呢?因此,《民法总则》删除了委托监护的规定。

---

① 李永军主编:《中华人民共和国民法总则精释与适用》,中国民主法制出版社2017年版,第43页。

（三）成年人意定监护制度之实践的考察

1. 老年人意定监护协议的设立[①]。

（1）主要案情简介。上海市丧偶老人甲因身体不适住院。甲担心自己将来因病而意识不清，子女会因医疗和照顾问题起纷争，因此决定趁自己仍然意识清醒，与平时对自己关心最多、自己也最信任的小儿子乙商量，在其自己丧失或者部分丧失民事行为能力时由他来担任监护人。2016 年某月某日，甲和小儿子来到公证处，公证员通过与甲交流沟通，确认甲处于神志清醒状态并受理了该公证申请。公证员首先将意定监护相关法律规定告知双方，其次确认甲愿意在自己意识清醒的情况下指定乙作为自己丧失或者部分丧失民事行为能力时的监护人，由乙履行监护职责。然后公证员告知乙相关监护人的职责及法律责任，乙明确表示愿意负责其父亲甲将来的“生活照管、医疗救治、财产管理、维权诉讼和死亡丧葬”等事务。同时公证员告知甲，他可以在神志清醒的情况下以公证形式单方撤销监护协议并由公证机构负责送达给乙，此后就依法恢复成法定监护。公证员表示公证机构会对此份意定监护协议保密，待协议约定的条件成就时，甲的其他具有监护资格的人可以向公证机构申请查询该协议。

公证员对协议的内容进行审查，甲、乙现场签字捺印。公证书出具后，甲、乙各持一份。公证员对办理公证的全过程进行录音录像并于公证书出具当日，将此份意定监护协议上传至全国公证管理系统备案。

（2）适用法律评析。

①法律适用适当之处。此案例中甲在自己意思能力清楚的情况下表示愿意指定乙作为自己的监护人，待自己丧失或者部分丧失民事行为能力时，由乙履行监护职责符合正式意定监护的定义。而案

① 法制日报：《司法部首次发布三个公证指导性案例》，引自 http://mp. weixin. qq. com/s/2TyPCqMUg8v8isBrgRu5yA，最后访问日期：2017 年 12 月 28 日。

例发生在我国《民法总则》公布之前，所以仍是适用《老年人权益保障法》中关于意定监护的规定。

第一，确认委托人为具有完全民事行为能力。案例中公证员通过对话，确认委托人神志清醒，具有订立意定监护协议的能力。

第二，在设立形式上，采用了公证的形式，也就是书面形式达成，符合我国法律的规定。

第三，监护职责的范围。乙明确表示愿意负责其父亲甲的人身照顾、财产管理和诉讼代理，这里强调了医疗救治，体现了重视人身上的照顾。

②法律适用中反映出的问题。从之前对于意定监护的立法现状的介绍中可知，《老年人权益保障法》中意定监护的内容非常少，仅对主体进行了规定，其他都未言明。所以案例中存在公证员释法造法的现象，然而公证员并无此权利。

第一，公证员通过谈话确认甲具有完全民事行为能力的方式是否合理和科学。比如，老年痴呆的患者，其患病的初期是无法通过谈话或是表面观察就能发现或是知晓的。当然，这也可以视为一种判断的方法，但是笔者认为应当加上医疗说明的佐证才更能确认当事人的行为能力。

第二，监护人的权利义务上，意定监护协议中未涉及监护人所享有的权利；而在义务上，虽然列举出监护职责的类型，但是具体如何实施未有言明，且死亡丧葬是否属于监护人的职责范围，笔者认为这并不是监护人的职责。因为意定监护协议在理论上，应当是委托人死亡即终止，终止的效力也就是对于委托人财产上的清算和移交，而没有对其死亡的丧葬。

第三，此份意定监护协议的撤销方式。公证员告知委托人可在神志清醒时以“公证形式”单方撤销监护协议。那么，这里是否必须通过公证形式撤销呢？这在我国相关法律中没有明确规定，这里应当是参考了遗嘱的撤销。

第四，公证员对于意定监护协议内容的审核，是否具有法律效力，或者说是否具有法律公信力，值得思考。

③值得借鉴之处。

一是如果根据此案例中所描述的程序，那么通过公证的形式确实能够保证达成一份可行性较高的意定监护协议，且协议双方对于意定监护的相关内容会较为清楚了解。

二是在委托人仍具有民事行为能力时的撤回协议，应当是要通知受托人的。

三是公证员将其上传到公证管理系统，起到一个登记保存的作用，方便在争议发生时的证明。

2. 国内首个意定监护生效案例①。

(1)主要案情简介。周老太太精神出现问题，医生诊断为“血管性痴呆”，并告知恢复的可能性极低。但是她在神志清醒时，与其大儿子的女儿签订了意定监护协议，因为周老太太曾因为房产问题与小儿子发生争执，且败诉。所以，如果其失去意识，她不想把自己交到小儿子手里。

在办理意定监护公证时，工作人员介绍了意定监护的相关法律规定，因为周老太太大儿子身体健康较差，所以选择大儿子的女儿作为监护人。孙女张某负责其丧失或部分丧失民事行为能力时的护理照管、医疗救治、财产监管、诉讼甚至死亡丧葬。办理公证的手续很多，谈话签字、录音录像等。

周老太太因病昏迷后，大儿子到公证处申请查阅文件。公证员先到护理院看望周老太太并核实诊断书，确定“符合意定监护的生效条件”，并把监护人资格公证书发给监护人。小儿子不服，到居委会申请重新指定监护人，大儿子提供了意定协议公证书，居委会因此没有再给周老太太指定监护人。

---

① 钱蓓：《国内首个意定监护生效案例：精神失常前她为自己留了一手》，引自 http://wenhui.whb.cn/zhuzhan/yis/20171208/67659.html? timestamp = 1513004081801&from = groupmessage&isappinstalled = 0，最后访问日期：2017 年 12 月 12 日。

(2)适用法律评析。

①法律适用适当之处。意定监护的适用效力。其优先于法定监护适用,同时在监护发生争议时,居委会也不能忽视意定监护协议而直接指定监护人。

②法律适用中反映出的问题。

第一,公证的程序。公证确实可以在一定程度上保证意定监护协议的真实性和可行性,但是程序比较烦琐。那么是否应当提供多种方式供当事人选择?

第二,工作人员介绍的意定监护的定义"具有完全民事行为能力的成年人,在智力正常的时候,可以用书面形式确定自己的监护人,等以后年老患病,丧失或者部分丧失民事行为能力,就由这个预先指定的监护人履行监护职责"。存在问题,首先这个"智力正常"的表达不准确,可以是"民事行为能力",也可以用"意思能力"表达;其次年老患病并不是意定监护生效的条件,而必须是丧失或部分丧失行为能力。

③值得借鉴之处。

第一,在意定监护生效后,公证人员先到护理院看望周老太太并核实诊断书,确定"符合意定监护的生效条件",才颁发监护人资格公证书。这样的程序非常合理,虽然以后立法中并不一定由公证机关负责,但是应当有公力机关在此时介入,审核当事人的民事行为能力状况,并发放证书,以便监护人在争议发生时证明其身份。

第二,这个案例发生在上海,因为上海作为一线城市,民众包括老年人的法律意识及权利意识较高,愿意通过法律手段保护自己的合法权益。所以老年人意定监护制度在我国设立后,最早尝试适用这一制度的老人多来自上海、北京等城市。经公证员李某某介绍,目前我国成年意定监护公证受理数量在 100 件左右。而截至 2017 年 7 月底,上海公证机构已承接近 50 例意定监护案件。可见,适用这一制度的人数在不断上升。成年人意定监护制度在我国立法中继续完善是具有很强的必要性和可行性的。随着法律的不断普及,从一线城市慢慢地传播到各个省份，了解和知晓这一制度的民众会越来越多，而选择适用的人数也会日益增加。

3. 山西全省首例“意定监护公证”①。

(1)主要案情简介。《民法总则》实施后，太原市某公证处为一名老人办理了该省首例意定监护公证。这天贺大姐来到公证处咨询问题，其讲到张大爷和其老伴一生没有子女，且侄子、外甥等都远在南方，这些年贺大姐一直照顾两位老人的生活，而且前些年她自己的孩子小时，因为贺大姐工作忙，老人也帮着看孩子。多年来，两家亲如一家。前几天张大爷的老伴不幸去世，张大爷在老伴走后精神很受打击，再加上毕竟已 91 岁高龄，也很担心自己丧失民事行为能力后的监护问题并想指定贺大姐为监护人。因此，想请公证员帮忙想办法，公证员就想可以适用意定监护来解决。

公证员介绍说这是他们公证处遇到的第一个意定监护的案例。因意定监护只有《民法总则》第 33 条、《老年人权益保障法》第 26 条两条规定，并没有相关的实施细则，公证员对现有规定进行研究，草拟意定监护协议并在公证处内部反复进行讨论。张大爷由于年事已高，所以公证员上门为其办理意定监护公证。公证员看到张大爷虽然已经 91 岁但仍然常看新闻浏览杂志，思维十分清晰。公证员通过与张大爷进行充分沟通，根据其具体情况增加意定监护协议的内容。

(2)适用法律评析。

①法律适用适当之处。公证人员是根据《民法总则》和《老年人权益保障法》及相关实施细则的规定为当事人设置意定监护措施。

②法律适用中反映出的问题。从意定监护的办理过程中可以看出，由于《民法总则》和《老年人权益保障法》规定的原则性，以至于在实践中存在很多问题。比如，我国仅规定用书面形式达成意定监

---

① 山西法制报：《全省首例“意定监护公证”！看九旬老人如何为自己指定“监护人”》，引自 http://mp. weixin. qq. com/s/6C_UCz2oXOXPdFvgIFuuoQ，最后访问日期：2017 年 12 月 12 日。

护协议,但是是否可以适用公证以外的其他方式?意定监护协议的内容在设定时是否应当一一指明?对于医疗事务应当如何处分?这些当事人和公证员都不得不自己解决,首先解决的方式是否合法?办理后能否得到法律的承认?生效后的可操作性如何?这些问题没有法律的保驾护航很难避免争议的出现。

③值得借鉴之处。从案例中可以看出意定监护措施确实是目前可以解决这种孤寡老人未来丧失民事行为能力时的监护问题的最好办法之一。所以,应当对这一制度进行细化规定,增加其可操作性和可行性。

二、我国成年人意定监护制度评析

这一合理及进步之处的归纳主要来自《民法总则》草案一、二、三审稿与正稿的比较以及《民法总则》与《民法通则》规定之间的比较得出。

(一)合理及进步之处

1. 成年人意定监护与法定监护的通用规定之增加。

(1)我国《民法总则》对于监护人履职原则规定合理。关于监护人的履职原则,我国《民法总则》第35条第3款明确规定了监护人的履职原则。[①] 这在原有的立法上是没有规定的,这体现了我国成年人监护制度正在逐步实现"尊重本人自我决定权""活用当事人的剩余能力"等现代成年人监护立法的新理念。这与具有先进成年人监护制度的国家监护人的履职原则的规定有一致之处。

(2)《民法总则》对成年人监护终止的情形规定得较为全面。首先,对于公力机关对监护的撤销,根据我国《民法总则》第36条的规

---

① 要最大限度地尊重被监护人的真实意愿,保障并协助被监护人独立实施与其智力、精神健康状况相适应的民事法律行为。

定，法院撤销监护人有三种法定情形。[①] 我国将严重损害被监护人身心健康的行为作为监护撤销的法定情形之一，这体现了对于被监护人人身照顾的重视，且相比于瑞士的概括式规定（即仅规定被照顾人利益受到威胁或不处于被保护之下），我国列举加概括式的规定可操作性更强。其次，对于监护的终止，我国《民法总则》第 39 条规定为四种情形。[②] 这四种情形就基本涵盖了监护关系的绝对终止和相对终止的全部情形，可见我国关于监护的终止已经规定得非常全面而无须再行增加补充。

（3）我国《民法总则》采取的监护监督机制符合我国实际情况。我国有学者指出，由于无人监督、公力救济措施欠缺，公权力的缺席在一定程度上致使监护人的相互推诿、怠于履职以及多数精神障碍者露宿街头甚至流浪乞讨的现象经常发生。[③] 从我国《民法总则》第 36 条第 2 款、第 3 款规定的监护监督机制看，我国采用公力监督（我国的民政部门、居委会、村委会等机构监督）与私力监督（其他具有监护资格的自然人监督）相结合的方式。其立法理由，若仅设立专门的自然人或机构作为监护监督主体，可能会有监督不到位的情况发生。而两者同时设立，可以相辅相成，共同保护被监护人的利益。

（4）我国《民法总则》的私力监督主体范围宽泛且其权利规定合理。关于私力监督主体的范围，根据我国《民法总则》第 36 条第 2 款规定，有关个人，即其他具有监护资格的人有向法院申请撤销监护人资格的权利。私力监督人的人员范围基本上涵盖被监护人的关系密切人，这样在出现法定情形时，私力监督人可向有管辖权的成年人

---

① 我国《民法总则》第 36 条规定，法院撤销监护人的三种法定情形，包括监护人实施严重损害被监护人身心健康行为的；监护人怠于履行监护职责，或者无法履行监护职责并且拒绝将监护职责部分或者全部委托给他人，导致被监护人处于危困状态的；监护人实施严重侵害被监护人合法权益的其他行为的。

② 被监护人取得或者恢复完全民事行为能力；监护人丧失监护能力；被监护人或者监护人死亡；人民法院认定监护关系终止的其他情形时，监护关系终止。

③ 杨立新：《民法总则重大疑难问题研究》，中国法制出版社 2011 年版，第 58 页。

保护机构寻求救济,以保护被监护人的权益。

(5)我国《民法总则》对于公力监督主体及职责的设定合理且符合我国司法实际情况。关于我国公力监督主体①,而未像专门设置一个成年人保护机构。其主要原因是,第一,专门设置成年人保护机构在我国并不现实,容易造成不同机关的职责重叠。第二,这些公力主体与民众生活联系密切,更容易考察和得知被监护人的被照顾情况。所以,他们足以承担监督与其他公力介入的职责。第三,采用列举式的方式规定上述主体均有监督权,基本涵盖了所有可以接触到被监护人的公力主体,且又不局限于所被列举的公力机构,以形成全社会的监督,保障被监护人权益。第四,目前我国仅将部分监督职责交给法院履行,即依申请审理监护人选任、监护撤销等纠纷,其余监护监督职责则由前述监护监督人或机构承担,这是符合我国目前的司法实际情况的。②

上述公力机关作为公力监督主体有权向人民法院申请撤销监护人的资格,同时为了防止民政部门以外的监督人不履职,我国《民法总则》第 36 条第 3 款还专门规定民政部门的申请撤销监护人资格的法定义务③。此外,民政部门、居委会、村委会还承担担任临时监护

---

① 为被监护人住所地的民政部门、居委会、村委会、学校、医疗卫生机构、妇女联合会、残疾人联合会、依法设立的老年人组织等。

② 据统计,2015 年我国法院新收民商事案件上升明显。新收民商事一审、二审、再审案件 11044739 件,上升 21.8%。周斌:《最高法发布 2015 年全国法院审理执行案件统计数据》,引自 http://www.dyzxw.org/html/article/201603/18/213756.shtml,最后访问日期:2016 年 12 月 25 日。

③ 我国《民法总则》第 36 条第 3 款规定,个人和民政部门以外的组织未及时向人民法院申请撤销监护人资格的,民政部门应当向人民法院申请撤销监护人的资格,以保障被监护人的利益。

人的职责。[1] 根据我国《民法总则》第 32 条的规定[2]填补了当监护人资格存在争议或监护人资格被撤销时被监护人无人照管的漏洞，充分体现了监护中的"国家责任"理念。

此外，《民法总则》还增加了监护人资格恢复的限制条件。这一设立的出发点在于仍是希望被监护人能由其父母或子女担任监护人，体现的是一种亲属监护为主的理念，这也是坚持中华民族传统的体现。[3]

2. 成年人意定监护制度具体内容之补充。

(1)我国《民法总则》已经将委托人资格的范围扩大。在我国，依据现行《老年人权益保障法》第 26 条的规定，委托人的范围为具有完全民事行为能力的老年人，但对于具有完全民事行为能力的其他成年人是否享有此项权利无规定。为了弥补这一缺憾，2017 年 3 月通过的我国《民法总则》第 33 条已经将其主体范围加以补充，即凡具有完全民事行为能力的成年人均有权设立意定监护措施。

(2)我国《民法总则》对意定监护人资格设定合理。关于意定监护人的范围，我国《民法总则》第 33 条仅规定意定监护人可以为被监护人的近亲属、其他愿意担任监护人的个人或组织，我们认为其理由是：一是实际上我国《民法总则》第 18 条已经对监护人资格作出规定，即监护人应当为完全民事行为能力人；二是意定监护制度的首要立法理念就是"尊重其本人的自主决定权"，意定监护人的范围较广，则委托人可以自主地决定受托人为何人；三是意定监护开始实施后，如监护人出现履职不能或损害被监护人利益的情形，我国《民法

---

① 我国《民法总则》第 32 条规定：没有依法具有监护资格的人的，监护人由民政部门担任，也可以由具备履行监护职责条件的被监护人住所地的居民委员会、村民委员会担任。

② 当被监护人没有具备法定监护资格的人来担任监护人时，应由政府所属的民政部门担任监护人，也可以由具备履行监护职责条件的被监护人住所地的居委会或者村委会来担任监护人。这是我国民事法律制度的重大修改。

③ 从总体上看，民法总则所规定的监护制度，是以家庭监护为基础、社会监护为补充、国家监护为兜底的一种立法思路。

总则》第 36 条第 2 款规定的监督主体即可向法院申请撤销监护人资格，为被监护人另行指定新的监护人，这可以保障被监护人的利益；四是瑞士也仅概括式地规定受托人可以为自然人或法人。因此，我国《民法总则》采取概括式规定受托人的范围而未设定具体的监护人资格。

（3）我国《民法总则》对于意定监护的生效时间规定合理有据。根据我国《民法总则》第 33 条的规定，意定监护的委托人可以与受托人协商确定生效时间，即由当事人自己选择意定监护是在本人部分丧失民事行为能力或完全丧失时适用。我们认为，我国《民法总则》的规定较为合理，如患有阿尔茨海默病（AD）或称老年痴呆症的老年人，此种疾病是一种起病隐匿的进行性发展的神经系统退行性疾病，[①]即患者并不是在发病时即完全丧失民事行为能力，而是一个逐渐发展的过程。如果意定监护仅在完全丧失民事行为能力时才能适用，那么在其老年痴呆症发病的初期，老年人又如何维护自身的权益呢？所以，我们认为《民法总则》规定由当事人自己可选择意定监护在其部分丧失民事行为能力时即可适用是合理的。

（二）仍待具体化之处

1. 成年人监护制度通用规定仍有欠缺。

（1）没有规定监护人在具备法定事由时可提出辞任的权利。我国《民法总则》第 34 条第 2 款规定了法律保护监护人在依法履职时享有相应的权利。但是没有明确指明意定监护人有何权利，只能推定类推适用。虽然这一情形可以包含在人民法院认定监护关系终止的其他情形之中，但是辞任权作为监护人的一项重要权利，应当予以明确，更利于提高可操作性，应当对其予以增补。

（2）未明确监护人是否享有报酬和费用支出的报销权利。我国《民法总则》第 34 条仍没有明确监护人是否享有报酬和对费用支出报销的权利。瑞士、法国的成年人监护制度中明确规定受托人可在

---

① 其主要表现为认知功能下降、精神症状和行为障碍、日常生活能力的逐渐下降。

一定情形下享有报酬和对费用报销的权利，如瑞士规定若意定监护中没有规定报酬，则可由成年人保护机构根据委托事宜的具体情况或受托人的付出按照通常的标准来确定适当的报酬；前一规定可以推出若指令中对费用的报销没有规定，受托人当然享有，而无须成年人保护机构的设定。而反观我国始终在立法中未提及监护人是否有这项权利，造成的后果就是，监护人背负着沉重的职责负担，尤其是精神障碍者的监护人，无论从身体压力还是精神压力上都是常人所不能体会的，所以我国在指定监护人时，往往会出现无人愿意担任的情况出现，使监护人的利益无法受到保护。

(3)成年人监护的终止欠缺终止后的效力。我国《民法总则》缺少如瑞士对于被监护人恢复民事行为能力后的对监护人义务的要求，即监护人应当继续执行指定的任务，直到被监护人可以自行保障自己的利益。缺少这一规定，则会造成监护人虽恢复民事行为能力但仍无法保障自身权益时，因监护关系终止而损害到被监护人的利益。同时，我国也缺少类似于法国的关于终止后监护人有财产清算职责的规定，这就造成监护终止后监护人的财产情况混乱或不被人所知。

2. 意定成年人监护制度仍待具体化。

(1)缺少成年人意定监护之医疗措施类型。在意定照顾措施类型上，我国《民法总则》虽然只规定了类似于瑞士的一般意定照顾措施，但法无禁止即自由，成年人也可以根据《民法总则》的规定设定关于医疗事项的意定监护措施。但是观之德国、日本、韩国和瑞士，其现代成年人监护制度无一例外地体现了对被监护人人身上的照顾，尤其是其医疗事项的重视。这同时也是现代成年人监护制度的重要立法理念之一。而我国缺少对这一内容的规定，也在这一理念的实现上有了缺陷。

(2)对设立内容欠缺指引性规定。我国《民法总则》第 33 条仅规定成年人有设立意定监护的权利，但对于设立内容的范围和要求没有规定。该法第 34 条规定了法定监护人的职责范围，只有当委托监护概括性授权时才可推定适用，即包括被监护人的人身权利、财产权利以及其他合法权益等全部范围；如委托监护明确授权职责，则有待增加设定意定监护内容的指引性规定。意定监护中监护人的履职应该完全按照意定监护协议的内容进行，如果协议中内容不明确，或存在理解上的偏差，对于已经丧失民事行为能力而无法再自行设定内容的被监护人是极为不利的。

(3)意定监护的设立形式要件存在不足。首先，我国《民法总则》第 33 条中规定意定监护协议以“书面形式”设立，书面形式就包括自书、代书、打印等方式，但对于代书和打印的方式是否需要无利害关系的见证人在场、是否可以适用公证的方式均未规定。这就造成了有些成年人想设立而不知何种书面方式才是具有法律效力的，就会产生如该成年人不识字，其找人代书，但是未找见证人，那么这种情况如何认定协议的效力等诸如此类的问题。其次，我国《民法总则》中未规定意定监护协议是否需要登记，瑞士是选择性登记，日本则是强制性登记。我们认为，结合我国社会实际，我国已进入老龄化社会，从监护内容涉及被监护人的人身、财产之重大利益来看，加之医疗事项对生命权的影响之大，不能随意处置，所以我们建议一般意定监护及医疗意定措施应当进行登记，也突出对于人身照顾尤其是医疗事项的重视。如果不登记，会造成意定监护协议成为委托人和受托人内部的事情，无人知晓，也无人能够进行监督，这是非常不利于监护人利益的。

(4)公力介入的规定上仍不完善。我国《民法总则》对成年人意定监护的设立形式、设立要求等规定属于事前的公力介入；民政部门、居委会、村委会监护人履职情况的监督属于事中的介入；法院根据有关个人或机构的申请对意定监护措施的撤销属于事后的介入，形成了一个完整的公力介入体系。但仍存在下述两个问题：

一是对于意定监护开始的审查仍存在不足。例如，对于成年人监护开始后，公力机关的审查职责，包括被监护人、监护人的资格审查，委托监护书的真伪及授权范围等没有规定。反观瑞士成年人意定照顾制度的规定,其规定成年人保护机构在得知某人丧失判断能力且查询其存在一般意定照顾措施时,对其意定照顾措施有审核职责,并具体规定审核的事项,审核通过且照顾人接受委托后,告知其有关委托合同中规定的义务并且发布规定其权限的正式文件,体现国家公权力对被照顾人的保护以及对被照顾人自我安排实现的辅助作用。我国没有审查的程序,会造成意定监护协议开始生效,但是受托人已经丧失了当时的监护能力,但是其仍承担着监护职责,使意定监护协议成为空谈。

二是未明确监护撤销后监护人的相关义务。目前,我国《民法总则》第 36 条第 1 款[①]规定了临时监护措施,临时监护措施是为了及时保障被监护人的权益,包括人身照顾权和财产管理权,但是对于监护人被撤销监护后的财产报告及移交义务等没有规定如何处理。观之瑞士成年人意定照顾制度的规定,成年人保护机构在介入时可以指定受托人将财产清单、定期财产账目和报告归档。这样便于审查该监护人在履职期间是否有侵害被监护人财产权益的行为,并方便新监护人接替原监护人对被监护人财产进行保管,有利于充分保障被监护人的财产权益。

第二节 现代域外国家成年人意定监护制度的考察与评析

通过对现代域外主要国家立法体例的研究,笔者认为明确将意定监护单列为一个措施的国家包括法国、日本、韩国和瑞士。德国实际上是一元化的照管制度,但是在照管制度中规定了由成年人自己设定的“医疗照管措施”和“书面照管愿望”,笔者认为这属于意定监

① 我国《民法总则》第 36 条第 1 款规定:“监护人有下列情形之一的,人民法院根据有关个人或者组织的申请,可以撤销其监护人资格,安排必要的临时监护措施,并按照最有利于被监护人的原则依法指定监护人……”

护的内容,所以将这两个措施同样放在此处进行考察。俄罗斯在民法典中未规定意定监护的内容,所以暂不介绍。下文主要介绍德国、法国、日本、韩国、瑞士这五个国家的成年人意定监护的立法内容。

一、内部结构的考察与评析

(一)内部结构的考察

1. 德国。德国的照管制度中特别规定了医疗照管措施(第1901a 条、第 1901b 条)和书面照管愿望(第 1901c 条,又称预备性代理权)这两类可以由被照顾人设定的措施。医疗照管措施(病人处分)是指一个具有允许能力(具体是指自然的认识能力和控制能力)的成年人,可以针对其丧失允许能力后的情形,采取书面的方式允许或不允许将来作出关于其健康及治疗状况或医生手术的检查。而预备性代理权是指被照管人选择照管人或履行照管的建议,保管照管处分的人在知悉选任照管人程序开始后应当立即将文件交付给照管法院,即以交付为实现要件;如果被照管人在文件中授权他人执行其事务的,占有人同样应当向照管法院做出告知,但无须交付。

2. 法国。法国的意定监护称为"有关将来实行保护的委托",被规定在《法国民法典》第一卷"人"之第十一编"成年与受法律保护的成年人"的第五节之中,具体包括:第一目"共同规定",第二目"经公证的委托书",第三目"私署的委托书",共计 19 条。可见,其将不同方式设立的委托书分开规定。同时该措施受到《法国民法典》第十三编"委托"中与其不抵触的条款的限制。同时,《法国民法典》规定只有在"有关将来实行保护的委托"仍不足以满足被保护人需求时,才能适用司法保护措施,可见意定监护与法定监护的适用前后顺序。

3. 日本。日本 2000 年 4 月开始与法定监护制度同时施行的"关于任意监护合同的法律"(即成年人意定监护)是从充实向老龄社会的对应及障碍者福祉观点出发,为解决因精神上的障碍使判断能力丧失或衰退状况下自己的监护事项而设置的。任意监护制度是指,本人在自己具有完全的判断能力的时候,为将来欠缺判断能力的情况出现而作出的事先法律准备,按照自己的意思选任的任意监护人赋予有关自己的生活、疗养护理、财产管理等事务的全部或一部分的代理权,签订委托合同的制度。监护人应最大限度地尊重本人的意思,考虑本人的身心状况、生活的同时,使其能够维持正常的生活,以最大努力履行自己的义务,是这一制度设计所追求的最大的社会价值。同时,监护人充分利用自己的权限,与本人保持密切的联系,使判断能力低下的高龄者免遭事故或犯罪,并且起到能够维持安定的生活环境的作用。

在任意监护法中,任意监护与法定监护关系的处理是个非常重要的问题。处理时日本法以两个原则作为指导。第一,"任意监护制度优先的原则"。依据尊重本人自己决定权的理念,以任意监护的保护为优;第二,"保护手段一元化的原则"。为了避免两者权限的抵触、重复,在法律上只允许一方存在,而达到调整两制度的目标。日本成年监护制度秉持着不论何种监护措施,都把尊重利用人自己决定作为制度设计及运用上的基本指针。[①] 从法定监护和任意监护的关系的具体处理来看,对于已经启动法定监护的状态下,再选任任意监护监督人时,必须先撤销法定监护的裁判。反过来,在已经启动任意监护的情况下,只限于"为了本人的利益,被认为有特别必要时"才可以启动法定监护,此时任意监护合同自动终结。但是,即使任意监护合同已经登记但如果还没生效,则还可以发动法定监护,而且任意监护合同一点也不受影响(可以说是意定监护的休眠状态,并且如果想使任意监护生效,必须撤销法定监护的裁判)。

任意监护已经生效,之所以有时还需要启动法定监护,是因为任意监护的对象偶尔会有遗漏,为了应对这种情况,即使已通过法定监护实现了对本人的保护,对这以外的没有问题的事项,应该尽可能地让本人信赖的任意监护人参与活动。

4. 韩国。韩国在2011年3月7日颁布的民法修正案中引入监

① 方勇男:《日本成年人监护制度研究》,吉林大学2012年博士学位论文,第57页。

护契约制度，该民法修正案于2013年7月1日起实施。监护契约制度主要规定在《韩国民法典》第四编“亲属”第五章“监护”的第三节“监护契约”之中，从第959条之14到20，共7条。监护契约以因疾病、障碍、老龄或其他事由引起的精神上的制约导致缺乏处理事务能力，抑或是应对即将缺乏处理事务能力的状态，而将自己的财产管理以及人身精神保护事务的全部或部分委托与他人，并以委托事务授予代理权为内容。

监护契约与成年监护、限定监护、特定监护的关系：在监护契约已登记的情况下，法院可根据本人的利益的特别需要，依据任意监护人或任意监护监督人的请求，对于成年监护、限定监护或特定监护进行审判。这个情况下，监护契约在本人开始成年监护或限定监护的审判时终止。

5. 瑞士。从瑞士成年人意定照顾制度的结构看，成年人意定照顾制度分为两种类型，即预先照顾指令和患者指令，每个指令之中包括主体及权利义务、设立形式、生效时间、变动和公力介入等规定。瑞士将成年人意定照顾制度单独设节规定（第360条至第373条，共计14个条文），并规定了预先照顾指令与患者指令。预先照顾指令是指凡具有民事行为能力的人，可以书面或公证形式设立委托，委托一名自然人或法人承担其不再具有判断能力时的个人照顾或管理其财产，或在与他人的法律关系中作为其代理人。患者指令是指凡具有判断能力的人可以预先为本人的医疗事项设定的措施，即在患者指令中指出同意或者不同意在其丧失判断能力下的各项医疗事项，抑或是指定一名自然人，在其不具有判断能力时，该自然人应与医生讨论医疗事项并根据委托人的利益作出决定。

（二）内部结构的考察

总体来说，除瑞士以外，其他国家都未明确将意定监护制度进一步分类，虽然在内容上是有涉及对于被监护人医疗方面的处理，如德国和日本。瑞士将成年人意定监护分节规定为一般措施和医疗措施，其中的医疗相关规定是十分详细的，并且在国际上也是首个将医疗措施专门独立出来并详细规定在监护制度中的国家。笔者分析主要是出于医疗事项的重要性,需要有详细且明确的规定,以防止理解或是适用上出现误差。同时,也是成年人监护制度从原有的财产管理向人身保护转变的体现。

有学者将预先的医疗指示分类为两种:一是指令型预先指示;[①]二是代理型预先指示。[②] 德国属于指令型预先指示,而瑞士的患者指令属于前者和后者的混合适用,两者有不同的优点。指令型指示只要不违背法律规定,当成年人丧失判断能力时,亲属以及医院都应当按照指令的内容对其进行医疗,不仅充分尊重当事人的意愿,也避免了纠纷的发生。但是其缺点则需要代理型指示来弥补,因为指令型指示很难面面俱到,对于无法预知且未有指示的情况发生时很难应对,这时只能由医疗代理来弥补。而代表型监护拥有灵活指定医疗决策以及避免纠纷的优点,但是仍存在以下两个缺点:一是代表所肩负着的极有可能是影响着被代表人生死的决定,如果没有被代理人明确的授权也极易造成纠纷;二是若代表人对医疗事项理解有所偏差或怀有恶意也会造成被代理人的生命健康权的岌岌可危。

所以针对两者的不足之处,指令型指示所应当规制的就是对成年人真实意思的判定和对其意思表示的登记或记录;而代理型指示则应当规制的是成年人意思表示清楚时的授权以及代理人对代理权行使的监督。而两者的混合适用可以避免其各自存在的不足。

综上,笔者认为《瑞士民法典》此种将意定监护进一步分类为一般措施和医疗措施且分节单独规定的模式值得我国加以借鉴。

---

① 根据《布莱克法律词典》的解释,指令型预先指示是指以特别的、具体的医疗意愿为内容的预先指示。Bryan A. Garner et al. , Black's Law Dictionary(Ninth Edition) , St. Paul: Thomson Reuters, 2009, p. 869。

② 代理型预先指示是一种指定替代医疗决策者的预先指示文件,也经常被称为医疗授权。Bryan A. Garner et al. , Black's Law Dictionary (Ninth Edition) , St. Paul: Thomson Reuters, 2009, p. 1345。

二、一般措施之主要内容的考察与评析

(一)一般措施设立要件的考察与评析

此部分主要包括对主体范围或是资格、设立形式及内容的考察与评析。

1. 主体范围的考察与评析。这里的主体,笔者仅介绍委托人与受托人(被监护人和监护人)的范围,为了突出现代成年人监护"公力适当介入"的立法理念,笔者将监督人统一在后面"监护监督的考察与评析"中进行研究。

(1)主体范围的考察。

①德国。德国民法典并未明确规定委托人的范围或是资格,但是根据具体内容,委托人应当是在照管人程序开始前设立一个照管处分,那么其应当是具有允许能力的成年人。而照管人为委托人选任的人。照管愿望中涉及照管人的人选建议或是所需要的照管事项内容。应当注意,有义务将这份文件交付法院的"保管照管处分的人"可以是被照管人本人,也可以是此份书面文件的占有人。

②法国。经公证的委托书和私署委托书的主体被规定在共同规定中,即两者的主体是一致的。

第一,委托人为任何没有受到监护的成年人;财产受到管理的人须经财产管理人协助才能订立这一委托书;父母或父母中后去世的一方,如其本身没有实行财产管理或监护并且对其成年子女负担物质或情感上的职责,得为他们处于因精神或身体器官功能损坏而无法表达自己意思且自行保障利益之时,指定一人或数人作为其子女的代理人。

第二,受托人可以是委托人选任的自然人或保护成年人司法委托代理人名册上登记的任何法人。虽然如此,法国仍对受托人的资格进行了要求,包括:在执行委托任务时具有民事行为能力。从消极条件讲,规定了且不能是仍适用亲权的未成年人;同样被施以法律保护措施的成年人;被撤销亲权资格的人;刑法规定禁止担任监护人的

人;从事治疗职业与医药职业的人不得担任其病人的财产管理与监护任务;财产托管合同指定的受托人不得担任其财产托管人的委托监护职责。

③日本。委托人为具有完全判断能力的本人,受托人为按照委托人自己意思选任的人。

④韩国。委托人本人,但对其资格法条中没有明确的规定,但是这里委托人必须是具有完全民事行为能力的人,而对受托人的资格等没有规定。

⑤瑞士。委托人为具有民事行为能力的人,受托人为委托人选定的自然人或法人。但在确认委托效力时,成年人保护机构应当审查受托人是否具备履行职务的能力,而具体何种能力未明确。

(2)主体范围的评析。

第一,委托人的范围均是要求其应当具有完全民事行为能力。在委托人的范围或者是资格规定上,除法国规定父母或父母中后去世的一方可以为其成年子女指定代理人外,都是仅规定了成年人本人享有设定意定监护的权利。对于成年人本人的资格要求,虽然这五个国家的用语并不相同,德国为具有允许能力、法国为没有受到监护、日本为具有完全判断能力的、韩国和瑞士为完全民事行为能力的,但实际上规定是大约一致的,即委托人为具有完全民事行为能力的成年人。因为具有民事行为能力的成年人所做出的指令是可以确信其符合本人的真实意愿且符合自身利益的安排,应当予以尊重和遵从。但是法国规定了财产受到管理的人则需要协助完成这一措施。可见,意定监护的委托人必须是具有完全民事行为能力的成年人,这与我国《民法总则》的规定一致。

第二,受托人的范围。除了法国对受托人的资格进行了限制外,其他国家都未做过多的限制。这里之所以多数国家都对受托人的资格没有规定,是出于对委托人自我决定权的尊重,委托人具有完全民事行为能力,可以识别和判断出其所指定的受托人能否胜任此职务,且在意定监护中国家公力的介入更应当注意必要性原则的适用,在受托人的选任上可以不过多地介入。

可以说,法国在主体范围的设置上限制较多,不仅对委托人的范围进行限制,也对受托人的资格做出要求。笔者认为,其他四国的规定更值得借鉴,能更加凸显现代成年人监护制度的立法理念。但是,瑞士规定在意定监护的生效审查时要对受托人的资格进行审查但是未规定具体的内容,此时应当设立类似于法国的受托人资格内容,以审查受托人此时是否具有监护能力。所以,笔者建议在设立之初可以不规定受托人的范围,但是在审查时需要规定受托人的范围。

2. 设立形式及内容的考察与评析。

(1)设立形式及内容的考察。

①德国。书面照管愿望未写明采取哪种形式,但有说明保管人要将文件上交,也就是采取书面的形式,其内容则是包含被照管人选择照管人或履行照管的建议。

②法国。

第一,共同规定。以公证文书或私署文书的形式形成一份委托书,写明该成年人经医疗认定,其精神或身体器官功能损坏而不能表达意思且无法保障利益时,委托一人或数人为其代理。而父母指定只能用公证文书的形式设立。委托的内容上,委托书可以规定受托人负担《公共卫生法典》与《社会与家庭行动法典》上的各项任务;若扩至人身保护时,受托人的权利义务由第457-1条及第459-2条确定,违反即视为未订立。

第二,经公证的委托书。由委托人和受托人选任的公证人制作委托公证文书。如果文书中的内容表述笼统,则认定为概括性授权,即监护人有权单独或经批准就可完成关于财产性质的行为。

第三,私署的委托书。应由委托人本人签字并署名日期,同时由律师签字或按照最高行政法院的规定制作。受托人在委托书上签字即接受委托。

③日本。

第一,设立形式,必须以公证人做成的公证证书为要件,即要式合同。任意监护合同的公证书作成时，需要在登记机关登记。在这里登记的作用是替代原有的在户口簿上的公示制度。有以下两种登记模式，第一种是签订监护合同后，由公证人提出登记申请；第二种是监护监督人由家庭法院选任后，由书记员提出登记申请。（《关于监护登记等的法律》）①

第二，内容即包括监护事务关系到委托人丧失判断能力后的生活、疗养照顾、财产的管理等事务的全部或部分，而且特别约定在任意监护监督人被选任时开始产生效力。

④韩国。监护契约应缔结公证证书。将自己的财产管理以及人身精神保护事务的全部或部分委托与他人，并以对委托事务授予代理权为内容。

⑤瑞士。设立形式即指令必须手写或经过公证，手写指令必须是从头至尾由委托人亲笔书写并注明日期和本人签名。根据申请，户籍登记机关应当将委托人已经设立预先照顾指令的事实以及其备案的地点登记在中央数据库。设立内容要求必须被委托人准确指出，其范围可以是对其个人照顾、管理其财产，或是在与他人的法律关系中作为其代理人。

（2）设立形式及内容的评析。

第一，设立形式采取自书抑或是公证。通过这五个国家的设立形式可以划分为三类：一是要求必须以公证证书设立，如日本和韩国；二是公证与自书可以选择适用而非强制，在自书中要求本人签字并注明日期，如法国和瑞士；三是未言明具体的设立形式，仅规定以“书面形式”，如德国。其中，瑞士的自书形式最为严格，要求委托人本人必须从头至尾手写，而其他国家未予规定。这里规定为何如此严苛，主要的目的就是为了确保意定监护是出于委托人本人的真实

① 法院进行最高法院规定的审判时（如任意监护监督人的选任或解任的审判、任意监护人的职务执行停止的审判、任意监护监督人的职务执行停止及职务代行人选任的审判、任意监护人的解任的审判等），依据法院书记员的嘱托，进行变更登记或终止登记。

意思，一旦委托人丧失民事行为能力，其无法再清楚地表达其真实意思，如果意定监护并非出于其真实意思，那么该委托人的利益就极易受损。这里笔者认为，法国和瑞士的规定值得我国借鉴，即公证与自书等形式均可适用而非强制适用公证形式。

第二，是否需要登记程序。德国、韩国和法国都未规定登记程序，仅有瑞士和日本涉及登记规定，但是两国的规定亦存在不同，瑞士的两类措施都是由当事人自行决定是否登记或保存。有外国学者认为这种规定不妥，应当必须登记或保存。[①] 笔者认为，一般措施的登记确实有利于公力机关查询并对其监督，但是从尊重当事人意思自治的原则出发，同时也是出于对委托人隐私权的保护，是否登记可以由委托人进行选择。因此，瑞士一般措施采取自愿选择登记较为合理，但医疗措施我们认为采取强制性登记更为妥当。而日本就是强制性登记，这种强制登记有利于未来实施前的查询和核实。

综上，日本的强制登记模式，笔者认为较为适合我国的实际情况，建议予以借鉴。虽然瑞士的可选择性登记存在不妥之处，其规定联邦委员会应当对登记或保存的措施信息的查询条件进行规定，以防止信息泄露。这样的规定在重视人权保护的当今社会，对于丧失判断能力人隐私权的保护，尊重其人格以及避免被他人歧视均有积极意义。所以，此种意定照顾措施的查询条件规定对我国具有一定的立法参考价值。

第三，设立内容的要求。除了德国的规定外，其他四国主要是规定受托人在委托人丧失民事行为能力后承担其人身或财产职务。德国的书面照管愿望则仅是对照管人的指定和照管事项进行建议，在法院设立照管措施时予以参照。这里，明确要求在意定监护中指明委托事项内容的仅有瑞士，这样的规定可以保障这份协议内容详细，便于受托人未来将其具体付出实践，因为一份内容不详细的或是言语不详的协议是很难具有可操作性的。

---

① IngeborgSchwenzer and Tomie Keller："*Switzerland*：*A NEW LAW FOR THE PROTECTION OF ADULTS*"，in *Int'l Surv. Fam. L*，2013.

综上，笔者认为应当借鉴瑞士的规定，在设立内容上要求委托人必须指明委托的事项，以便于受托人的具体实施。

（二）一般措施主体权利义务的考察与评析

应当说明的是，这里的主体权利义务，也仅是对委托人和受托人的权利义务进行考察。并且，在委托人享有的权利方面，无一例外，其享有设立意定监护的权利，所以下述内容就不再赘述这一权利内容。

1. 主体权利义务的考察。

（1）德国。委托人也就是被照顾管人其有设立书面照管愿望的权利。当其作为“保管照管处分的人”时，其有在知悉选任照管人程序开始后应当立即将文件交付给照管法院的职责，即以交付为实现要件。

受托人，当文件中委托人授权由其执行交付义务时，其同样应当向照管法院做出告知，但无须交付。

（2）法国。

①共同规定。受托人的权利：辞任权，即在其在任期间，只有经监护法官批准才能卸职。而关于报酬权，应当是无偿实施的，有相反规定时除外。

受托人的义务：一是为使委托生效，受托人应当向法院提交委托书以及共和国检察官制定的名册上登记的医师所出具的确认委托人已处于不能自行维护利益的医疗证明。书记员在委托书上签字并确认生效日期，再将委托书交还受托人。二是应亲自执行任务，但以特别名义时可由第三人代替完成被保护人的概括财产的管理行为。三是管理财产义务：负责管理被保护人财产的受托人，在开始管理时应当对财产进行盘点；在执行任务期间应及时了解财产的现状并制作财产说明；每年均应制定管理账目并按照委托书的规定进行审核；法官可以随时派人按照“概括财产管理”中的规定审核账目。委托授权到期后 5 年内，受托人应将被保护人的财产盘点清册，并将盘点后财产的情况以及最近 5 年的账目交给接替的管理人以便其继续管理或确保被保护人的遗产清算所需全部必备材料；或者交给已恢复权利的被保护人或其继承人。

②经公证的委托书。受托人只有在法官批准的情况下才可实施无偿处分行为。受托人在制定管理账目后，应将其报告并寄送给确认委托事由的公证人，账目应附带有全部证明材料，由公证人负责保管。公证人应将没有证明或不符合委托书规定的文书提交给法官。

③私署的委托书中受托人的义务。一是委托涉及财产管理仅限于监护人不经批准而可以完成的行为；有必要完成的行为或委托书并未规定的行为，出于对委托人利益的考虑，受托人可向监护法官提出请求，由其决定。二是受托人有义务向监护法官或共和国检察官提交因财产管理所做的财产状况说明、5 年内管理账目及证明材料等。

(3)日本。受托人的权利即在转变为监护人后享有有条件的辞任权；其义务就是履行委托合同中的内容，这里未规定具体的履职义务。

(4)韩国。受托人的履职原则即家庭法院、任意监护人、任意监护监督人等在履行或运营监护契约时应当最大程度尊重本人的意思。在此未规定受托人或是监护人的具体的权利义务，应当是由委托人自行决定受托人享有的权利和承担的义务的内容。

(5)瑞士。

第一，委托人的权利。委托人有设定预先照顾指令的权利，可以对未来的照顾安排设置符合其意愿的内容，并可以预先指定在受托人不适合某项工作或不能接受委托或委托结束时的替代人。

第二，受托人的权利义务。受托人的权利，包括领取适当报酬和对托管事务费用支出报销的权利；受托人可以提前两个月以书面形式通知成年人保护机构，随时终止预先照顾指令。出于正当理由，受托人可以立即终止指令而无须通知。受托人的义务是依照指令完成被委托的事务；当出现超出委托范围的事务而又必须被执行，或者受托人与委托人之间存在利益冲突时，其必须及时通知成年人保护机构。

2. 主体权利义务的评析。

(1)委托人的权利义务。这五个国家的委托人的权利是设立意定监护的权利,且可以向受托人作出指示,其意思自治在足以满足其利益的情况下应当被遵循。瑞士规定得更为详细,即委托人可以指定替代人,以防现受托人不适合工作或不能接受委托。并且瑞士还规定了委托人的义务即精确之处委托的事项。替代人的指定,有利于在现受托人不符合资格或辞任的情况下代替其继续履行意定监护,这是对本人自我权的继续延续,也避免了成年人受到法定监护措施的指定。

所以笔者认为,瑞士的规定值得我国借鉴,即可以指定替代人和必须精确之处委托事项。

(2)受托人的权利义务。

①关于受托人的权利,如辞任权、报酬权等。法国、日本和瑞士都规定了受托人辞任权,应该说辞任权的行使应当是有一定限制的,但是瑞士规定受托人在存在正当理由的情况下可以不经过法院的批准而辞职,笔者认为这是不合理的,受托人的突然辞职必然会对委托人的利益造成损害,此处不宜借鉴瑞士立法,而应当对辞职权设置一定限制。

是否享有报酬权。法国有明确规定意定监护应当是无偿的(有相反规定除外),而瑞士成年人意定照顾制度中明确规定受托人的报酬权,若指令中没有规定报酬,则可由成年人保护机构根据委托事宜的具体情况或受托人的付出按照通常的标准来确定适当的报酬。这体现了权利义务相一致原则,因为是否享有报酬首先应当是由委托人和受托人合意达成,并应当对其意思自治予以尊重。若未在意定监护协议中表明,笔者认为则不应当借鉴瑞士的规定,即不宜借鉴受托人无论何种身份均可以向公力机关请求获得报酬的权利,而应区分受托人身份从确定其享有报酬请求权。

②关于受托人的义务。法国规定得最为详细,共同规定中要求受托人为了委托生效,应当向法院提交委托人的医疗证明;生效后亲

自承担任务并管理财产；任期到期后进行财产清册和移转。具体到公证委托中，受托人需要在法院批准下实施某些行为，制定管理账目，同时报告寄送给公证人并由其负责保管。而私署委托书中受托人的财产管理范围有限制且有义务向法官或检察官提交财产账目。日本、韩国、瑞士对于受托人的义务则都是简单地规定其应当按照委托履行事务。在这里，无论是受托人的权利还是义务，笔者认为均应当由委托人与受托人协商决定，如果委托人对财产管理或是任期限制另有规定则应当遵其规定，而无须受到法律的限制，所以日本、韩国和瑞士的规定比较合理。

综上，笔者认为应当借鉴法国的规定，即给受托人设立为了让委托生效其应当主动向法院提交证明。这样有利于公力机关及时知晓被监护人的情况，便于对其进行监督。而对于其他事项则参照其他国家的规定，由双方协商确定而无须过多规定。

（三）一般措施生效的考察与评析

1. 措施生效的考察。

（1）德国：书面照顾愿望的生效时间应当是在照管措施程序开始之时。

（2）法国。

①共同规定。经认定委托人不再能够自行维护其利益时委托生效；而由父母的指定监护自其死亡之日或者无力关照当事人之日开始生效。（受托人应当向法院提交委托书以及共和国检察官制定的名册上登记的医师所出具的确认委托人已处于不能自行维护利益的医疗证明。书记员在委托书上签证并确认生效日期，再将委托书交还受托人。）

委托已经实施，被保护人订立的契约或承诺的义务都因此而解除；抑或是承诺的义务过分则可以减少。（在此法院应当考虑所进行的活动有无利弊、金额大小、被保护人的财产情况以及契约对保护人是否为善意。）

②私署的委托书。这里规定了委托书的成立日期，生效日期参

照共同规定。成立日期为登记之日或者其主要内容得到公务助理人员制作并加盖印记的确认之日，作为可以对第三人主张的日期。

(3)日本。委托人自己因精神上的障碍而欠缺判断能力的状况且任意监护监督人被选任时开始产生效力。

(4)韩国。委托人因疾病、障碍、老龄或其他事由引起的精神上的制约导致缺乏处理事务能力，抑或是应对即将缺乏处理事务能力的状态，且家庭法院选任监护监督人时，监护契约发生效力。同时还规定了“生效的限制”：

第一，任意监护人显著的不良行为或有不符合监护契约中所确定的监护职责的情况时，家庭法院则不应当选任监护监督人。

第二，任意监护监督人选任后，任意监护人做出显著的不良行为或有不符合任务的事由的情况下，家庭法院可依据任意监护监督人、本人、亲属、检察官或地方自治团体长官的请求辞任该意定监护人。

(5)瑞士。当某人丧失判断能力时，一般措施开始生效。

2. 措施生效的评析。生效时对行为能力的要求，有学者提出有两种做法：一是总括式按类型判断；二是仅丧失民事行为能力才启动。[①] 从上述域外规定的考察来看，其中法国、日本采取的是第一种总括式按类型判断。而瑞士则是采取的后一种标准，即委托人丧失民事行为能力时才可以启动监护。

但按照具体的规定，笔者将生效要件分为两种：一是需要启动意定程序才能生效，如德国需要得到照管人的审查、日本和韩国除要求成年人的精神状态外还要求选任监护监督人；二是仅达到精神能力的标准即可生效，如法国规定委托人不能自行维护其利益时即生效、瑞士则规定委托人丧失判断能力时即生效。

---

① 一是总括式按类型判断，即按照合同约定无论达到哪一种类型的判断标准都可以启动监护；二是限定为无民事行为能力一种标准，即只有丧失民事行为能力，才启动监护。法国和日本是采取总括式按类型判断。引自魏树发：《完善意定监护制度的几个基本问题》，提交“首届全国成年监护法专题研讨会”的论文，上海，华东政法大学交谊楼第三会议室，2017年12月9日，第131页。

相比较这两种方式,笔者认为,第二种方式存在一定缺陷。例如,患有阿尔茨海默病(AD)或称老年痴呆症的老年人,此种疾病是一种起病隐匿的进行性发展的神经系统退行性疾病。其主要表现为认知功能下降、精神症状和行为障碍、日常生活能力的逐渐下降,即患者并不是在发病时即完全丧失民事行为能力,是一个逐渐发展的过程。如果意定监护仅在完全丧失民事行为能力时才能适用,那么在其老年痴呆症发病的初期,老年人又如何维护自身的权益呢?所以,笔者认为法国的规定比较合理,即不能自行维护利益即生效。

第一种和第二种的区别在于是否需要经过一定的程序,出于维护委托人利益的考虑以及对当下受托人是否仍符合资格的考虑,应当设定意定的程序以保障委托人的利益。但是若生效需要一定的程序,则需要一定的时间去实现,那么就拖延了监护措施实施的时间。

综上,笔者认为法国的规定合理,即规定意定监护在委托人已经丧失或部分丧失民事行为能力时即生效,但是受托人应当及时向法院反映,由法院审查确认。而不宜选择日本和韩国此种选任监护监督人才生效的模式。

(四)一般措施监护监督的考察与评析

1. 监护监督的考察。

(1)德国关于书面照管愿望的规定仅有一个条文的内容,其中并未涉及监护监督的内容。

(2)法国。任何利益关系人均可就委托向法官提出异议或请求法官就执行委托的条件与方式作出决定。法官决定终止委托时,可以按照本章的规定,给被保护人安排其他保护措施。当委托无法充分保护被保护人的人身或财产利益时,法官得采取补充法律保护措施;可以将该保护措施交由受托人执行;法官也可以批准受托人执行委托书中未包含的任务;受托人与法官指定的人之间是独立的,但应互相通知对方的决定。

(3)日本。

①监护监督人的选任:在任意监护合同被登记的情况下,存在本

人因精神上的障碍而欠缺判断能力状况时,法院依据本人、配偶、四亲等内的亲属或任意监护合同受任者的请求,选任任意监护监督人,并且从选任时开始合同发生效力。

②监护监督人的职责。任意监护监督人监督任意监护人的事务,对此事务定期向法院进行报告,法院还可以根据是否有必要,要求任意监护监督人提出报告,命令调查任意监护人的事务或本人的财产状况,也可以对任意监护监督人的职务命令进行必要的审查。通过这样的权限,法院对任意监护人进行间接的监督。

任意监护人有不当行为等存在不适合担任职务的事由时,法院可以依据任意监护监督人等的请求,解任任意监护人。

(4)韩国。

①任意监护监督人的选任。

第一,监护契约已经登记且本人确已欠缺处理事务的能力的情况下,家庭法院依据本人、配偶、四亲以内的亲属、任意监护人、检察官或者地方自治团体长官的请求,可以选任任意监护监督人。

第二,在第一项规定的情况下,依据非本人的请求选任任意监护监督人的,应提前得到本人的同意。唯有在本人无法作出意思表示时,不必征求其同意。

第三,家庭法院在没有任意监护监督人的情况下,可依职权或依本人、亲属、任意监护人、检察官或者地方自治团体长官的请求,增加选任任意监护监督人。

第四,家庭法院在已选任任意监护监督人的情况下,认为依然需要时可以依据职权或第三项的请求权者的请求增加选任任意监护监督人。

第五,监护人的家属不可成为监护监督人。

②监护监督人的职责范围

第一,监督监护人的履职并向家庭法院定期报告。

第二,家庭法院如认为需要,可以要求任意监护监督人报告监督事务,可要求调查任意监护人的事务或者本人的财产,同时,还可以在必要情况下处分监护监督人。

(5)瑞士。

第一,成年人保护机构的职责。其一,解释说明的职责,即受托人对权利义务不明确时,其可以请求成年人保护机构予以解释。其二,对报酬标准的补充制定,即如果指令中没有报酬的内容,成年人保护机构应当根据委托事宜的具体情况,或对受托人的付出按照通常的标准来确定适当的报酬;且所有支出的报酬和管理费用的报销均由委托人承担。其三,核实和审核的职责,即成年人保护机构得知某人已经不再具有判断能力,但是不确定该人是否有预先照顾指令的,其应当在户籍登记机关查询。如果存在预先照顾指令,其应当核实该指令是否符合下述内容:指令是否已经被妥善地执行;指令的生效条件是否都已具备;受托人是否适合其工作;成年人保护的其他措施是否被需要。同时,成年人保护机构应当告知受托人其法定义务,并且发布确认其权利的正式文件。

第二,成年人保护机关的介入。如果委托人利益受到威胁或不处于被保护下,成年人保护机构可以依职权或应某关系密切人(a closely associated person)的请求后采取必要的措施。成年人保护机构可以向受托人公布特别命令,指定受托人将财产清单、定期财产账目和报告归档或撤销其全部或部分权利。

2. 监护监督的评析。

(1)监护监督的方式。

主要有以下三种:一是选任专门的监护监督人但是其由法院负责监督,如日本、韩国;二是设立专门的公力机关负责,如瑞士;三是直接由法院担任监督主体,如德国、法国。在具体的规定中,也会选择将三种方式混合适用。瑞士不仅有专门的公力机关负责监督,其还有广泛的私力监督主体,但除去国家公力人员外并不是强制性的。

那么这里就涉及私立监督人究竟应当专门设立还是有利害关系人都可担任,笔者认为两者皆有利弊,有学者谈及日本意定监护制度的实际利用率较低,其分析发生此种情形最重要的原因是缺少国家公权力直接监督的相关规定,因为意定监护人与监护监督人可能暗中通谋侵害被监护人利益的危险性使日本民众对此种监护方式的利用率始终不高。[①] 还有学者指出,美国持续性代理权的基础是委托人丧失民事行为能力,而代理权的基础却是委托人具有监督代理人的能力,这就意味着持续性代理权让老人处于被人操纵和欺诈的弱势地位,所以美国最近的有关立法都在加强改进监督机制,但仍不尽如人意。[②] 可见,仅是设立专门的监护监督人仍达不到监督的效果。而瑞士此种广泛的私力监督主体,其确实能够起到监督人范围广,更宜发现被监护人是否利益受损的情况发生,但是因为主体的范围过于广,所以无法强制性地要求都有报告或举报义务,这样不利于保护被监护人的范围。所以,笔者认为应当采取两种措施即专门的监护监督人与广泛的利害关系人监督相结合的模式,基本能够达到监督应有的目的。

而公力机关的设置,是采取法院还是专门设立公力机关,这应当是从本国的实际情况出发,如果是我国,面对着政府机构的繁杂设置,再设置这样的一个专门机构是否有可能性,是否会造成机构上职务的重叠是值得考虑的。

综上,笔者认为设立专门的机构在我国并不实际,建议还是借鉴由公力监督(法院及民政部门合力负责)加之私立监督(专门的监护监督人与广泛的私力监督人)的方式最为恰当。

(2)公力介入的情形。根据五个国家的相关规定,公力介入的情形主要有以下几类:一是出现重大事项需要公力机关承认或批准时公力机关介入;二是出现特定情形,以利害关系人的申请而介入;三是为被监护人选任监护人或监护监督人时介入,负责选任;四是在意定监护无力保障被监护人权益时为其设立法定监护或其他措施;五是听取监护监督人的报告或发布特别指示,以进行间接性的监督。

---

① 方勇男:《日本成年监护制度研究》,吉林大学 2012 年博士学位论文,第 59 页。

② 王竹青:《美国持续性代理权和成年人监护制度立法及法律适用》,知识产权出版社 2016 年版,第 132 页。

此外,瑞士还有解释说明职责、报酬标准补充指定职责、核实和审核职责。应当说瑞士是在公力介入中规定的最为全面的国家,笔者是比较推崇此种详细规定公力介入情形的,因为公力机关的自由裁量权过大并不利于保护被监护人的利益,也不符合比例原则和必要性原则,同时在意定监护中更应当注意公力介入的适当性。

所以,详细地规定公力的介入情形,表面上是赋予公力机关职权,实际上是对公力机关介入的限制。笔者认为应当借鉴法国和瑞士的规定,即详细规定公力介入的情形。

(五)一般措施变动的考察与评析

1. 措施变动的考察。

(1)德国民法典对于书面照管愿望的变动,包括撤销、变更和终止并没有针对性的规定。

(2)法国。

①共同规定。一是被保护人恢复个人能力,由委托人或受托人按照设立的形式请求由法院确认;二是被保护人死亡或决定对其实施财产管理或监护,但法官另有决定的除外;三是受托人死亡、实行保护措施或者个人破产的;四是如果共同生活的配偶负担保护职责即可满足被保护人利益,应任何利益关系人请求,监护法官均可以宣告解除委托;五是如果继续执行委托会损害到委托人利益,应任何利益关系人请求,监护法官均可以宣告解除委托。六是在法院采取保护措施的时间内,法官可以暂时中止委托。

②经公证的委托书的变更。委托尚未生效前,委托人都可按照公证方式变更或解除委托,并通知受托人和公证人;受托人也可以放弃接受委托并通知委托人和公证人。

③私署的委托书的变更。只要委托尚未执行,委托人就可按照上述形式变更或取消委托;受托人也可以放弃委托并通知委托人。

(3)日本。

①任意监护终止的情形。

第一,任意监护的解除:任意监护监督人选任之前,本人或者任意监护受托人解除合同虽为自由，但是解除有必要通过接受公证员认证的书面报告而进行。虽然不需要像任意监护合同签订时的公证书的要求，但要把解除的书面报告向公证员认证，进而确认当事人的意思。任意监护监督人选任后的任意监护合同的解除需以正当的事由及法院的许可为要件。

第二，解任任意监护人。任意监护人有“不正当的行为，显著的行为不端或其他不适合任务的事由”时，依据任意监护监督人、本人、其亲属或检察官的请求，法院可以解任任意监护人。

除此之外，任意监护监督人选任后，法定监护的开始也使任意监护归于终止。还有，依据委托合同的一般原则，本人或者任意监护人死亡、破产手续开始的决定及任意监护人接受监护开始的审判等情况下，任意监护合同也归于终止。

②代理权消灭的效力。

关于任意监护人的代理权的消灭，如果不进行登记就不可能对抗善意的第三人。不能对抗是说，如果第三人不承认，其以外的人不能向第三人主张终止的事实。通过这种方法，达到保障相对方的信赖保护和交易安全的目的。

任意监护合同的本人、任意监护受任者、任意监护人、任意监护监督人及职务代行人，在知道任意监护合同的本人、任意监护受任者、任意监护人、任意监护监督人或其职务代行人的姓名、住所等登记事项发生变更时或因任意监护合同的解除等原因，任意监护合同终止时，应该申请变更登记或终止登记。任意监护合同本人的亲属等利害关系人，为使登记和实体尽量快速一致，可以申请变更或终止登记。

(4)韩国。

第一，监护契约的撤回。任意监护监督人选任前，本人或任意监护人可以随时依据书面得到的公证人的认证，撤回监护契约的意思表示。

第二，终止契约的情形及效力。任意监护监督人选任后，本人或任意监护人在有正当理由的情况下且得到家庭法院的许可，可以终止监护契约。（这也是监护人的辞任权）其效力是任意监护人代理权的消灭，若未登记，则无法对抗善意第三人。

（5）瑞士。

第一，委托的撤回和变更及效力。对于预先照顾指令，委托人可随时以任一法定方式撤回；或通过销毁公文来撤回。产生的效力即如果委托人没有明确撤销前一指令而设立一个新的预先照顾指令，除新指令确实只是对前一指令进行补充外，后一指令将取代前一指令。

第二，预先照顾指令的终止及效力。终止的情形分为三种：其一，受托人与委托人之间存在利益冲突时，该受托人的权利依法终止，但在其终止前受托人应及时通知成年人保护机构，由成年人保护机构介入处理。其二，受托人可以提前两个月随时以书面形式通知成年人保护机构终止该指令；但出于正当理由，受托人可以在没有通知的情形下，终止该指令。其三，委托人恢复判断能力。此时，为防止终止指令会损害委托人的利益，要求受托人必须继续执行指令直至委托人可以保障自身利益为止。但受托人在知晓该指令已终止适用前，其仍要受制于该指令所规定的事务。

2. 措施变动的评析。

（1）意定监护的撤回和变更。法国、日本、韩国和瑞士都规定了意定监护的撤回，但是在撤回的要件上有一定的区别。瑞士的规定是可以以任意方式撤回；法国则是要求在委托尚未生效前以何种方式设立则以何种方式撤回或变更；日本和韩国则要求在任意监护监督人选任前必须以经过公证员认证的方式撤回。

在此，笔者认为瑞士的规定较为合理，即委托人可以任一法定方式予以撤销，即可以采用自书方式撤销公证方式已设立的措施。我们认为这一规定合理，因为公证的方式虽然能够更好地确保是出于当事人的真实意愿，但是此方式程序比较烦琐且可能需要花费一定的费用，所以我们认为只要是出于真实意愿的自书，尤其是瑞士法对于自书的方式要求较高,需要从头至尾亲笔手写,这就可以保障是出于真实意愿,其当然可以撤销或变更公证方式设立的一般措施。这体现了对委托人意思自治的尊重,彰显了"尊重人格尊严和私人生活自主决定权的"现代成年人监护制度的新理念。[①]

(2)意定监护的终止。总结五个国家的终止情形,大致包括:被监护人恢复个人能力;监护人死亡或被实施监护措施;继续执行委托会损失委托人的利益;法定监护的实施;监护人的辞任;其他正当理由。相比于我国《民法总则》,笔者认为《民法总则》第39条规定的四种情形[②]基本涵盖了监护关系的绝对终止和相对终止的全部情形,规定得较为全面,无须增补。

法国的规定最有特点,其规定被保护人被实施财产管理或监护、配偶足以负责其监护即可终止委托。但笔者认为后一种情形并不合理,委托人之所以在设立委托时未选择配偶为受托人,自然是出于不信任、不合适等某种原因,而这时违背委托人的意愿而终止委托是否有违尊重本人自我决定权的立法理念。

(3)意定监护变动后的效力。日本、韩国和瑞士规定了意定监护终止后的效力,因为韩国新修改的成年人监护制度主要是参考了日本的规定,所以意定监护终止的效力规定是基本一致的,即意定监护发生变动后,应当更改或撤销登记,否则不能对抗善意第三人。笔者认为这一规定存在合理性,这也是体现了监护制度的功能即保护第三人利益,维护交易安全。瑞士关于变动后的效力中对于终止的效力值得我国借鉴,其规定当意定监护因被保护人恢复判断能力而终止时,保护人应当继续履职直至其可以自行保护自身利益。这一规定避免了被监护人刚恢复行为能力,而仓促终止监护致使其利益受损的情况发生。

---

① 陈苇:《中国婚姻家庭法立法研究》(第二版),群众出版社2010年版,第37页。

② 被监护人取得或者恢复完全民事行为能力;监护人丧失监护能力;被监护人或者监护人死亡;人民法院认定监护关系终止的其他情形时,监护关系终止。

综上，笔者建议借鉴日韩的规定，在发生变动后应当更改登记的状态；同时借鉴瑞士的规定，增加意定监护终止后的效力。

三、医疗措施之主要内容的考察与评析

（一）医疗措施设立要件的考察与评析

1. 主体范围的考察与评析。

（1）主体范围的考察。

①德国的医疗措施被称为"病人处分"。这里其主体资格如下：

第一，委托人为具有允许能力（具体是指自然的认识能力和控制能力）的成年人。

第二，受托人在这里并未提及是否需要指定受托人，而是采取书面的方式写明自己在医疗上的意愿。但当医疗照管措施不符合当前生活和治疗状况时，照管人应当参照这一措施的内容决定允许或拒绝采用这一措施。执行主体中应当包括主治医生，因为规定主治医生在诊治时应当以医疗照管措施作为治疗措施最终决定的基础。

②瑞士的医疗措施被称为"患者指令"。委托人须为具有判断能力的人；受托人为委托人指定的自然人。必须注意，这里的设立人也可以不指定受托人。

（2）主体范围的评析。两国在其民法典中对医疗措施中受托人的资格都未作规定，这是因为德国的医疗照管措施中是不指定受托人的；而瑞士的患者指令也是可以不指定受托人的，即使在指定受托人时也未对其资格范围进行规定。

2. 设立形式及内容的考察与评析。

（1）设立形式及内容的考察。

①德国医疗照管措施采取书面形式，但具体为何种书面形式未提及，其内容可以针对其丧失允许能力后的情形，对尚未面临的关于其健康状况、治疗状况或医生手术的检查中作出是否允许的处分。

②瑞士患者指令的设立形式即对患者指令，委托人应当书面签署，并注明日期和签字。委托人可以将患者指令及其保存地点输入

其健康保险卡里。而内容要求即在未指定受托人的情况下,设立人须明确指出同意或者不同意在其丧失判断能力下的医疗事项。

(2)设立形式及内容的评析。

一是瑞士规定对患者指令可以进行登记。这里使用的是"可以"而非必须,但笔者认为因医疗措施中涉及当事人的人身重大利益,如有些人选择不使用呼吸机或不进行抢救或安乐死等涉及生命权的指示,其被准确认定是否出于真实意愿就尤为重要,所以应当登记,以便登记机关确认其医疗措施是出于真实意愿。所以,登记应当成为必要条件。

二是在设立内容上,德国和瑞士的医疗措施则主要是针对当委托人丧失民事行为能力后,其对医疗方面的事项作出同意或不同意的范围。笔者认为此种内容上的要求可以增加这一措施的可操作性,理由是医疗事项作为被监护人最重要的人身权益,其他国家虽然未像德、瑞两国如此规定,但是在规定中也都涉及关于被监护人的医疗事项的处分,可见其重要性。而为了使医疗措施能被准确地根据被监护人意愿来实施,其预先做出明确的对于某项医疗措施同意或不同意的意思表示,即使其丧失判断能力,监护人也可以正确履行,避免了争议的发生。

(二)医疗措施的主体权利义务的考察与评析

1. 主体权利义务的考察。

(1)德国。

第一,照管人的职责。照管人审查此处分是否符合当前生活和治疗情况,若符合则应当表达被照管人的意思,并使其发生效力。当病人处分不符合生活和治疗情况或无病人处分时,照管人应当确定被照管人的治疗愿望或者推断其意思,并在此基础上是否允许或拒绝病人处分。(特别要求应当考虑被照管人以前的口头或书面陈述、伦理性或宗教以及其他个人价值观。)无论被照顾人所患疾病的性质和阶段如何,都应当考虑病人处分或者其治疗意愿。任何人都不得被强制设置病人处分;并且不得将病人处分作为成为订立合同的条件。

第二,主治医生的职责。存在病人处分时,主治医生在决定采取医疗措施时应当与照管人讨论并考虑病人的意思。依病人处分认定病人的意思或依据被照管人的口头或个人价值观等确定治疗愿望,在不会延迟治疗的情况下,应当给被照管人的近亲属和其他信赖人提供表达意见的机会。

(2)瑞士。

第一,委托人的权利。委托人有设定患者指令的权利;可以向受托人作出指示,也可以就受托人不适合履职、不接受委任或者终止委任的事由作出替代指示。

第二,受托人的权利义务。委托人在指定受托人的情况下,受托人应在委托人不再具有判断能力时与主治医生讨论医疗事项,并根据委托人的利益作出决定。其享有获取报酬等权利参照适用预先照顾指令的规定。

第三,医生的权利义务。如果患者丧失判断能力,且不知道其是否有患者指令时,主治医生须查询其健康保险卡(此规定不适用于紧急情况)。医生必须遵从患者指令,除非该指令违反法律规定或是基于对患者自由意志的合理怀疑或是根据已经知道的情况可以推断出该指令不符合患者的意愿。医生应在诊疗记录中记录没有遵从指令的原因。

2. 主体权利义务的评析。

在此,德国的规定最为特别,照管人可以审查被照管人的医疗照顾处分,并使其发生效力。但是这样的规定,是否会造成恶意照管人损害被照管人的利益而违背其医疗方面的意思自治,所以由照管人进行审查,笔者认为不妥,不宜借鉴。除此之外,照管人在医疗措施不符合生活和治疗情况或无病人处分时的规定与瑞士的规定基本一致,即照管人应当按照被照管人的意愿考虑其治疗方式。

且德国和瑞士都规定了主治医生的职责,笔者认为非常合理,因在医疗措施中除受托人外,医生实际上是履行措施的主体之一。其原因,一是因为委托人设立医疗措施可以不指定受托人,而直接指明本人同意或不同意实施的医疗措施,在其丧失判断能力后,由医生作为执行主体履行医疗措施即可;二是因为在医疗措施中已指定受托人的情况下,受托人在为委托人做出医疗措施决定前须与医生协商,医生实际是医疗措施中的执行主体。如此规定是合理的,有利于避免医生对委托人真实医疗意愿的违背,从而保障委托人涉及医疗事项的措施实现。在此对医生的治疗行为进行约束,要求其必须按照患者意愿进行治疗,这是"尊重其自我安排决定权"理念之体现,值得借鉴。

综上,笔者建议借鉴德国、瑞士在医疗措施中具体规定主治医生的职责,明确医生应当遵从患者的真实意愿。

(三)医疗措施生效的考察与评析

1. 措施生效的考察。

(1)德国之医疗措施的生效应当是在该成年人丧失允许能力后,照管人审查此处分是否符合当前生活和治疗情况,若符合则应当表达被照管人的意思,并使其生效。

(2)瑞士患者指令的生效参考预先照顾指令的规定,即当某人丧失判断能力时,指令开始生效。

2. 措施生效的评析。正如上述对于照管人权利的介绍,其有审查医疗措施的权利,并将其审查作为措施生效的要件。笔者认为不宜借鉴,因为若照管人恶意侵害被照管人的利益时,那么其具有这一权利作为措施生效的要件则不利于保护被照管人的利益。所以,笔者认为我国《民法总则》的规定,即当成年人丧失或部分丧失民事行为能力时生效的规定更为合理和科学。

(四)医疗措施的监护监督的考察与评析

1. 监护监督的考察。

(1)德国。即使是在医疗照管措施中,照管人对健康情况检查、治疗或者医疗手术方面的允许,仍需得到法院承认。

(2)瑞士。所有与患者关系密切的人都可因下述理由以书面形式请求成年人保护机构介入：该指令没有被遵从；患者的利益受到威胁或不处于被保护之下；该指令不是基于患者的自由意志。其他涉及成年人保护机构介入的规定可比照适用预先照顾指令的相关规定。

2. 监护监督的评析。关于监督主体。德国是直接由法院担任监督主体；而瑞士是有专门的机关即成年人保护机关，并且除公力监督外，瑞士还有很完善的私立监督。关于公力介入的情形，两国的规定都体现了"国家公力适当介入"的立法理念，值得我国借鉴。

（五）医疗措施变动的考察与评析

1. 措施变动的考察。

（1）德国。

第一，医疗措施的撤回。医疗照管措施可以依任意方式随时撤回，但是这里未言明当此患者丧失允许能力后是否还能撤回。

第二，医疗措施的终止。当照管人认为医疗照管措施不符合当前生活或医疗状况的，可以拒绝执行该医疗措施。

（2）瑞士患者指令的撤回，参照预先照顾指令的相关规定。

2. 措施变动的评析。德国和瑞士都是可以以任意方式撤回，前述已经评述过，笔者认为规定得非常合理。在这里，德国关于医疗措施终止的规定比较特殊，其规定了照管人可以拒绝执行医疗措施的情形，笔者认为可以借鉴，因为当事人虽然可以预先设置这一措施，但是实际上他本人是很难预见未来的真实状况的，同时真实情况可能是非常复杂的，那么监护人可以在法定条件下拒绝执行。

第三节　我国成年人意定监护制度学者观点的考察与评析

笔者在写作中始终坚持应当将意定监护优先于法定监护适用，所以也认为应当将意定监护的立法建议写作于法定监护之前，但是由于我国目前现有的立法建议稿中对于意定监护规定甚少，除梁稿、李稿作了详细规定，杨稿作了概括式规定且多数规定参照法定监护外,其他立法建议稿(如王稿、徐稿[①])中都未涉及对意定监护的规定。但是,我国多数学者都建议应当增补意定监护制度的具体内容,对于《民法总则》中未涉及的内容进行补充规定,如陈苇、马忆南、吴国平等学者。

一、内部结构的学者观点考察与评析

(一)内部结构的考察

我国多数学者都提出关于监护人的职责中应当包含人身照顾,尤其是应当包含对于被监护人医疗处置的规定,这主要是学习德国、日本的规定,如李霞、叶欣等学者。

对这一内容介绍得较为详细的是叶欣,她在其《现代成年人保护制度的民法研究》中对域外的医疗措施进行了详细的研究,她在书中主要论述了预先医疗措施以及医疗告知同意权两个内容。前者是指一个人因顾虑到当事人在病危或突发意外事故时可能丧失意识,无法表达医疗意愿,所以在其头脑清醒、理智健全时,用书面表示关于医疗意愿与方式的选择。后者则是患者在接受治疗时,有权要求主治医生对于医疗结果、风险或其他治疗方法等信息提供知晓的权利。[②] 这里她谈到涉及一些无民事行为能力的患者,可能在其有民事行为能力时曾以口头或书面方式正式地表达过对生命的期许与对治疗的渴望。这里似乎就出现一个问题,是被监护人的近亲属为其做出医疗决定好,抑或是由被监护人自己先前决定好。但是其对此并没有详细的论述。

但是学者们都仅是将医疗照顾作为意定监护中监护人的其中一项职务,而未将其单列为一个措施。

(二)内部结构的评析

因为瑞士的成年人保护制度于2013年才正式修改出台,而目前

① 徐国栋:《绿色民法典》,社会科学文献出版社2004年版。以下简称为:徐稿。

② 叶欣:《现代成年人保护制度的民法研究中》,武汉大学出版社2011年版,第120页、第122页。

的书籍都是在这之前出版的，所以很多学者对于瑞士此种新颖的意定监护结构未加研究。但是陈苇教授在其文章中对其进行了细致的研究，并提出应当借鉴瑞士意定监护结构，即意定监护制度分为一般措施和医疗措施，将预先医疗意愿作为一个单独的措施加以规定，这相比于其他学者的仅是将其作为监护人的职务之一更具可行性。对医疗措施进行制度上的设计，使其具有一定的可操作性，不仅能解决在医疗中个人意愿与家属意愿的冲突，也能解决成年人对于医疗意愿的实现。所以，笔者认为陈苇教授的观点更具合理性和可行性，应当予以参考。

二、设立要件的学者观点考察与评析

（一）主体的考察与评析

1. 主体的考察。关于委托人的资格，学者们都赞同为有民事行为能力的成年人。委托人除了本人外是否可以由其父母为其设定“意定监护”。有两种学说：(1)代理可能性肯定说，即法定代理人可以代理本人订立意定监护协议。[①] 在监护的情形下，监护人享有本人法律行为的概括性代理权，因此其当然可以进行意定监护协议的代理；在监护人为限制民事行为能力人时即仅是部分丧失民事行为能力的情况下，监护人可以经其本人同意代理其订立意定监护协议。代表学者有魏树发、李霞。(2)代理可能性否定说，即法定代理人不能代理本人订立意定监护协议，在此情形，应该通过法定监护来应对。理由为：一是意定监护是自己决定自己的监护形态，这样一种自己决定的制度。对于本人来说，法定代理人也是他人，所以允许法定代理人代理本人订立意定监护协议违反制度的宗旨。二是虽然被监

---

① 王牧、徐丽君、冯浩：《我国现行成年监护制度的反思与完善——兼评〈民法总则〉成年意定监护相关条款》，提交“首届全国成年监护法专题研讨会”的论文，上海，华东政法大学交谊楼第三会议室，2017 年 12 月 9 日，第 125 页；魏树发：《完善意定监护制度的几个基本问题》，提交“首届全国成年监护法专题研讨会”的论文，上海，华东政法大学交谊楼第三会议室，2017 年 12 月 9 日，第 130 页。

护人同意,但是不能将它与本人的积极的决定等同看待,如果本人有足够的民事行为能力,应该由其亲自订立。

受托人的范围,梁稿未规定具体受托人的范围;杨稿规定受托人为委托人信赖的亲朋;李稿也未规定受托人的范围。

2. 主体的评析。对于法定代理人是否有权为被监护人订立意定监护协议,从理论上讲,这种并不能属于传统意定监护的内容,应当属于法定监护中的类似于“遗嘱监护”的规定,作为被监护人的父母,在其可能无力履行监护职责时,同时被监护人也没有能力为自己选任监护人,那么由其父母为被监护人选定值得信赖的未来的监护人,不失为一种解决实际问题的好办法。但这里并不是笔者所讨论的意定监护的范畴,所以不作过多分析。笔者所研究的成年人意定监护的委托人主体仅是指具有完全民事行为能力的成年人本人。

而受托人的范围之所以多数学者都未加以规定,这里考虑到意定监护中公力的介入应当减少,而受托人只要符合委托人的要求即可,而无须法律规定。我国《民法总则》也未对受托人的资格和范围作过多的规定,仅规定是自然人或法人。笔者认为这样的规定是合理的。

(二)设立形式及内容的学者观点考察与评析

1. 设立形式及内容的考察。

(1)设立的形式。有以下几种观点:一是意定委托合同必须经过公证,如魏树发等学者[①];二是意定委托合同可以公证也可以通过见证人或亲笔书写的方式设立。[②] 三是提出为了方便管理和监督,将意定监护协议提交给有关组织(如民政部门)进行审查和备案。[③]

① 魏树发:《论我国成年监护制度改革》,福建师范大学 2010 年博士学位论文,第 145 页。

② 沈德咏主编:《〈中华人民共和国民法总则〉条文理解与适用》,人民法院出版社 2017 年版,第 298 页;杨立新:《民法总则》,法律出版社 2013 年版,第 235 页。

③ 张新宝:《〈中华人民共和国民法总则〉释义》,中国人民大学出版社 2017 年版,第 65 页。

或者是借鉴日本的做法，建立监护登记制度。①

梁稿规定委托照顾合同须采用书面形式，并经公证成立。内容可以包含委托人生活、疗养看护及财产管理事务的全部或一部分。为何选择公证的方式作为成立要件？立法理由中提及，目的在于利用公证机构和公证员的专业知识，确保当事人具有签订委托照顾合同的意思能力，并审查合同的内容是否公正合法、受托人是否符合照顾人的资格。

杨稿规定意定监护由本人或本人委托人提出，并在相关部门备案，其认为监护协议应当进行登记和公证。同时，杨教授还提出之前我国的老年人意定监护中所规定的“通过协商”确定意定监护人，缺少设立要件，其认为应当由本人和被选定的监护人进行协商并达成合意通过协议确定意定监护法律关系。目前，我国《民法总则》已经将所规定的“通过协商”修改为“通过协议”。协议则意味着需要由书面的方式设立。

(2)设立内容。在杨稿中，杨教授同时提出意定监护协议的内容包括生活、疗养看护和财产管理，委托人可以自主选择将上述事项的部分或全部代理权授予监护人，即监护协议的内容应当是托付监护事务的处理、赋予监护人代理权以及约定监护协议生效的条件。②

2. 设立形式及内容的评析。

(1)意定监护的设立应当是多元化的而非单一形式。在形式上，我们可以看到无论采取哪种方式，学者们都是出于保障意定监护协议是出于委托人的真实意愿，这点很重要。上海市公证处的公证员提出公证处有着全国联网的信息库，可以将其登记在此以方便今后的查询。但是，一是公证需要一定的费用；二是中国地域广，这种

---

① 刘金霞：《德国、日本成年监护改革的借鉴意义》，载《中国青年政治学院学报》2012 年第 5 期。

② 杨立新：《我国老年监护制度的立法突破及相关问题》，载《法学研究》2013 年第 2 期，第 127 页。

公证的方式能够被广大农村地区的人民接受比较难；三是意定监护最应当贯彻的就是尊重本人的自我决定权，那么其应当有权利选择自己的设立方式，也应当为自己选择的方式负责；四是参考我国遗嘱的设立，遗嘱也是极为重视自我真实意思的制度，都可以采取多种设立方式。所以，意定监护的设立应当是多元化的，而不应仅采取公证方式。

(2)意定监护协议应当进行登记。是否应当登记，笔者认为应当加以吸收进意定监护的设立规定当中，因为设立意定监护如果不登记，那么其隐藏性较高，很难被他人所知晓，如果受托人不愿担任监护人并将意定监护协议隐藏，那么委托人的自我意愿就不能得到实施。所以，笔者赞成意定监护应当进行登记。涉及登记是否会给当事人造成麻烦，笔者认为我国目前关于身份登记仅有婚姻登记和收养登记，这两项之所以要登记，主要是因为这关系到重要的人身问题和社会管理问题，正如杨立新教授所言，意定监护是关乎被监护人民事权益的重大事项，没有规定登记程序则缺乏程序上的保障。那么，意定监护作为影响成年人未来人身生活和财产管理的重要事项，应当予以登记以方便当事人实现意定监护的生效和履行以及保护第三人的利益。

三、主体权利义务的学者观点考察与评析

(一)主体权利义务的考察

基本上学者们均赞同成年人(委托人)的权利在其具有民事行为能力时，其都享有设定意定监护的权利。但在此，梁稿对被照顾人采取强制措施作出了的特别规定：委托照顾合同中可以明确授权照顾人有如下权利，即照顾人可以直接将被照顾人安置于医院或限制其人身自由场所，此时无须经过人民法院的批准。

而对于受托人的权利义务，多数学者都赞同不作过多的规定，因为意定监护本身就是本人自我决定权的体现，其具体的职务内容应当由委托人设定，而无须过多介入规定。

（二）主体权利义务的评析

这一问题尚未过多规定，也是体现了尊重本人的自我决定权的立法理念。委托人根据自己的意愿决定自己可为哪些以及不可为哪些，这也是实现活用当事人的剩余能力的理念。而对于梁稿中提出的，如果意定监护协议授权监护人可以限制被监护人的人身而无须法院批准，笔者并不赞同，因为即使委托人在其具有意思能力时如此决定，而当其丧失民事行为能力时，实际情况是他已经没有判断的能力，那么这一重要的人身权益，出于重视人身上的照顾的理念，也应当经过批准才可以实施。这在瑞士及韩国立法中也有所体现。

四、监护生效的学者观点考察与评析

（一）监护生效的考察

生效的时间，有学者认为应当在委托人丧失意思能力时生效；还有学者认为应当在设立监护监督人后方可生效，主要是借鉴日本和韩国的规定。梁稿则是采纳吸收日本、韩国的规定，在建议稿中规定委托照顾合同成立后，当委托人意思能力衰退而不能处理自身事务时，人民法院可以依法定申请人的申请指定该受托人为照顾人。当该受托人不符合担任照顾人的资格，法院应另行指定照顾人。而这里不同于日本规定的是，委托照顾合同自法院指定"照顾人"之时生效，而非监督人。杨稿规定当本人因年老、精神障碍、其他丧失判断能力的情形发生后，合同生效。

（二）监护生效的评析

争议点在于监护是否需要一个程序才能生效还是自丧失民事行为能力时即生效。瑞士的意定监护制度中规定意定监护自委托人丧失判断能力时即生效；而日本、韩国都是以监护监督人的选任作为生效的要件。这一程序的存在，梁稿在立法理由中强调，从委托照顾合同的受托人到成为照顾人并不是一个必然发生的结果，而是需要以法院对照顾人的指定为生效要件，完成受托人向照管人身份的过渡。梁稿这样规定主要是出于对受托人是否符合照顾人资格的考虑所致,考虑到当委托人意思能力衰退时受托人存在不符合照顾人资格的可能,所以由人民法院根据申请再一次对受托人的资格审查,主要是为了确保其符合照顾人的资格,保护被照顾人的利益。当然,为了避免当受托人资格不符时合同未能生效的情况,立法理由中又补充说明到,无论受托人被指定为照顾人,抑或是法院另行指定他人担任照顾人,均应按照委托照顾合同约定的内容履行照顾职责,以实现被照顾人的真实意愿,尊重其本人的自我决定权。这里主要是参考了《日本任意后见法》和《英国持续性代理权授予法》。

综上,笔者建议应当尊重委托人的自主决定权,意定监护的开始应当经过公力机关的审查以保障措施的顺利履行,而审查中的重要内容即受托人是否符合照顾委托人的资质。但是措施的生效应当是委托人丧失或部分丧失民事行为能力时即生效的,因为在没有申请的情况下,法院很难得知某人的具体情况,更无法谈及审核程序的开始。

五、监护监督的学者观点考察与评析

(一)监护监督的考察

1. 监护监督人。这里的监护监督人存在两种观点:一是借鉴日本的规定,将选任监护监督人作为生效要件,也就是在意定监护中必须选任监护监督人,代表学者有李霞[①]、魏树发、浦纯钰[②]等。二是是否选任监护监督人由有意思能力的委托人自己决定,而不加以强制,但是在委托人丧失意思能力后其近亲属可以为其申请选任监护监督人,代表学者有陈苇。三是我国台湾地区学者提出意定监护应当有监督,他提出在当事人签订监护协议的同时,与监护监督人签订监督

---

① 李霞:《成年监护制度的现代转向》,载《中国法学》2015 年第 2 期。

② 浦纯钰、孟丽敏:《我国成年监护制度程序保障问题的若干探讨》,提交“首届全国成年监护法专题研讨会”的论文,上海,华东政法大学交谊楼第三会议室,2017 年 12 月 9 日,第 236 页。

协议;未指定监护监督人的,法院应当根据法律规定的权利人的请求,为其选任监督人,监护协议由此生效。①

梁稿规定了在照顾监督人上存在适用上的顺序,委托照顾合同中指定了照顾监督人的,则由被指定人担任;合同中未指定的,则由与被照顾人血缘关系最近的有监督能力且未担任照顾人的人担任;没有第二顺序的人时,由被照顾人住所地的民政部门或社会保障部门担任,同时为了防止照顾人和监督人的人选发生重叠,该建议稿有规定若第三顺序的部门已担任照顾人的,则由其上一级主管部门担任。需要注意的是,这里不采取法院认为必要时依申请或职权设定照顾监督人的模式,而是直接规定照顾监督人的范围和顺序,但是不经过法院的指定,那么由谁担任,谁来审查其资格不得而知。

2. 监护监督人的职责范围。如果存在监护监督人,总结学者们的观点其职责范围包括:一是监督监护人的监护行为;二是定期汇报监护人的情况;三是在监护人缺位或利益发生冲突时及时请求法院选任监护人;四是特殊情形下代理被监护人做必要处分;五是对于违反监护协议、侵害被监护人权益的,有权请求法院解除监护协议。而其权利则包括:一是要求监护人报告履职情况;二是随时调查监护人的事务或本人的财产状况。②

(二)监护监督的评析

国内多数学者对于选任监护监督人基本上是一致的观点,但是笔者认为这样虽然保障了监护人的利益,但是忽略了意定监护的本质是要尊重本人的自我决定权,其有能力决定是否选任监护监督人,也应当对自己的意思自治负其责任。所以,笔者认为陈苇教授的建议更为可取,即是否选任监护监督人由有意思能力的委托人自己决定,而不加以强制,但是在委托人丧失意思能力后其近亲属可以为其

① 黄阳寿:《民法总则》,台湾新学林出版股份有限责任公司 2009 年版,第 77 页。

② 魏树发:《论我国成年监护制度改革》,福建师范大学 2010 年博士学位论文,第 150 页。

申请选任监护监督人。而在选任监护监督人时可以参照梁稿的建议，优先由意定监护协议确定的人担任；意定监护协议中未涉及的，由血亲关系最近且具有监督能力的自然人担任；没有以上顺序的才由公力部门担任，这也是国家适当介入原则的体现。

综上，笔者认为应当由委托人自行选择是否选任监督人；若委托人在协议中未涉及，意定监护生效后，近亲属若认为有必要的可以为其申请选任监护监督人。

六、监护变动的学者观点考察与评析

（一）监护变动的考察

梁稿虽然在建议稿中未加言明，但应当是与法定监护的规定一同适用。基本上意定监护的变动与法定监护的变动情形是大体一致的。但是由于意定监护和法定监护之间的关系，有学者认为两者的适用是冲突的，在适用法定监护时应当终止意定监护的适用，即监护手段一元化原则，这也是主要借鉴日本的规定，如魏树发；而有些学者则认为两者是可以相互补充使用的，即意定监护不能满足被监护人的部分由法定监护负责。

（二）监护变动的评析

其与法定监护的规定一致，这也是多数学者的观点，而且《民法总则》已经将相对终止和绝对终止规定得很详细。但是陈苇教授提出，这里缺少委托人尚未丧失民事行为能力时的变更、撤销情形，应当予以补充。笔者认为成年人仍具有完全民事行为能力时，当然可以通过法律规定的方式对其设定的意定监护协议进行撤销或更改，所以应当予以借鉴和补充。

第四节 我国成年人意定监护制度的补充完善建议

一、我国成年人监护制度通用规定的增补完善建议

以下的建议都是对目前《民法总则》的补充完善建议,因为其不仅涉及意定监护,法定监护同样可以适用,所以仍应规定在总则之中。所以,笔者建议可以在司法解释中予以增加补充。

(一)明确监护人享有法定条件下的辞任权

笔者建议,应当明确监护人享有法定条件下的辞任权,对实施这一权利的法定条件进行限制。这一权利的授予实际上是解决了当监护人难以履行或适当履行监护人职责时的尴尬困境。因为监护的本质既然是一种权利与义务相结合的制度,虽然其义务多于权利,但是勉强监护人继续履职,并不能达到监护设立的目的。所以,笔者认为这一权利的缺失是应当被补充的,以缓和监护关系中监护人权利内容和义务内容相失衡的冲突。

当发生法定事由或有正当理由的情况下,并经有关机关批准同意,监护人应享有辞去监护职务的权利,这也避免监护人因能力不足或其他原因而造成监护履行不能,对被监护人的利益造成不良影响。① 前述国家也对此有所规定。②

1. 辞任的法定情形。考虑现实生活中,监护人往往可能因年龄、身体、精力甚至经济等方面的原因造成“监护职责的履行不能”,

---

① 也就是若监护人由于智力、体力的相对欠缺或其他客观原因而难以履行或适当履行,法律应赋予其辞任或拒任权。监护既然是一种职权或责任相结合的社会公职,那么除法定监护外,是否接受监护职责,监护人应有一定范围的决定权。

② 《德国民法典》第1889条、《瑞士民法典》第383条、《日本民法典》第844条均规定了监护人的辞任权,并规定了辞任的法定事由以及辞任的程序。立法上规定这一制度,能够适当减轻监护人的监护负担,又可以防止因监护人无法履职而给被监护人可能造成的不利后果。

同时借鉴域外立法经验。笔者建议可以辞任的事由，主要包括以下几个方面：(1)年事已高、身体健康情况不佳、缺乏履行监护职责的能力；(2)已经担任两个或两个以上民事行为能力欠缺者（包括未成年人和成年人）的监护人等。

2. 辞任的程序。监护人应当向法院申请辞任，法院批准后应当为被监护人选任新的监护人以防止被监护人因此利益受损。

3. 无故辞任的法律责任。如果监护人擅自辞任即不再履行监护职责的，同时对被监护人的人身或财产造成损失或损害的，应承担一定的法律责任。

（二）确立监护人享有报酬权的条件

建议确立监护人享有报酬权，且设定享有此权利应当具备的条件，包括：身份限制、职责复杂程度、监护人的投入多寡等。

关于此，多数学者认同应当确立这一权利。基本上都是出于下述几个原因：一是监护人为履行监护职责付出了大量的精力和财力投入，出于公平合理的角度，有必要获得适当的补偿；二是在当前市场经济的环境下，仅是靠所谓的"道义责任"或是"社会舆论的表扬赞美"很难调动监护人履行监护职责的积极性。所以，笔者认为除了应赋予本身具有法定扶养义务[①]的人担任监护人以外，其他人担任监护人时，应当享有获得报酬的请求权，以符合权利义务相一致的原则。所以，在我国立法中，应当明确监护人是否享有此项权利，我们认为应当进一步明确监护人是否享有报酬权以及享有该权利的条件。

在意定监护中，笔者建议参照瑞士成年人意定照顾制度中明确规定受托人的报酬权的规定，若指令中没有规定报酬，则可由成年人保护机构根据委托事宜的具体情况或受托人的付出按照通常的标准来确定适当的报酬。我们认为，意定监护中应当依据委托监护协议，监护人的身份是否为负有法定扶养义务的近亲属，以及监护事务的

① 这里的"扶养"是广义的概念，即包括我国规定的赡养、扶养和抚养。

多少、履行等情况，确定监护人是否享有报酬请求权，即首先应当按照委托照顾协议的内容确定；若协议中未涉及报酬的内容，则应当根据受托人的身份而区别对待，如果受托人本身是对被监护人具有扶养义务的配偶或赡养义务的子女或其他近亲属，那么其不应当享有报酬权；如果受托人是对被监护人不具有扶养义务或赡养义务的第三人，可由法院根据受托人的职责范围和其他情况确定报酬的标准。

而法定监护中亦要对于获取报酬的权利之主体进行适当的区分，理由是监护人范围与抚养义务人范围并不完全一致，当没有抚养义务的人担任监护人时，其应当享有报酬请求权；而当有抚养义务的人担任监护人时，其因履行监护职责而遭受的经济损失应当有补偿请求权。当然，由于现实生活中从事监护职责的人往往是与被监护人有某种血缘关系或亲密关系的，其也存在无偿履行职责的可能，但是法律并不能因为此种情况的大量存在而忽视对监护人权利的赋予，监护人可以自行选择是否行使权利，达到监护制度设计上的权利义务相平衡。监护人获取报酬的途径笔者认为可以借鉴《法国民法典》的规定，主要有两种途径：一是被监护人有财产抑或是负有扶养义务人的，由他们进行支付；二是若被监护人无财产时，则其报酬可适当由民政部门和社会保障机构来负担。

（三）明确监护人享有对费用支出的报销权

建议明确监护人对费用支出的报销权，而报销的来源应当是被监护人的财产。我国目前未明确规定监护人是否享有为监护事务履行而支出费用的报销权。瑞士成年人意定照顾制度中规定受托人可享有对费用报销的权利，即使指令中没有委托人对报销的指示，受托人也应当然享有，而无须成年人保护机构的设定。这主要是考虑到受托人作为承担意定照顾职责的主体，为履行委托人所要求的事项而支出费用，其应当享有对所支出费用的报销权。

所以，在我国立法中，应当明确监护人是否享有此项权利，以符合权利义务相一致的原则。我们认为，不论何种监护人，对于报销权应一律享有，此类管理监护事务产生的费用，应从被监护人财产中报销，正如遗产管理所生共益费用应从遗产中首先支付一样。

（四）补充终止后的效力

建议补充监护措施终止后的法律效力，即监护终止后监护人应当对被监护人的财产进行清算；如果监护的终止事由是因为被监护人恢复民事行为能力，则监护人应当继续履行监护直至被监护人可以保障其自身利益。

这主要是参考瑞士和法国对于成年监护制度的终止情形中，瑞士对于被照顾人恢复民事行为能力的情形详细规定了发生此情形时受托人的义务，即受托人应当继续执行指定的任务，直到委托人可以自行保障自己的利益。若欠缺此规定，当委托人恢复民事行为能力但仍无法保障自身权益时，可能会因终止意定监护关系而造成其利益受损，所以我国应当予以增补；法国则规定监护人应当对被监护人的财产进行清算。无论从理论上还是实际上对于监护人利益的保护，都应当对终止后的效力进行规定。当被监护人恢复民事行为能力时，从医学上讲其刚恢复，对于已经发生的监护事实和情况可能仍需要适应和了解，而此时监护人没有任何职责去协助被监护人重新自主生活的话，会给被监护人带来很多不必要的麻烦，所以应当增加这一规定。而如果监护因其他原因终止，监护人则应对其履职期间所管理的被监护人的财产进行清算成册，并将其移交至被监护人或其继承人，这应当是其监护职务的延续，而并非另行强加的义务。

二、我国成年人意定监护制度的补充完善建议

虽然我国《民法总则》已将成年人监护制度的法定监护和意定监护统一规定进去，却未将两者以单独的结构单位[①]即单独分“目”。

---

① 作为规范性文件的结构单位，主要包括：卷、编、章、节、条、款、项、目。其中，卷、编、章、节是标题结构单位，条、款、项、目是条文结构单位。从另一角度而言，卷、编、单、条是独立的结构单位，它们不以其他结构单位（主要指上位的结构单位）的存在为前提，节、款、项、目则是附属的结构单位，它们必须以其他结构单位（指上位的结构单位）的存在为前提。引自 http://www.doc88.com/p-7029829078541.html，最后访问日期：2017 年 4 月 10 日。

这就造成我国成年人意定监护的独有立法内容仅包括主体、生效时间,其余关于监护人的职责范围及履职原则和法律责任、私力与公力监督主体及职责、人民法院的撤销、终止等内容都是与法定监护共同适用的通则性规定。相比之下,瑞士成年人意定照顾制度的规定更为全面系统,其体现在:一是瑞士将意定监护设专目单独规定,更有针对性和可操作性;二是其制度的类型更全面,单独设立医疗措施,反映对人身照顾的重视;三是其制度内容较为详细。以下,本书主要汲取域外立法经验及学者相关建议,从我国实际出发,提出我国"民法典婚姻家庭编"之成年人意定监护制度之增补细化的立法构想。

(一)内部结构——成年人意定监护分为一般措施和医疗措施两种类型

在意定监护措施类型上,我国《民法总则》已经规定了类似于瑞士的一般意定照顾措施,成年人也可以按其规定设定关于医疗事项的意定监护措施。但我们认为,瑞士法将医疗事务作为特殊措施单列出来,可以更加彰显"重视人身上的照顾"这一理念。所以,我国在编纂婚姻家庭编时应当对成年人意定监护措施中增补医疗措施类型,凸显对成年人生命权、健康权的重视,指引成年人可以根据自己的意愿指出自身丧失或部分丧失民事行为能力后的同意或不同意的医疗事项,以保障成年人自身未来医疗措施上的个人意愿。其具体执行,可部分参照瑞士意定医疗措施的规定。

(二)一般措施的补充

1. 补充一般措施设立内容的指引规定。法定监护与意定监护的职责范围,因前者是依法律规定确定其职责范围,后者是依委托人的授权确定其职责范围,所以两者的范围必然可能存在不同。目前,我国《民法总则》仅在第 34 条对法定监护人的职责范围进行规定,只有当委托监护概括性授权时才可推定适用,即包括被监护人的人身权利、财产权利以及其他合法权益等全部范围;如要求委托监护协议明确授权职责,则有待增加设定意定监护内容的指引性规定。而瑞士意定照顾制度中就有此种规定:一是规定委托人应当具体指明受托人的职责内容;二是规定委托人可以指明受托人履行不能时的替代人。前者有利于指引委托人设立更为有可行性的意定照顾措施,也便于委托人丧失判断能力后受托人可以据此更好地执行;后者可以引导委托人对受托人履行不能时做出预先安排,在前位受托人不能履行时仍可以由替代人继续履行其意定安排而不适用法定监护。所以,我国应当予以借鉴,补充委托监护协议内容的指引规定。

2. 补充一般措施的设立形式要件。我国《民法总则》第33条中规定意定监护协议须以"书面形式"设立,书面形式包括自书、代书、打印等方式,但对于代书和打印的方式是否需要无利害关系的见证人在场、是否可以适用公证的方式均未规定。瑞士成年人意定照顾制度规定委托人可以以自书或公证的方式设立一般照顾措施,对于自书的方式又作了详细要求,但其没有规定代书、打印等方式。我们认为,可以为委托人提供多种方式设立意定监护协议,明确书面形式包括自书(必须由委托人亲笔书写、签名,注明年、月、日)、有条件的代书或打印方式(即需有两名无利害关系人担任见证人),同时增加公证的设立方式。

3. 增补意定监护的变动情形。对意定监护生效前的变动,我国《民法总则》没有规定委托人对意定监护协议的撤回和变更权,即在被监护人仍具有民事行为能力时,应当有权以法定方式变更或撤销意定监护协议。建议可借鉴瑞士法的规定,明确规定委托人有以任意法定方式变更意定监护协议的权利,即可以自书方式更改由公证方式设立的协议。

4. 扩大私力监督主体的范围。针对我国目前私力监督主体的范围仅限于其他具有监护资格的人,我们建议借鉴瑞士、法国立法,将其范围扩大至所有关系密切的人,即包括其他具有监护资格的人、利害关系人等,以更全面地保护被监护人的权益。

5. 补充公力介入监护监督的措施。我国《民法总则》成年人意定监护对设立形式、设立要求等规定属于事前的公力介入;民政部门、居委会、村委会对监护人履职情况的监督属于事中的公力介入;

法院根据有关个人或机构的申请对意定监护措施的撤销属于事后的公力介入,从而形成了一个较为完整的公力介入体系。但根据域外法对我国的启示,我们认为仍须在“民法典婚姻家庭编”增加下述内容:

(1)增加强制登记程序。我国《民法总则》中未规定意定照顾协议是否需要登记,观之瑞士是选择性登记;日本则是强制性登记。笔者认为,结合我国社会实际,即人口基数大而容易造成监督不能。且意定照顾的内容涉及被监护人的人身、财产之重大利益,不能随意处置。所以,我们建议意定监护都应当进行登记,“合意加登记”的方式体现了尊重本人自我决定权与国家公力的适当介入的有机结合,能更好地实现成年人的自我安排并保障其利益受损的可能性降到最低。如不登记,可能会出现公权力无从知晓当事人的意定照顾安排使其无法得到公力机关的保护,从而造成其利益受损的情况发生,且不有利于审查和确认委托人对于其个人安排是否出于自己真实的意愿。我们建议,由户籍部门担任一般监护委托照顾协议负责登记的主体,因为户籍行政管理是户籍部门的重要职责,而委托照顾协议之设立涉及当事人的人身、财产保护之重要信息且其信息管理全国联网便于查询。由户籍部门根据当事人的申请,将这一信息登记在公民身份证的电子信息中,委托人近亲属及利害关系人及公力监护机关便于及时查询委托协议的有无,有利于保护委托人的合法权益。同时借鉴瑞士的规定,对该信息应当专门予以保护并对信息的查询设定准入规定。

(2)增加意定监护开始的审查。例如,对于成年人监护开始后,公力机关的审查职责,包括委托人、受托人的资格审查,委托照顾书的真伪及授权范围等规定我国《民法总则》中没有涉及。反观瑞士成年人意定照顾制度的规定,其规定成年人保护机构在得知某人丧失判断能力且查询其存在一般措施时,对该措施有审核职责,并具体规定审核的事项,审核通过且照顾人接受委托后,告知其有关委托合同中规定的义务并且发布规定其权限的正式文件,这些都体现国家公权力对被照顾人的保护和对被照顾人自我安排实现的辅助作用。此外,法国也对此进行了规定。所以,我国应当予以借鉴。我们建议应赋予被监护人所在地的村委会、居委会或民政部门此项权利。并借鉴瑞士法的规定,在得知某人可能丧失或部分丧失民事行为能力时由上述机关对如下内容进行审核:①措施的设立是否符合法律规定;②被监护人是否确已丧失或部分丧失民事行为能力;③监护人是否具备履行能力;④措施内容是否能够保障被监护人利益。其主要理由:一是这些机关与群众联系较为密切,比较容易得知所管辖范围公民的情况;二是如将审查一律诉诸法院,会造成人民法院较大的司法压力;三是如有利害关系人对该审查的结果不服,可请求人民法院介入处理。此处对于监护人能力的认定,可以将《民通意见》第11条[①]上升为法律规定,以便于公力机关实际操作。

(3)增加强制申请撤销意定监护人的承担主体。针对目前仅有民政部门作为履行强制申请撤销义务的主体,我们建议,为了更好地防止监护人的不适格或不履职而造成被监护人利益受损,应当在"民法典婚姻家庭编"中补充居委会和村委会作为此义务的主体,他们与群众生活关系较为密切,更易得知所在地居民的情况,宜承担此项职责。

(4)补充监护人资格撤销后的相关义务。目前,我国《民法总则》已经规定了临时监护措施,达到及时保障被监护人的权益的效果。但是对于监护人被撤销资格后的财产报告及移交义务等未予规定。公力机关在介入时可以指定受托人将财产清单、定期财产账目和报告归档。这样便于审查原监护人是否有损害被监护人的财产权益的行为,并有利于新监护人接替原监护人对被监护人财产进行保管,有利于充分保障被监护人的财产权益。所以,应当在"婚姻家庭编"予以规定,即人民法院在撤销受托人资格时可以指定受托人提

① 认定监护人的监护能力,应当根据监护人的身体健康状况、经济条件以及与被监护人在生活上的联系状况等因素确定。

交被照顾人的财产清单;在委托照顾终止时向被监护人提交定期财产账目、财产清单和财产管理报告。

(三)医疗措施的构建

我们认为,瑞士法将医疗事务作为特殊措施单列出来,可以更加彰显实现“重视人身上的照顾”这一理念。所以,我国在婚姻家庭编中应当增补这一医疗措施类型,凸显对成年人生命权、健康权的重视,起到指引成年人根据其真实意愿指出在其丧失或部分丧失判断能力后同意或不同意的医疗事项,以保障成年人自身未来医疗事项上的利益。

1. 确立医疗措施的主体及内容。凡具有民事行为能力的成年人可以设立医疗措施,并指出在其丧失或部分丧失民事行为能力时,同意或者不同意的医疗事项;也可以指定一名自然人,在其丧失或部分丧失民事行为能力的情况下,由该名自然人和医生协商,并根据其利益决定相关医疗措施。因为医疗措施的特殊性很难指明,所以建议借鉴瑞士医疗措施中的规定即规定委托人可以指明同意或不同意的医疗事项而非像一般措施应当指明。

2. 明确医疗措施的设立形式。我们建议意定医疗安排除可以自书外,也可以通过公证、代书的方式设立,而不宜借鉴瑞士仅允许自书设立的规定。这主要是出于意定医疗安排的特殊性,一般情况下设立医疗安排的当事人,多数应该是已经身患疾病或是有身患疾病风险的人,若只规定自书一种设立方式,可能当事人难以实际执行,所以我国不宜借鉴。

3. 医疗措施的强制登记。主要理由是出于医疗事项对生命权的影响之大,要求当事人登记有利于审查确认委托人对于其健康权、生命权的处分是出于自己真实的意愿,也便于医生在治疗时查询其是否具有意定医疗安排,并根据该安排选择符合患者自身意愿的医疗救治措施。笔者建议,由当地的医保管理机关担任登记机关,负责登记并储存至当事人的医疗保险卡中。

4. 医生在医疗措施中的职责。如果患者丧失或部分丧失民事行为能力，医生须从其医疗保险卡查询是否存在意定医疗安排，紧急情况时除外。除意定医疗安排违反法律规定或医生对该安排有合理的怀疑外，医生必须按照意定医疗安排的内容进行医疗救治。如果医生未遵从意定医疗安排，应在患者病历中记录其原因。规制医生在此时的职责范围，是为了提高医疗措施的可行性，真正做到在医疗事项上尊重当事人的决定权。

5. 医疗措施的其他规定。凡医疗措施中没有规定的，参照一般措施的相关规定；如一般措施没有规定的，则适用法定监护的相关规定。

第五章　我国成年人法定监护制度的思考与增补完善

首先,本章第一节通过对成年人法定监护制度立法现状的考察及司法案例的考察,总结出目前我国法定监护的完善之处及具体制度不完善之处。其次,第二节、第三节是现代域外国家成年人法定监护制度及我国学者的观点考察与评析。通过对成年人法定监护制度内在体例和主要内容的比较得出,类型化的监护模式值得我国吸收和借鉴,为最后本书的立法建议提供借鉴。最后,第四节笔者提出我国成年人法定监护制度的增补完善建议,建议在内部结构上将法定监护类型化,分为监护和辅助两个措施。分别对这两个措施需要增补的具体内容提出建议。

第一节　我国成年人法定监护制度的现状与评析

一、我国成年人法定监护制度的立法及司法实践现状

(一)我国《民法总则》实施前法定监护的立法现状

在2017年10月1日《民法总则》实施前,我国成年人监护一直适用的是《民法通则》以及相关法律及司法解释的规定。法定监护的类型包括:第一,亲属监护。我国《民法通则》第17条第1款对成年精神障碍者的亲属监护人的范围作出了规定,即无民事行为能力或限制民事行为能力的精神障碍者的法定监护人包括其配偶、父母、

成年子女、其他近亲属、关系密切的其他亲属、愿意承担监护职责的朋友，经精神障碍者的所在单位或者住所地的居民委员会、村民委员会同意的。且未对上述法定监护资格人规定有顺序的要求。这些法定监护资格人可数人同时担任，也可通过内部协议确定监护人。第二，法定机构监护。即在没有我国《民法通则》第 17 条第 1 款规定的监护人时，由成年精神障碍者所在单位或住所地的居民委员会、村民委员会或民政部门担任监护人。第三，指定监护。首先，由有关组织指定。我国《民法通则》第 17 条第 2 款规定，当对担任监护人有争议时，由精神障碍者所在单位或者住所地的居民委员会、村民委员会在近亲属中指定。其次，由人民法院裁决（对有关组织指定不服的，提起诉讼）。我国《民通意见》第 14 条规定，人民法院指定监护人时，可以将亲属监护人的范围视为指定监护人的顺序。前一顺序有监护资格的人没有监护能力或者将其作为监护人对被监护人明显不利的，人民法院可以根据有利于被监护人的原则从后一顺序有监护资格的人中择优确定。在被监护人有辨别能力时，应根据具体情况决定是否征求被监护人的意见。同时，我国《老年人权益保障法》第 26 条第 2 款规定，老年人在具有完全行为能力时没有确定监护人的，当其丧失或者部分丧失民事行为能力时，应根据相关法律规定确定其监护人。

1. 成年人法定监护的主体。法定监护中的主体包括监护人与被监护人，其中被监护人是无民事行为能力或限制民事行为能力的精神障碍者；监护人为法律规定有监护资格的人或机关。

2. 监护人的职责。根据我国《民法通则》第 18 条、我国《民通意见》第 10 条、我国《精神卫生法》的有关规定，监护人的职责包括下列内容：

第一，监护人的一般监护职责有六项：保障被监护人的身体健康；照料被监护人的生活；管理、保护被监护人的财产；代理被监护人进行民事活动；管理、教育被监护人；当被监护人合法权益受到侵害或者与他人发生纠纷时，代为提起诉讼。其中，除非有利于被监护人，否则不得处理被监护人的财产。

第二，根据我国《精神卫生法》的相关规定，对精神障碍患者的监护人的监护职责进行了细化，如禁止对精神障碍患者使用家庭暴力或遗弃精神障碍患者；[①]精神障碍患者住院治疗的同意权；[②]看护好在家居住的患者；对于需要住院治疗的诊断结论有异议，可以要求再次诊断和鉴定的权利；[③]为患者办理住院、出院手续；[④]妥善看护没有入院治疗的患者，根据医生嘱托督促其按时服药、接受随访或者治疗；[⑤]监护人应当协助患者进行生活自理能力和社会适应能力等方面的康复训练等规定。[⑥]

3. 监护人的变更。

一是法定监护的协议变更。我国《民通意见》第 15 条规定，允许法定监护人内部协商确定监护人。

二是因撤销而变更监护人的情况，即在监护人失职的情况下，法院可应有关权利人请求，依法撤销原监护人，而设定新的监护人。

三是根据请求变更监护人。根据我国《民法通则》第 18 条第 3

---

① 我国《精神卫生法》第 9 条规定："精神障碍患者的监护人应当履行监护职责，维护精神障碍患者的合法权益。禁止对精神障碍患者实施家庭暴力，禁止遗弃精神障碍患者。"

② 我国《精神卫生法》第 31 条："精神障碍患者有本法第三十条第二款第一项情形的，经其监护人同意，医疗机构应当对患者实施住院治疗；监护人不同意的，医疗机构不得对患者实施住院治疗。监护人应当对在家居住的患者做好看护管理。"

③ 我国《精神卫生法》第 32 条第 1 款："精神障碍患者有本法第三十条第二款第二项情形，患者或者其监护人对需要住院治疗的诊断结论有异议，不同意对患者实施住院治疗的，可以要求再次诊断和鉴定。"

④ 我国《精神卫生法》第 36 条："诊断结论表明需要住院治疗的精神障碍患者，本人没有能力办理住院手续的，由其监护人办理住院手续……精神障碍患者有本法第三十条第二款第二项情形，其监护人不办理住院手续的，由患者所在单位、村民委员会或者居民委员会办理住院手续，并由医疗机构在患者病历中予以记录。"第 45 条："精神障碍患者出院，本人没有能力办理出院手续的，监护人应当为其办理出院手续。"

⑤ 我国《精神卫生法》第 49 条："精神障碍患者的监护人应当妥善看护未住院治疗的患者，按照医嘱督促其按时服药、接受随访或者治疗。村民委员会、居民委员会、患者所在单位等应当依患者或者其监护人的请求，对监护人看护患者提供必要的帮助。"

⑥ 我国《精神卫生法》第 59 条第 1 款："精神障碍患者的监护人应当协助患者进行生活自理能力和社会适应能力等方面的康复训练。"

款和我国《民通意见》第 20 条规定,其他有监护资格的人或单位可以向法院提出变更请求。同时,我国《民通意见》第 18 条补充规定称指定监护不允许擅自变更,协议变更也包括在内。擅自变更的,监护责任由原被指定的监护人和变更后的监护人共同承担。

4. 法律责任。

第一,失职责任。失职责任包括:监护人不履行监护职责或者侵害被监护人的合法权益的;给被监护人的财产造成损失的,应当赔偿损失。此外,人民法院可以根据有关人员或者有关单位的申请,撤销监护人的资格。

第二,转承责任。被监护人对他人不法致损,由监护人转承侵权损害赔偿责任。[①] 但根据监护人的履职情况,当其尽了自身的监护义务时可以免责。

(二)我国《民法总则》实施后法定监护的立法现状

我国《民法总则》实施后,我国法定监护分为以下几种类型:第一,亲属监护。我国《民法总则》第 28 条规定了亲属监护人的范围,即由下列人员按顺序担任无民事行为能力或者限制民事行为能力成年人的法定监护人:配偶;父母、子女;其他近亲属;其他愿意担任监护人的个人或者组织,但必须要取得被监护人住所地的居民委员会、村民委员会或民政部门同意。这些法定监护资格人可通过内部协议确定监护人,但必须尊重被监护人的意愿。可以看出,在亲属监护中,《民法总则》首先改变了被监护人的范围,从原有的精神病人改为成年人。其次明确了这一范围的规定存在顺序,然后改变近亲属以外可以担任监护人的范围,应该是扩大了监护人的范围,并且可以审核此类人是否可以担任监护人的机关增加民政部门。第二,法定

① 龙卫球:《民法总则》(第二版),中国法制出版社 2002 年版,第 245 页。我国《民法通则》第 133 条:"无民事行为能力人、限制民事行为能力人造成他人损害的,由监护人承担民事责任。监护人尽了监护责任的,可以适当减轻他的民事责任。有财产的无民事行为能力人、限制民事行为能力人造成他人损害的,从本人财产中支付赔偿费用。不足部分,由监护人适当赔偿,但单位担任监护人的除外。"

机构监护和临时监护。在没有法定监护资格的人存在的情况下，监护人由民政部门担任，也可由具备履行监护职责条件的被监护人住所地的居委会或村委会担任。在指定监护未确定前，若被监护人的合法权益处于无人保护的状态，被监护人住所地的居委会、村委会、法律规定的有关组织或民政部门应当担任临时监护人。这里删除了单位担任监护人的规定，并对可担任监护人的公力机构规定了一个内部的顺序，即优先选择民政部门担任监护人，其次由具备法定资格的居委会和村委会担任。并且增加了一个资格限制的规定，即对居委会、村委会要求其需具备履行监护责任的条件才可担任监护人。增加了临时监护人的规定。第三，指定监护。包括组织指定和法院指定。组织指定是指对监护人的确定存在争议的，由被监护人住所地的居委会、村委会或民政部门指定监护人。法院指定是指对监护人的确定存在争议，有关当事人可以向法院申请指定监护人。而组织指定和法院指定没有适用顺序的要求，也就是对监护人的确定存在争议，有关当事人可选择组织指定也可直接选择法院指定。在指定时，居委会、村委会、民政部门或法院应当遵循下列要求：一是尊重被监护人真实意愿的原则；二是按照最有利于被监护人的原则；三是在依法具有监护资格的人当中指定。《民法总则》改变了原有的组织指定和法院指定有适用的先后顺序的限制。增加了指定的主体——民政部门。原有的《民通意见》仅要求在法院指定时要根据对被监护人有利的原则等要求，而《民法总则》则要求无论法院指定还是组织指定都要注意有利于被监护人的原则，并且将“被监护人有识别能力的，应视情况征求被监护人的意见”改为要“尊重被监护人的真实意愿”的要求。

1. 法定监护的主体。被监护人是无民事行为能力或限制民事行为能力的成年人。监护人由以下具备监护能力的人担任：(1)被监护人的配偶；(2)被监护人的父母、子女；(3)被监护人的其他近亲属，如孙子女、外孙子女等；(4)经被监护人住所地的居民委员会、村民委员会或者民政部门同意的其他愿意担任监护人的个人或组织。

2. 监护人的职责。

第一，根据我国《民法总则》第34条的规定，监护人的职责在意定监护中已经介绍，这里不详述。

第二，虽然《民法总则》已经颁布，但是我国《精神卫生法》并未失效，仍应履行其相关规定。

3. 监护的变动。

（1）监护人的变更。一是法定监护的协议变更。我国《民法总则》第30条规定，允许法定监护人内部协商确定监护人。二是因撤销而变更监护人的情况，即在监护人失职的情况下，法院可应有关权利人的请求，依法撤销原监护人，而设定新的监护人。三是根据请求变更监护人。即我国《民法总则》第31条规定，有关当事人可以向居委会、村委会、民政部门或法院提出变更请求。并且，在指定监护人后，其不得擅自变更。如果擅自变更监护人，也不免除被指定的监护人责任。

从“其他有监护资格的人或单位人”改为“有关当事人”；不能擅自变更的指定监护不仅是法院指定，还包括组织指定。

（2）监护资格的恢复（意定监护中已有介绍）。

（3）监护的终止（意定监护中已有介绍）。

4. 法律责任，即监护人的失职责任，监护人不履行监护职责、怠于履行监护职责或者侵害被监护人的合法权益的，应当承担相关的法律责任。

（三）成年人法定监护之实践的考察

笔者上网查找相关案例，多为未成年人的监护案例，而很少有成年人法定监护的案例。

1. 成年人法定监护的设立案例①。

（1）主要案情简介：王女士今年47岁，其在1992年就患上了精神分裂症，无法正常上班和生活，虽经多次住院治疗，却未见明显好

① 铜山法院：“徐州铜山法院首发监护权证明书”，引自 http://mp.weixin.qq.com/s/6G6fEV06ZNivJHUhr83hWw，最后访问日期：2017年12月28日。

转。2014 年年底，王女士患病导致四肢瘫痪，生活完全不能自理。由于单身无子女，父亲去世，母亲年事已高，王女士一直由其三个哥哥和一个姐姐悉心照顾，其中，二哥王某某对王女士的照顾最多。

王女士原是一名公职人员，病退后仍有工资收入，当王某某为妹妹办理领取工资等个人事务时，陷入了需要证明"我是谁"的尴尬境地，由于妹妹无法表达个人意志，王某某经常需要跑好几趟，准备好烦琐的证明及授权委托书等材料，才能办结相关业务。对此，王某某苦不堪言。后经多方打听，王某某了解到，法院审理某些非民事权益纠纷案件可以适用特别程序，其中就包括申请认定公民无民事行为能力。2017 年 9 月，在征得其他几个兄妹的同意之后，王某某诉至铜山法院，申请法院认定妹妹王女士为无民事行为能力人，并指定自己为其监护人。

铜山法院认为，根据《民法总则》第 21 条规定①，本案中王女士患有精神分裂症已有二十多年，现已四肢瘫痪，生活不能自理，经多次住院治疗，目前仍存在精神分裂症状况和四肢瘫痪情形，受其精神病症状的影响，其不能辨认自己的民事权利与义务，不能表达自己的民事意愿。结合徐州市东方人民医院司法鉴定所的鉴定结论及庭审情况、现场观察情况等证据证实，应依法认定王女士为无民事行为能力人。同时经查明，王女士无子女。其父母共生育五个子女，父亲去世，母亲已经八十多岁，现与王女士共同居住在老年公寓，无能力监护王女士。据此，依法判决如下：一、宣告被申请人王女士为无民事行为能力人。二、指定王某某为被申请人王女士的监护人。

然而王某某又有了新的担忧。"判决书详细记载了妹妹的个人信息、婚姻家庭、生活情况等，涉及全家人的隐私。如果以后每次处理事务都要拿出判决书，等于将其隐私公之于众。而且，因为需要经常使用，要多次出示判决书。"为了帮助王某某解决问题，庭长和同

① 不能辨认自己行为的成年人为无民事行为能力人，由其法定代理人代理实施民事法律行为。

事们进行了反复研究，认为如果制作颁发一个监护权证明书，就可以有效解决王某某的难题，并在第一时间进行了设计和印制。监护权证明书采用加厚特殊纸张制作而成，类似工作证件，上面只记载申请宣告无民事行为能力案件双方当事人身份信息、生效法律文书案号、类型及生效时间等必要的证明信息，再加盖法院公章以示权威，主要是来证明指定监护人这一身份事实。证明书上，不会有当事人起诉答辩的争议经过、监护资格确认的诉讼过程以及当事人情感纠葛和个人隐私。

(2)适用法律评析。

①法律适用适当之处。本案法官适用的法律、确认当事人行为能力的程序都符合法律法规的相关规定。

②法律适用中反映出的问题。在现实生活中，如果未认定当事人的行为能力，即使是其近亲属也无法代理其从事某些特定的行为，必须由其监护人才能够代为行使某些权利。而近亲属或朋友担任监护人后，代理被监护人行为时，仍会存在无法证明其身份的情况发生，又不得不诉诸法院。

③值得借鉴之处。铜山法院首次制作这一监护权证明书，很好地解决了现实中出现的证明"我是谁"的尴尬。应当将这一做法上升到法律，规定在监护制度中。向当事人发放监护权证明书具有充足的法理和现实依据。2017 年 7 月，最高人民法院等 15 个部门在《关于建立家事审判方式和工作机制改革联席会议制度的意见》中明确，最高法院将指导地方各级法院推行离婚证明书制度，并进一步探索与民政部门建立信息共享机制。而监护权证明书与离婚证明书类似，依据生效法律文书制作和颁发，与法律文书具有同等效力，是深化家事审判改革的创新之举，同时充分考虑当事人的感受，更加全面地保护了当事人的切身利益，体现了为民情怀，也彰显了司法温情。另外，法院的判决书少则几页，多则几十页，纸质不便携带，并且反复出示容易污损，而监护权证明书采用不易损坏的材质，且内容直观，携带方便，使用起来比判决书便利得多。监护权证明书的发放过

程也很简单。在判决书生效后,法官会在送达判决书时,附送一份监护权证明书。当事人持监护权证明书,在办理户口迁移、银行取款、房产买卖等事务时,无须向相关单位提供判决书,化解了当事人的尴尬。

2. 周某某与重庆三峡民康医院人身自由权纠纷抗诉案①。

(1)主要案情简介。1998 年,周某某因对所在单位重庆市巴南区农牧渔业局的分房方案不满,向巴南区纪委、监察局写信控告。1998 年 12 月 25 日,巴南区农牧渔业局以周某某患有精神病为由将周某某送到重庆市巴南区界石中心医院住院治疗 12 天,周某某被诊断为妄想型精神分裂症。其间,巴南区农牧渔业局向巴南区人民法院申请宣告周某某为无民事行为能力人。巴南区人民法院立案后,委托重庆法医验伤所对周某某进行有无精神病及有无责任能力的鉴定。1998 年 12 月 29 日,重庆法医验伤所(无精神病鉴定资质)作出司法精神病鉴定结论,确认其目前无辨认能力及责任能力。1999 年 1 月 6 日,巴南区农牧渔业局与巴南区人民法院共同将周某某转送至其母亲彭某某居住地重庆市忠县三峡民康医院住院治疗,并嘱咐进出院必须与巴南区人民法院或巴南区农牧渔业局联系办理。周某某胞弟范某某在家属栏签名,并注明了与患者的关系。重庆三峡民康医院为周某某办理了入院手续,确诊其患有偏执性精神障碍,对其封闭治疗。治疗期间,周某某多次找到医院领导,称自己无精神病,要求出院。1999 年 2 月 14 日,周某某的亲属以过年为由请假,将其带离医院后一直未归,开始了漫长的逃亡路。1999 年 2 月 26 日,华西医科大学法医学技术鉴定中心对周某某进行司法鉴定,结论为周某某无精神病。2000 年 5 月 20 日,巴南区人民法院作出(2000)民

① 北大法宝:“周荣淼与重庆三峡民康医院人身自由权纠纷抗诉案”,引自 http://202.202.90.30/ermsras/fggi4226f29b845e4133ae3b600e3875e7ca/case/pfnl _ a25051f3312b07f3966db9d392744621ee320df34e6829ddbdfb.html? keywords = 精神病人监护 &match = Exact,最后访问日期:2017 年 9 月 11 日。

特第1号民事判决,宣告周某某为无民事行为能力人,指定周某某并不认识的周某桂为监护人。2005年12月28日,根据巴南区农牧渔业局的申请,巴南区人民法院作出(2006)巴民特第5号民事判决,撤销周某桂的监护人资格,指定巴南区农牧渔业局为周某某的监护人。2008年1月经重庆市检察机关检察建议,巴南区人民法院撤销上述两个民事判决。

2008年11月17日,周某某以人身自由权纠纷向重庆市忠县人民法院提起民事诉讼,要求重庆三峡民康医院赔偿精神抚慰金5万元,并恢复名誉,赔礼道歉。

(2)适用法律评析。此处评析仅是针对成年人监护制度的相关裁判内容。

①法律适用适当之处。这里最后证实当事人周某某并无精神障碍,所以没有为其再设置监护人是正确的。

②法律适用中反映出的问题。其实这个案件主要体现的是关于强制医疗措施的适用。但是其中涉及几处与成年人监护制度有关的内容,主要有以下内容:

第一,巴南区农牧渔业局与巴南区人民法院共同将周某某转送至其母亲彭某某居住地重庆市忠县三峡民康医院住院治疗,并嘱咐进出院必须与巴南区人民法院或巴南区农牧渔业局联系办理。周某某胞弟范某某在家属栏签名,并注明了与患者的关系。这里,根据我国相关法律、法规对精神病人的监护及送治行为有相应规定。一般情况下,对精神病人是否送治,由监护人决定,而强制精神病人治疗的主体只能是人民政府,且应以精神病人造成危害结果为条件。而实际上,其仅是由其胞弟在家属栏上签字,而其胞弟并非其监护人。

第二,周某某的亲属以过年为由请假,将其带离医院,后一直未归,开始漫长的逃亡路。其亲属并未采取法律的方式,为其向法院申请撤销强制医疗。

第三,2000年5月20日,巴南区人民法院作出(2000)民特第1号民事判决,宣告周某某为无民事行为能力人,指定周某某并不认识的周某桂为监护人。监护人的资格虽然我国没有明确的规定，但是应当优先根据《民通意见》关于指定监护人的顺序的规定，按照顺序为其指定监护人，而非指定一名不认识的人作为监护人。

3. 刘某某与徐某某申请变更监护人特别程序案[①]。

（1）主要案情简介。申请人刘某某诉称，被监护人曹某珍系残疾二级，申请人系曹某珍之独子、被申请人徐某某系曹某珍母亲。申请人系曹某珍与前夫刘某富所生育。曹某珍早年即患有残疾，其在与刘某富结婚时隐瞒了疾病的情况，在申请人四岁时，刘某富与曹某珍离婚，离婚后申请人一直随父亲刘某富共同生活，曹某珍与父母及弟弟曹某平一家生活在一起。申请人的父亲刘某富于2011年因病死亡。父亲去世后，申请人经常去被申请人处及医院要求看望母亲曹某珍，但被申请人及曹某平多般阻挠，不允许其母子相见。申请人发现，被申请人仅提供曹某珍肮脏、狭小的居住环境，曹某珍经常睡在马路上，生活状况困苦不堪。申请人认为，其目前有能力为母亲提供稳定的居住、生活环境，且有经济能力照顾母亲。反之，被申请人今年已经84岁，今后年纪越来越大，不便于照顾曹某珍。故请求法院判决变更由申请人刘某某作为母亲曹某珍的监护人。

被申请人徐某某辩称，不同意申请人的请求。原告所称的身份关系无异议，申请人确系曹某珍的独子，曹某珍的父亲曹某发于2012年死亡。2009年以前，父亲曹某发担任曹某珍的监护人，2009年7月，残联确定变更由母亲徐某某担任曹某珍的监护人。曹某珍在二十岁出头开始患上疾病，在与刘某富结婚时即已明确告知疾病情况。婚后不久，刘某富提出与曹某珍离婚。离婚后的几十年来，曹某珍一直与父母、兄弟共同生活，由父母及兄弟姐妹共同照顾。目

① 北大法宝：“刘某某与徐某某申请变更监护人特别程序案”，引自 http://202. 202. 90. 30/ermsras/fggi4226f29b845e4133ae3b600e3875e7ca/case/pfnl_a25051f3312b07f3affe067de9539384c197567b4aaf0a15bdfb. html? keywords = 精神病人监护 &match = Exact，最后访问日期：2017年11月。

前，曹某珍生活无法自理，需要有人24小时看护，其他人的话根本不听，只有弟弟曹某平才能与她简单沟通，由曹某平为其配药，由姐妹为其料理生活等。目前徐某某年纪确实比较大了，但在子女的协助下能照顾曹某珍，几十年来已形成了较稳定的生活状态，如果改变将不利于精神病人的生活。反之，申请人系年轻男性，目前未婚，白天还要上班，且其幼年至今很少有与母亲共同生活的经历，也不熟悉患病母亲的性情、病情等，故申请人不可能很好地全天候照顾曹某珍，不适宜担任曹某珍的监护人。被申请人认为，从目前情况而言，徐某某作为曹某珍的监护人是合适的，不同意变更刘某某作为曹某珍的监护人，请求驳回申请人的诉求。

经审理查明：被监护人曹某珍。申请人刘某某系曹某珍与前夫刘某贵生育之子，被申请人徐某某系曹某珍母亲。曹某珍的父亲曹某发于2012年死亡。曹某珍与前夫刘某富于1990年经法院判决离婚，双方之子刘某某随父亲刘某富共同生活。离婚后，曹某珍与父母共同生活。目前，曹某珍随母亲徐某某生活，日常生活、就医等由兄弟姐妹协助徐某某料理。2009年6月20日，徐某某签署《监护人承诺书》，表示愿意担任曹某珍的监护人，上海市宝山区大场镇场中村民委员会在该承诺书上签署“同意”的意见。2009年7月7日，经上海市残疾人联合会核准，徐某某为曹某珍的监护人，曹某珍残疾等级为精神残疾二级。

法院认为，曹某珍常年患有精神残疾，在其离婚后几十年里由父母及兄弟姐妹照顾，已形成了稳定的生活状态。虽被申请人目前年事已高，但其仍然愿意担任曹某珍的监护人，且认为其在其他子女的协助下有能力照顾好曹某珍。被申请人年幼至今与母亲曹某珍共同生活时间较短，对母亲作为精神病患者的生活习性、医疗情况的了解较被申请人少，且申请人刘某某也无证据证明徐某某存在履行监护职责不当或者侵害被监护人合法权益的行为，故本院认为由徐某某继续担任曹某珍的监护人更为适宜。申请人刘某某要求变更监护人的请求，依据不足，本院不予支持。

据此，依照《民法总则》第28条、第31条、第34条之规定，判决如下：驳回申请人刘某某要求变更曹某珍监护人的起诉。

(2)适用法律评析。

①法律适用适当之处。申请人的起诉符合“精神病人监护人由所在单位或者住所地的居民委员会、村民委员会在近亲属中指定。对指定不服提起诉讼的，由人民法院裁决”的规定。

②法律适用中反映出的问题。

第一，关于申请人提出“被申请人仅提供曹某珍肮脏、狭小的居住环境，曹某珍经常睡在马路上，生活状况困苦不堪”。法院是否有去核查，核查结果如何在判决理由中未涉及。而判决结果仅是对被申请人理由的重复描述，是否实地考察并不知晓。

第二，“申请人经常去被申请人处及医院要求看望母亲曹某珍，但被申请人及曹某平多般阻挠，不允许其母子相见”。这里存在一个疑问，监护人是否可以阻止与被监护人有亲属关系或有其他关系人的探望，这是否会不利于被监护人的生活交流等权益。

二、我国成年人法定监护制度的评析

(一)完善及进步之处

1. 扩大被监护人的范围。扩大被监护人的范围是完善监护制度中需要解决的首要问题。因此，《民法总则》中规定了一个更加系统化的成年监护制度，即成年被监护人的范围除了精神障碍者之外，还包括智力障碍者、因疾病等原因丧失或者部分丧失辨认能力的人。可见，《民法总则》扩大了监护制度的受益群体，从而为维护上述这些群体的合法权益提供了法律保护，体现了民法中公平、平等的基本原则，同时也有利于维护社会的和谐、稳定。

2. 合理地选定了监护人的范围并优化了监护人的确定程序。改革了单位监护制度。之前《民法通则》将单位也列为监护人，经过多年的实施发现事实上很难实际操作，单位也很难切实地履行职责，且从法定监护的第二个案例可以看出，单位若担任监护人会有很多弊端出现。所以,《民法总则》将单位从监护人的范围内剔除是合理的。

根据《民法总则》第31条第1款的规定,对监护人的确定有争议的,处理程序可采用双轨制:(1)由被监护人住所地的居委会、村委会或者民政部门来指定监护人。如果当事人对这些单位的指定不服,可以依法向人民法院申请指定监护人。(2)当事人也可以直接向人民法院申请指定监护人。据此可知,在《民法总则》中,由所在单位或者居委会、村委会指定监护人已经不再作为人民法院裁判的前置条件,即《民法总则》已经废除了经过有关单位或者两委的指定程序。因此,当事人可以依法直接向人民法院申请指定监护人。

3. 成年子女对老年人的监护责任得到明确。我国《民法总则》第26条第2款明确规定,成年子女有对父母尽赡养、扶助、保护的义务。有学者认为,这一规定初步建立了我国成年人监护制度。① 同时,该法第37条规定,依法具有赡养义务的子女,即使被人民法院撤销监护资格,其仍然要负担父母的赡养费。②

(二)仍待补足之处

1. 内部体例上,缺少多元化的措施。我国《民法总则》和《民法通则》都是将行为能力欠缺的成年人区分为两级,即限制民事行为能力和无民事行为能力。这说明两者在意思自治的范围与程度上也应当有所区别,因此,与之相对应的监护措施至少也应当有两类。而我国只采取单一的监护方式,对本人残余的意思能力不加区分,导致个人不同的保护需求没有得到关怀,与社会现实和民事生活相违背。从规定上看,无行为能力人与限制行为能力人的监护规定上是完全相同的,当然包括监护人的职责,虽然《民法总则》第35条中提及成

---

① 吴国平:《民法总则监护制度的创新与分则立法思考》,载《中华女子学院学报》2017年第5期,第20页。

② 《民法总则》第37条:"依法负担被监护人抚养费、赡养费、扶养费的父母、子女、配偶等,被人民法院撤销监护人资格后,应当继续履行负担的义务。"

年人的监护人应当按照尊重被监护人真实意愿的原则履行监护职责,保障并协助被监护人实施与其智力、精神健康状况相适应的民事法律行为,其不得干涉被监护人有能力独立处理的事务。但是在同一个措施中划分职责上的不同是不科学的,未考虑到个体有不同的帮助和保护需求,第三人对于同样是监护措施的被监护人也无法分辨其到底是无行为能力人还是限制行为能力人,从而无法肯定被监护人所能独立处理事务的范围。

2. 主体中监护人的资格(监护能力)未规定。我国《关于依法处理监护人侵害未成年人权益行为若干问题的意见》第 36 条第 2 款规定,人民法院在为未成年人指定监护人时,如果是个人担任监护人,应当在综合考量其意愿、品质、健康状况、经济条件以及与未成年人的生活情感联系是否密切,同时,还要征求有表达能力的未成年人的意愿。[①] 而成年人监护制度中,仍然使用的是《民通意见》中的规定,即认定监护人的监护能力,需要根据监护人的健康状况、经济条件以及与被监护人在生活上的联系状况等因素确定。而这仍不足以确立一个明确的标准,从而导致在监护人选任上的偏差。

3. 设立形式上未规定监护登记程序。监护的设立没有规定是否应当登记,由于目前我国还没有登记程序,致使监护措施的开始始终是隐秘的、是家族内部的,外人和公力机关都很难得知被监护人的实际情况,这就容易造成监护监督不力,对于被监护人已经利益受损的情况无法设置积极的措施。同时,我国并没有规定监护开始实施的程序。当然这里仅指的是指定监护的情形,在指定监护时,法院是否应当先认定成年人的行为能力再设定监护措施没有规定。

4. 监护人与被监护人的权利义务未明确。我国《民法总则》第

---

① 《关于依法处理监护人侵害未成年人权益行为若干问题的意见》第 36 条第 2 款:"没有其他监护人的人民法院根据最有利于未成年人的原则,在民法通则第十六条第二款、第四款规定的人员和单位中指定监护人。指定个人担任监护人的,应当综合考虑其意愿、品行、身体状况、经济条件、与未成年人的生活情感联系以及有表达能力的未成年人的意愿等。"

34 条第 2 款规定，法律保护监护人依法履行监护职责产生的权利。但是何种权利未予以明确，如监护人是否有任职期限等。这不利于监护人在履职时保障自身的合法利益，过重的监护职责负担会让很多人在是否担任监护人的考虑上望而却步，造成监护人难找的情况屡屡发生。

我国缺少监护人的任职期限。因为被监护人即使在我国《民法总则》中的范围已经被扩大，但是不能否认精神障碍者依旧是被监护人的主要主体之一，而对于精神障碍者的监护是非常沉重的负担，如果不设置期限，那么就是无限期的重负。监护人在履职的过程中无法保障其能够始终如一地保障履职质量，为了避免担任精神障碍者的监护人出现禁锢精神障碍者人身自由的可能性，应当有任职期限的规定，让更多有监护资格的人担任监护人。

此外，被监护人的权利也应当明确，无论其是否完全丧失行为能力，其都有从事日常生活的基本权利。并且当被监护人仅为限制行为能力人时，其可以自己从事的行为范围应该更广。

5. 监护变动中关于监护资格的恢复仍不完善。从《民法总则》建议稿的每次变动中我们看出立法者对于这一问题存在很多的考量，因为这一规定对于被监护人的利益可以说是非常重要的，如果规定的不够周密，极有可能造成被监护人的利益受损，而且是非常严重的损害。主要是因为从《民法总则》第 36 条的撤销情形中我们看到，监护人的资格会被撤销都是基于严重侵害，何为“严重”，这意味着侵害的程度是很强的等级。而面对这样被撤销资格的监护人，他将以什么样的标准审核后可以恢复其监护资格呢？我们现有的立法是否就可以保障在恢复后被监护人的利益不再遭受损害呢？这是立法中应该考虑的重大问题。

从《民法总则(草案)》的修改中可以看出，最突出的变更就是被撤销监护资格的监护人的范围，从一开始的较为宽泛的范围最后缩减成被监护人的父母和子女。这一制度存在的合理之处就在于，在我国这一重视传统礼仪及孝道的国家，我们应当尽力地维护父母子女之间的抚养及赡养功能,发挥家庭的作用以突出我国五千多年孝道国家的传统。立法者考虑到父母或子女仍是绝大多数丧失行为能力的成年人内心最信任、最放心的监护人,给予犯过错的父母与子女弥补的机会而设定这一制度,笔者认为还是有其存在的合理性和必要性的。那么,既然已经对此进行了规定,如何在《民法总则》规定的基础上补充完善细节呢?

这一规定实际上是来源于2014年最高人民法院、最高人民检察院、民政部与公安部联合发表的《关于依法处理监护人侵害未成年人权益行为若干问题的意见》,该《意见》明确规定关于监护资格恢复的内容。虽然这一规定仅是针对未成年人的,但是因为《民法总则》将其内容规定在监护中,并未区分适用的主体,所以成年人监护也同样适用。这一规定与《民法总则》的规定有一些不同。一是该《意见》从第35条至第42条(共8条)详细规定了撤销的具体情形、撤销后的处理、资格恢复的程序及要求;而《民法总则》仅用第36条、第37条、第38条(共3条)进行规定。二是撤销的情形上,该《意见》规定得更为详细,具体地列举了侵害的行为;而《民法总则》则因其法律的统领性和特殊性未加以具体规定,而采取的是概括式的规定。三是《民法总则》增加了监护人被撤销资格后仍有履行其他扶养义务的规定,而未规定《意见》中关于新监护人需要采取措施避免监护人继续被侵害的内容;也未规定法院若判决不撤销资格时的处理措施。四是该《意见》规定了被撤销监护人资格的侵害人可以书面向人民法院申请恢复监护人资格的期限规定(自监护人资格被撤销之日起三个月至一年内)以及应当提交相关证据的要求,《民法总则》中未涉及。五是该《意见》和《民法总则》都涉及法院在审理时应当考虑被监护人的意见,但是《意见》还提到要征求现监护人的意见,此外还明确规定,法院可以委托申请人住所地的未成年人救助保护机构或者其他未成年人保护组织,调查申请人监护的意愿、悔改表现、监护能力、身心健康状况、工作生活情况等,从而形成调查评估报告等内容。六是《意见》规定了监护资格恢复不能适用的情形,而

《民法总则》中未涉及，仅以“视情况”代之。

这些不同主要是基于《民法总则》所处的地位，不适于做过于详细的规定。但是这就产生一个问题，在未成年人监护中出现监护资格被撤销又恢复的情况，可以直接适用《民法总则》及意见的规定。但是成年人监护出现这一情形又该如何处理呢，直接适用《关于依法处理监护人侵害未成年人权益行为若干问题的意见》吗？所以，这一规定仍需要在婚姻家庭编中予以详细的区分规定。

6. 监护监督仍应加强。长期以来，我国家庭观念根深蒂固，并且人们在小生产经济时代已经形成的观念在短时间内不易改变。对家庭伦理关系的重视，导致基本上都是由家庭来照顾行为能力欠缺的人，与此同时，监护也成了家庭的内部事务，而排斥了国家对监护的介入。但是，因社会经济条件的限制，被监护人拥有的独立财产的份额是非常少的，也很少以自己的名义参加民事活动，从而导致完善监护制度的迫切需要并未在实际生活中产生。即便在当时的社会背景下创设了一套完整的监护制度，但是，也很难在实践中实施。因此，除我国立法上的主观原因外，现实生活中社会经济等方面的客观原因的存在也决定了我国监护立法的滞后性。[①]

随着改革的深入，工业现代化程度的加深，大家庭的分化及个人私有财产的丰富，即使是精神病人或其他无民事行为能力人、限制民事行为能力人也可以通过继承、遗赠、赠与等方式获得自己独立的财产，家庭内部关系也变得复杂起来。欠缺民事行为能力的人在民事活动中如何确定代理人等问题也比原来更加突出，进而导致对法律的依赖性日益增加，国家的介入开始成为必要。因此，国家公权日益深入地介入家庭内部关系已成为各国监护立法发展的一种趋势。而仅从家庭内部对被监护人进行监督保护，显然已不符合我国已经发展变化了的实际情况。

(1)缺少“专门的”私力监护监督人。我国《民法总则》虽然已

---

① 杨大文主编：《亲属法与继承法》，法律出版社2013年版，第222页。

经规定了相当广泛的监护监督主体范围，包括私力主体和公力主体。但是他们是否能够真的监督到监护人，实际参与到监护人的履职过程中将很难实现。而虽然将民政部门作为兜底部门即强制性的实施公力监督，但是从现实生活中可知，民政部门比被监护人身边的亲属或是朋友更难知晓被监护人的权益是否被侵害。而私力监督人的范围虽然包括了具有监护资格的其他人，但是其监督效果可能很难达到预期。笔者认为，应当增设专门的私力监护监督人，同时在制度上就要增设其资格、选任、职务等规定。

（2）公力的事中介入仍有欠缺。目前，过多的是公力的事后介入，如监护人的撤销、监护人的争议等，而公力的事中介入较少，在制度的逻辑上有头重脚轻的不平衡感，对被监护人的保护也是不利的，在损失或损害发生后才加以保护已经造成了对被监护人可能是不可逆的伤害，这是制度上的重大遗漏。

第二节　现代域外国家成年人法定监护制度的考察与评析

成年人的法定监护措施基本上被所有设立有监护制度的国家所采纳，本书选取法国、德国、俄罗斯、日本、韩国和瑞士作为典型性国家进行考察与评析。

一、内部措施类型的考察与评析

（一）内部措施类型的考察

1. 德国。1990 年 9 月 12 日，德国国会公布了《对成年人监护及保佐照顾法律的改革法》，该法自 1992 年 1 月 1 日开始生效。自此，德国民法中完全废除了有关剥夺行为能力的禁治产宣告的相关规定。[1] 成年监护制度的保护类型由原来的二元结构即“监护、辅佐”合并为一元化的富有弹性的“照管”制度，该部分共计 20 条。所以，总体来说德国法定监护制度并无类型化的措施模式，而是采用一元化措施模式，但是其中仍包括意定监护的内容（在前述成年人意定监护制度中有详细阐述）。

2. 法国。在 2007 年以前，法国的立法者就在 1968 年 1 月 3 日的法律中对成年人的法律保护作出了详细的规定。根据此规定，成年人的法律保护有三种：一是成年人的司法保护；二是成年人的协助保护；三是成年人的监护保护。这就是成年人法律保护的三分法制度，也被称为三分法的法律保护制度。直至 2007 年，法国通过了 2007 年 3 月 5 日的法律，除了规定法国民法学者所建议的一些新的保护制度以及对 1968 年 1 月 3 日的法律当中的术语进行了简化之外，该法再一次认可了 1968 年 1 月 3 日的法律所规定的三分法的法律保护制度。[2] 共计 70 条。三项措施的适用关系是递进式的。

第一种成年人法律保护方式是成年人的司法保护（又称法院保护）。此种法律保护在性质上属于一种暂时性的或者需要有人代理完成特定行为的措施，即当一个成年人因为精神官能或者身体官能变坏而无法保护自身利益时，如果其精神官能或者身体官能变坏能够迅速治愈，基于监护法官的决定或者医师的医疗申明就开始对该成年人提供保护的一种制度。这里意定监护可以与该措施同时施行。

第二种成年人法律保护方式是成年人的协助保护（又称财产管理）。根据此种保护制度，即便一个成年人出于本身能够作出某种法律行为的状况，如果他们在其民事生活领域实施重要的法律行为时仍然需要别人以持续的方式对其进行协助或者控制，则法律会对

---

① 这一改革涉及了民法典中的总则编和亲属编、德国非讼事件法、民事诉讼法及民事施行法等 50 种相关法规以及 300 多个条文的变动。

② 张民安：《法国民法》，清华大学出版社 2015 年版，第 171 页。

他们提供成年人的协助保护。

第三种成年人法律保护方式是成年人的监护保护。如果一个成年人因为精神官能或身体官能严重变坏而不能表达自己的意思，其民事生活行为需要他人持续性代理且上述两种措施都无法基于充分保护的，实施该监护措施。

在司法保护的规定中可以看出，该措施可以作为受理协助保护或监护保护时的临时措施，即在后两种措施受理期间作为保护当事人的临时措施。

3. 俄罗斯。因俄罗斯的民法典中并无意定监护的规定，所以本书在意定监护中未涉及该国相关制度的介绍。《俄罗斯民法典》在第 29 条至第 41 条明确规定了成年人的法定监护制度，共计 13 条。而其中根据行为能力程度的不同分为监护、保护和庇护三种措施。

监护是适用于幼年人和因精神疾病而不能理解自己行为的意义或不能控制自己行为的并被法院确认为无民事行为能力的人。

保护是适用于年满 14 岁不满 18 岁的未成年人以及因酗酒或吸毒而使其家庭物质状况艰难并被法院限制民事行为能力的公民。

庇护则是适用于因健康状况不能独立行使和保护自己权利和履行义务的具有民事行为能力的成年公民。

4. 日本。《日本民法典》第一编“总则”的第二章“人”第二节“行为能力”第 7 条至第 20 条主要规定了成年法定监护的一般内容；第四编“亲属”的第五章“监护”和第六章“保佐及辅助”规定了三种措施的具体内容，从第 838 条至第 876 条之十。共计 51 条。

（1）监护适用于因精神方面的障碍而导致欠缺辨识事理能力且已经处于常态的人，由家庭法院根据法定人员的请求作出监护开始的裁定。

（2）保佐适用于因精神上的障碍而辨识事理能力明显不足的人，由家庭法院根据法定人员的请求作出保佐开始的裁定。

（3）辅助适用于因精神上的障碍而辨识事理能力不足的人，由家庭法院根据法定人员的请求作出辅助开始的裁定。

三种措施之间的关系,在监护开始的裁定作出时,之前的保佐或辅助必须被撤销。这一条适用于保佐开始的裁定、本人为成年被监护人或被辅助人;辅助开始的裁定、本人为成年被监护人或被保佐人等情形。

5. 韩国。韩国成年人法定监护制度被规定在第一编“总则”的第二章“人”之第一节“能力”的第 9 条、第 12 条、第 14 条之二,共计 3 条;第四编“亲属”的第五章“监护”之中,“亲属”编中成年人法定监护的内容共计 42 条,但是其将未成年人监护与成年人法定监护在此混合规定,因为《韩国民法典》第 9 条规定未成年人监护人及其监护监督人也可称为成年法定监护的申请人,可见两者的关系。韩国成年人法定监护划分为成年监护、限定监护和特定监护三种类型。从其内容规定上来看,这三类措施对应的就是日本的监护、保佐和辅助措施。为了方便区分,此处仍采取直译的方式对韩国的三类措施进行介绍。

(1)成年监护是因疾病、障碍(残疾)、年老以及其他精神上的疾病导致持续缺乏处理事务能力的人,根据本人或者其配偶、四亲以内的亲属、未成年监护人、未成年监护监督人、限定监护人、限定监护监督人、特定监护人、特定监护监督人、检察官或者地方自治团体长官的请求,家庭法院可对该成年人进行成年监护开始的审判。

(2)限定监护是因疾病、障碍(残疾)、老龄以及其他精神上的制约而导致处理事务能力不足者,依据本人、配偶、四亲以内的亲属、未成年监护人、未成年监护监督人、成年监护人、成年监护监督人、特定监护人、特定监护监督人,检察官或者地方自治团体长官的请求,家庭法院可以对其进行限定监护开始的审判。

(3)特定监护是因疾病、障碍(残疾)、老龄以及其他精神上的制约导致暂时或对特定事务需要支持者,依据本人、配偶、四亲以内的亲属、未成年监护人、未成年监护监督人、检察官或者地方自治团体长官的请求,家庭法院可以对其进行特定监护开始的审判。

三种措施之间的关系:家庭法院对于被限定监护人或者被特定

监护人做成年监护开始的审判时,对之前的限定监护或者特定监护做终止审判;家庭法院对于成年被监护人或者被特定监护人做限定监护开始的审判时,对之前的成年监护或特定监护做终止审判。

6. 瑞士。瑞士的法定保护包括法定措施和官方措施两种,法定措施被规定在《瑞士民法典》第 374 条至第 387 条,共计 14 条;官方措施被规定在《瑞士民法典》第 388 条至第 439 条,共计 52 条。法定措施其实就是由配偶或同居伴侣担任其法定代理人,而官方措施是在法定措施不足时由成年人保护机关为被保护人设置保护措施。

(1)法定措施。法定措施包括配偶或登记伴侣作为代表、涉及医疗代表的法定措施、居住在寄宿或护理机构三部分内容:

①配偶或登记伴侣作为代表是对预先委托照顾措施的补充性规定,即丧失判断能力人在没有预先照顾指令并且没有被任命的代理人的情况下,与其共同居住或经常对其扶助的配偶或登记伴侣有权作为此人代表人。

②涉及医疗代表的法定措施作为预先医疗安排措施的补充性规定,即如果一个人丧失判断能力,在预先医疗安排措施中没有给出治疗指示,主治医生应将所需的治疗计划与有资格作为代表的人在医疗程序方面进行协商。

③居住在寄宿或护理机构这部分主要是规范寄宿或护理机构提供的服务及费用,对丧失判断能力人自由活动的限制等内容,以保障那些较长时间内在此被照顾的丧失判断能力人的权益。

在法定措施中可以看到三种措施的划分与其他国家不同,并不是根据当事人的能力情况进行分类,而是一般措施与医疗措施、家庭监护与寄养监护之间的关系。

(2)官方措施。官方措施则包括官方代理人、设立住院治疗措施两个具体措施。官方成人保护措施的目的,即应旨在确保有需要的人的福祉和保护;在可能的情况下,他们应该保护和支持有关人员的独立性(《瑞士民法典》第 388 条)。官方成人保护措施的原则包括辅助性原则和比例原则。辅助性原则即成年人保护机构在出现以下情形时应制定措施,情形如下:为有需要的人提供保护的家庭、其他密切相关人或个人或公共服务存在不足或证明其将要存在不足;有需要的人不再具有判断能力,其已经不能作出为其自身照顾的任何或充足的安排,并且现有的法定措施存在不足。比例原则即任何官方措施必须是必要且适当的。(《瑞士民法典》第389条)

①代理关系是指成年人保护机构在一定情况下经当事人或关系密切人的请求或依职权且考虑到对家庭成员和第三人带来的负担,而为成年人(以下简称被代理人)建立的。具体包括辅助型代理关系,代表型代理关系,顾问型代理关系,结合型代理关系,一般代理关系五种类型。[①]

②住院治疗措施是指如果其他方式无法提供所需的治疗和照顾,精神障碍者或者精神残疾者或者被严重疏于照顾(的患者)应当被托付给合适的机构。

(二)内部措施类型的评析

1. 法定监护内部划分之一元与多元模式的选择。成年人法定

---

① 第一种,辅助型代理关系,是在被代理人需要帮助来处理特定事务时,经过其同意而建立的,且不会限制被代理人的行为能力(《瑞士民法典》第393条)。第二种,代表型代理关系。分为下述两种情况:首先是一般情况,代表型代理关系是被代理人没能力处理特定事务,因此必须被代表时被建立。成年人保护机构可以限制被代理人采取相应行为的能力。即使被代理人的行为能力不受限制,其也受被代理人的行为约束(《瑞士民法典》第394条)。其次是用于资产管理的情况:一是如果成年人保护机构设立代表型代理关系用于管理财产,它应当明确指出由代理人管理的财产范围;二是管理权还涉及所管理收入的储蓄金,或所管理资产的收益,除非成年人保护机构提供其他管理范围;三是在不限制被代理人行为能力的情形下,成年人保护机构可以禁止其查阅(或使用)个人资产;四是如果成年人保护机构禁止当事人处理可继承的地产,那么它必须在土地登记中注明这一事项(《瑞士民法典》第395条)。第三种,顾问型代理关系。当事人基于保护自身利益的需要,要求作出特定行为需经代理人同意时,建立的代理关系,且当事人的行为能力因此依据法律被限制(《瑞士民法典》第396条)。第四种,结合型代理关系,即辅助型、代表型和顾问型代理关系可以相互结合(《瑞士民法典》第397条)。第五种,一般代理关系,是指某人由于丧失判断能力而需要时被建立,它涵盖了个人护理、资产管理和法律事务的所有方面,该当事人的行为能力已被法律撤销(《瑞士民法典》第398条)。

监护的内部划分主要有一元保护模式和多元保护模式。① 其中本书所介绍的除德国、瑞士外的其他国家均是采三元主义。其中，法国法分为司法保护、协助保护和监护保护；俄罗斯联邦分为监护、保护和庇护；日本分为监护、保佐和辅助；韩国分为全面监护、部分监护和特定监护。瑞士则最为特殊，法定措施与官方措施是家庭监护与国家设定监护的关系，而其中法定措施的三种措施的划分与其他国家不同，并不是根据当事人的能力情况进行分类，而是一般措施与医疗措施、家庭监护与寄养监护之间的关系；官方措施中则划分为类似于监护保佐和辅助的一般代表、辅助型代表、代理型代表等措施。所以，瑞士的成年人监护也是采用多元保护模式。

相比之下，德国民法规定的监护措施只有照管，尽管没有在形式上进行区分，其实德国的监护类型最广泛。因为它以权利侵害最小化的方式进而最大化地满足障碍者的保护需求，堪称贯彻比例原则的典范，也体现出立法和司法在行使时确保了自治与他治的平衡。而这反映在法定监护制度上，则是将尊重自我决定权与正常化理念进行了妥适的协调。这严格要求法官的职业素养水准。采多元保护措施的法、日、韩等国，也是根据必要性原则来设计出保护措施的类型，对各类需要监护措施成年人进行了一个系统的分类，将其大致划分为几种类型，对本人自治的范围既作了一般性的规定，又允许他治，从而平衡了他治和自治。而措施内部，并不僵化且具有一定的灵活性，这样的分类为公力机关提供了菜单式的选择，适用于人口数量多的国家。所以，笔者建议在由国家公力机关为成年人设定监护措施时，借鉴此种多元化的成年人监护措施模式。但实际上，法定监护

① 其中采一元保护模式的德国，从曾经的二元保护模式即“监护、辅佐”合并成一种类型“照管”，可根据每个人不同的需求进行援助。法院须在个案中为其定制照管措施。多元化，也称类型化，是针对脆弱的成年人，根据其所残留的不同程度的意思能力，划定其本人的自治范围，即先确定成年人监护的类型，法院将对象归入合适的类型中进行判断。进而配备与之相适应的监护措施。此外，采类型化主义的国家（地区）又分为二元、三元、四元类。

的初始都是由家庭监护,而家庭监护在未出现问题时是不会上升到由国家介入的程度,这时家庭监护中并不存在所谓的多元或是类型化保护模式。可以说,多元监护措施仅是存在于国家公力机关对有需要的成年人设定监护时的措施类型划分,而在家庭监护或是意定监护中是无须区分措施类型的。由此看来,瑞士的分类是最为科学和合理的,即先区分开家庭监护与国家监护,对家庭监护并不过多规定,而在国家监护中再进行多元措施分类。

综上,瑞士法定监护的内部结构值得我国借鉴。对家庭监护需要一定的规定,限制家庭监护演变成全面监护,在家庭监护不足以保障当事人的利益时,国家设定多元监护措施对各类需要被保护的成年人进行保护。此外,韩国和日本都规定了三种法定措施的关系,可见,三者之间不能并存。但是笔者认为这种明确规定三者关系的内容其实没有规定的必要,正如瑞士所规定的那样,在前一措施无法满足被监护人需要时,则由下一措施接替适用。

2. 内部措施中将医疗措施和寄养措施单独规定出来。首先,关于医疗措施。在所介绍的六个国家中,仅有瑞士在法定监护措施的内部将医疗措施单列为一个措施,相比于其他国家仅是提及而未详细规定,瑞士规定的内容非常详细,充分地体现了对人身上的照顾且更具可行性,笔者认为应当予以借鉴。其次,寄养措施作为目前老龄社会多数老年人会选择的主要养老方式之一,虽然成年人监护不等于养老,但是由于现在社会的发展加之我国“计划生育”政策推行多年致使中国多数家庭为独生子女家庭,而这一批独生子女家庭已经面临了养老的问题,加之工作压力与抚养下一代子女的压力,多数独生子女会将有精神障碍的老年人送到养老院照料,虽然我国已经有规制养老院的相关规定,但是笔者认为瑞士此种将寄养措施规定在监护制度中加以规制的方式很合理。家庭监护、寄养监护、公力监护基本上涵盖了成年人法定保护的所有措施。

综上,《瑞士民法典》在其成年人法定监护的内部措施中将医疗措施和寄养措施单列出来的方式值得我国借鉴。

3. 多元化措施的适用前提。除德国外，其他五国均采取了多元化措施模式，从措施的适用前提来看，俄罗斯、日本和韩国是根据成年人的行为能力不同而对措施进行分类；瑞士则是因前一措施无法满足当事人的需求才能适用下一措施；法国规定的更为全面，是这两种适用前提的复合适用，即适用前提上根据成年人的行为能力情况进行分类，并考虑前一措施是否确实不能充分保护时才适用。

首先，多元化措施的特点就是根据成年人的情况对其进行归类，这在前述第一项已经详述，针对我国的人口数量众多的情况，多元化措施更适于我国；其次，在适用各项措施时，应当考虑前一措施是否确实不能够充分保护当事人，这体现的是监护制度的必要性原则，同时也是公力适当介入立法理念的体现。

二、设立要件的考察与评析

以下主要是对这六个国家成年人法定监护制度中的设立要件进行介绍和评析，具体包括主体范围和设立形式及内容。

（一）主体范围的考察与评析

1. 主体范围的考察。

（1）德国。

①被照管人是指因精神疾病或者身体、精神或者心理障碍而不能处理其全部或部分事务的成年人。

②照管人为法院选任的自然人、社团或机关。在这里，《德国民法典》要求选任照管人应优先选任个人；一个或数个自然人不能充分照管时选任社团；自然人或社团都不能充分照管时选任主管机关作为照管人。除此之外，还分别对自然人和照管社团的资格进行了限制：

第一，自然人的资格。一是成年人可以提议照管人人选或反对某人作为照管人；二是成年人未提议人选时，选任照管人应当考虑其与成年人的血亲联系以及其他的相关个人联系，尤其是与父母、子女、配偶和生活伴侣的联系以及是否有发生利益冲突的危险；三是在没有其他合适的人担任照管人时，则选任职业照管人；四是与治疗处所、收容处所或其他移送成年人或者成年人居住的机构有从属关系或其他密切关系的人是不能成为照管人的。

第二，照管社团的资格。一是具有权利能力；二是有足够数量且合适的工作人员，同时社团要对工作人员进行监督、培训，而且在其工作范围内如果可能对他人造成损害，则要进行适当保险；三是尽力按计划争取义务照管人，引导他们熟悉照管职责并且要在他们履行职责时提供咨询和支持；四是预防措施的意定代理权和照管处分等内容要按照计划进行告知；五是要保证工作人员之间进行经验交流。对机关照管人的特殊规定：对机关照管人，不得对其处以罚款；机关照管人可以依据《德国民法典》第 1807 条将被照管人的金钱投资于其工作的团体。

③申请人的范围。申请可以由无行为能力人提出；成年人因身体障碍不能处理其事务的，除不能表明自己意思的以外，仅可以依该成年人的申请选任。

（2）法国。

①被保护人的范围。

具体而言，根据措施的分类，被保护人与保护人的范围如下：

第一，成年人司法保护措施。被保护人为符合第 425 条的原因[①]需要受到暂时保护或需要有人代理完成某些确定行为的人。

第二，成年人协助保护措施。被保护人并不是完全不能自己实施行为，但因《法国民法典》第 425 条规定，需要在民事生活的重大活动中持续受到他人指导与监督的人（且司法保护已经无法充分保护被保护人的）。

第三，成年人的监护保护。被保护主体为经医疗认定精神或身体官能损坏不能表达自己意思无法自行保障其利益的成年人，需要持续由他人在民事生活行为中进行代理的。

① 《法国民法典》第 425 条规定所谓精神官能或者身体官能变坏，是指成年人因为其疾病、参加或者年老体弱而处于无法清晰表达其意思的状况。

②对受保护的成年人履行日常保护职责的人。在通常情况下，履行法律保护职责的人是所保护的成年人的婚姻配偶、非婚同居配偶，或者连带民事协议当中的配偶。如果没有配偶或者配偶本身无法履行所承担的保护职责，则受保护的成年人的法律保护职责将会委托给以职业身份从事此种活动的第三人。在2007年之前，以职业身份从事法律保护的第三人多种多样。但是，法国2007年3月5日的法律将履行法律保护职责的第三人进行了整合，形成了一个唯一的从事法律保护活动的人，这就是成年人保护的法定受托人（CASF）。要成为成年人保护的法定受托人的成员，应当具备法律所规定的条件，诸如年龄要求、道德品行要求、接受过培训和有从事此种职业活动的经验等。此外，为了防止成年人保护的法定受托人粗暴地对待所保护的成年人，法律还对法定受托人强加了某些特别的义务。[①] 具体而言：

第一，成年人司法保护措施。保护人为法院指定的一名专门的委托代理人。

第二，成年人协助保护措施。保护人为法院指定的人。保护人被选任的顺序如下：一是成年人已经指定他人在其本人被实施协助保护措施时担任其保护人；二是没有第一种人选时，被保护人的配偶、与其订立紧密民事关系协议的人或与其同居的人由法官任命担任保护人；三是没有前款人选时，法院可以在被保护人的血亲或姻亲、与被保护人居住在一起的人、与之保持紧密稳定关系的人中指定一名担任保护人；四是如果没有任何家庭成员或近亲属可以担任的，法官则指定一名司法委托代理人担任。此外，有两类人不得担任保护人，即治疗职业与医药职业的成员不得担任其患者的协助保护措施保护人；财产托管合同指定的受托人不得担任其委托人的协助保

① Pierre Voirin Gilles Goubeayx，Droit civil，tome 1，*Introduction au droit，personnes - famille，personnes protégées*，biens - obligations，suretes，33e edition，L. G. D. J，pp. 274 - 275. 引自张民安：《法国民法》，清华大学出版社2015年版，第174页。

护措施保护人。

第三,成年人的监护保护。保护人的规定参照协助保护的规定。

③申请主体。有资格向法院提出法律保护申请的人:这一主体的范围是非常广的。如果需要获得法律保护的成年人本人足够清醒的话,他们本人就能够向法院提出申请,要求法官采取法律保护措施对其进行保护。如果需要获得法律保护的成年人无法提出此种申请,他们的家庭成员、朋友甚至检察官均能够提出此种申请。

(3)俄罗斯。

①监护措施主体范围。被监护人是由于精神障碍而无法理解本人作出行为的意义或者是无法控制自己行为的人,由法院依照俄罗斯联邦民事诉讼立法规定的程序确认为无行为能力人,并且应对他设立监护;监护人为被选任的自然人或机构,是按照法律规定成为被监护人的法定代理人,其以被监护人的名义,为了被监护人的利益作出一切必要的法律行为。

监护人的资格:被指定为监护人和保护人的条件是监护人应为具有行为能力的成年公民。同时,如果该公民被剥夺亲权,则不得被指定为监护人和保护人。如果需要监护和保护的公民已被有关的教育机构、医疗机构、居民社会保护机构或其他类似机构收入,则这些机构为其监护人和保护人。

②保护措施主体范围。被保护人为因酗酒、吸毒等恶习而使其家庭物质状况出现困难的公民,可以由法院依照民事诉讼法立法规定的程序限制其行为能力,对他应设立保护;保护人为被选任的自然人或机构,资格参照监护规定。

③对有行为能力公民的庇护。被庇护人为因健康状况不能独立行使和保护自己权利和履行义务的具有行为能力的成年公民,可以根据其请求,对他设立庇护形式的保护;庇护人则是具有行为能力的成年公民,且由监护和保护机关指定,但必须征得该公民的同意。

(4)日本。

①监护措施的主体范围。被监护人为因精神上的障碍而欠缺辨

识事理能力且已经处于常态的人。

监护人为法院作出监护裁定时选任的人。在这里，日本规定了选任成年监护人需要考虑的因素：一是成年被监护人的身心健康状态、生活及财产状况；二是成年监护人候选人的职业种类和经历以及与成年被监护人之间有无利害关系；三是如果候选人为法人，则法人的事业种类及内容以及法人及法人代表与成年被监护人之间有无利害关系；四是成年被监护人的意见等一切情况。同时，还列举了不能成为监护人的主体：未成年人；被家庭法院罢免的法定代理人、保佐人或辅助人；破产人；对被监护人提起诉讼或曾提起过诉讼的人及其配偶和直系血亲；去向不明的人。

申请人包括：本人、配偶、四亲等内亲属、未成年人监护人、未成年人监护人的监督人、保佐人、保佐人的监督人、辅助人、辅助人的监督人或检察官。但在成年人监护人缺任时，利害关系人也可以请求。

②保佐措施的主体范围

被监护人为由于精神上的障碍而辨识事理能力明显不足的人；监护人为法院依申请作出保佐开始裁定时安排的人；申请人为本人、配偶、四亲等内亲属、监护人、监护人的监督人、辅助人、辅助人的监督人或检察官。

③辅助措施的主体范围。被监护人为因精神上的障碍而辨识事理能力不足的人；监护人为法院依申请作出辅助开始裁定时安排的人；申请人为本人、配偶、四亲等内亲属、监护人、监护监督人、保佐人、保佐监督人或检察官。

(5)韩国。

①成年监护的主体范围。被监护人为因疾病、障碍、老龄以及其他精神上的制约导致持续缺乏处理事务能力者。

成年监护人为家庭法院选任的自然人或法人。家庭法院在选任成年监护人时，应尊重被成年监护人的意愿。除此之外，被成年监护人的健康、生活关系、财产状况、被选任的成年监护人的职业与经验、与被成年监护人是否存在利害关系（法人成为成年监护人时，其事业的种类及内容,其代表与成年被监护人之间的利害关系的有无)等情况也要予以考虑。同时,该法规定了不能成为监护人的九种情形。[①]

申请主体为本人、配偶、四亲以内的亲属、未成年监护人、未成年监护监督人、限定监护人、限定监护监督人、特定监护人、特定监护监督人、检察官或者地方自治团体长官。

②限定监护的主体范围。被监护人为因疾病、障碍(残疾)、老龄以及其他精神上的制约而导致处理事务能力不足者;限定监护人为家庭法院设立的人;申请主体为本人、配偶、四亲以内的亲属、未成年监护人、未成年监护监督人、成年监护人、成年监护监督人、特定监护人、特定监护监督人,检察官或者地方自治团体长官。

③特定监护的主体范围。被监护人为因疾病、障碍(残疾)、老龄以及其他精神上的制约导致暂时或对特定事务需要支持者;特定监护人为家庭法院选任的人;申请主体为本人、配偶、四亲以内的亲属、未成年监护人、未成年监护监督人、检察官或者地方自治团体长官。

(6)瑞士。

①法定措施。

第一,配偶或登记伴侣作为代表:被代表人为丧失判断能力人(在没有预先委托照顾措施并且没有确定的代理人的情况下);代表人为与其共同居住或经常对其扶助的配偶或登记伴侣。

第二,涉及医疗代表的法定措施:被代表人为丧失判断能力人(在预先医疗安排措施中没有给出治疗指示);代表人为按照法定代

① 《韩国民法典》第937条监护人的无资格事由,下列9项若有一项符合者不可成为监护人:未成年人;被成年监护人、被限定监护人、被特定监护人、被任意监护人;重整程序开始后被宣告破产的人;资格停止或其以上的刑罚处罚或处于其刑期的人;在法院被免职的法定代理人;在法院被免职的成年监护人、限定监护人、特定监护人、任意监护人与其监督人;下落不明的人;与被监护人正在诉讼人的人;第八项所定的人的配偶与直系亲属。但被监护人的直系小辈亲属除外。

表顺序确定的人。[①]

第三,居住在寄宿或护理机构:被保护人为需要较长时间在寄宿或护理机构被照顾的丧失判断能力人;保护人为寄宿或护理机构。

②官方措施。

第一,官方代理措施:被代理人的资格,即被代理人为由于学习障碍、精神障碍或类似的天生衰弱致使其不能完全或部分管理自己事务或由于暂时丧失判断能力或暂时缺乏不能应对必须处理的事项并且也没有指定一名代表的人(《瑞士民法典》第 390 条第 1 款)。此外,根据《瑞士民法典》第 389 条规定,还应当符合辅助性原则的两个情形。

代理人的资格即代理人由成年人保护机构指定,其应当指定一个具有个人能力和知识处理计划事项的、有必要时间的、可以亲自执行任务的自然人作为代理人。在情况需要时,可以指定两名以上人员。除非有正当理由,否则被指定的人必须接受代理关系。成年人保护机构须确保代理人得到指令、通知和其需要的帮助(第 400 条)。如果成年人保护机构任命两名以上的人作为代理人,其应当指出哪些任务是应当共同完成或是谁对哪一项任务承担责任。两名或者更多的代理人只有在他们同意的情况下才共同执行这项任务。

申请人为当事人或其关系密切人。

第二,住院治疗措施:被保护人为无法提供要求的治疗和照顾,遭受精神障碍或精神残疾或被严重疏于照顾的患者;保护人为合适的机构。

---

① 代表人则按法定顺序担任,即下列人员有权按照以下顺序代表丧失能力判断人同意或拒绝同意门诊或住院的措施:一是在预先医疗安排措施或预先委托照顾措施中指定的人;二是在医疗事务中代表丧失判断能力人的代理人;三是与其共同居住或经常对其扶助的配偶或登记伴侣;四是与其共同居住或经常对其扶助的人;五是经常为丧失判断能力人提供扶助的子女;六是经常为丧失判断能力人提供扶助的父母;七是经常为丧失判断能力人提供扶助的兄弟姐妹(《瑞士民法典》第 378 条第 1 款)。

2. 主体范围的评析。

(1)被监护人的范围是否应包括身体障碍者。根据这六个国家的相关规定,除去德国、俄罗斯有将此种身体障碍者纳入被监护人范围外,其他四个国家都仅是将被监护人限定在精神上存在缺陷的人的范围内。其中法国1968年的法律将受法律保护的成年人分为两类:一是挥霍无度者、嗜酒成癖者、吸毒成瘾者和游手好闲者。所谓挥霍无度者,是指过度花费自己财产的成年人。所谓嗜酒成癖者或者吸毒成瘾者,是指过度饮酒或者吸食毒品的成年人。所谓游手好闲者,则是指什么事都不做的成年人,也就是无所事事的成年人。二是个人官能变坏的成年人,包括精神官能和身体官能变坏的成年人。而2007年的法律则删除了第一类人,并将所有需要通过法律保护的成年人统称为精神官能或者身体官能变坏的人。①

在此,笔者认为法国作出这样的改变,应该也是认为成年人监护应当将被监护人的范围限定在精神上存在缺陷的人,因为仅是身体上存在障碍的人,且其意识是清醒的具有判断能力的,这时其完全可以适用委托代理来指定受托人,代理其处理自己不能完成的事务。这时他也可以自己对受托人进行监督或作出指示,而无须他人或公力介入。

所以,笔者认为将被监护人的范围限定在精神上存在缺陷的人的范围内是合理的。

(2)监护人的范围和资格应当予以一定的限制。

第一,监护人的范围大致包括自然人、法人、社团或机关。这六个国家将监护人的范围基本限定在自然人、法人、社团或机关可以担任,这一规定是合理的。因为基于老龄化社会的影响以及原有家庭结构组成的变化,单靠家庭担任监护的模式已经无法满足现实的需要,所以添加有资格的法人担任监护人,可以解决这一问题。此外,瑞士将寄宿机构和护理机构纳入法定监护的监护人范围中并对其进

① 张民安:《法国民法》,清华大学出版社2015年版,第174页。

行了规定和限制，这种规定值得我国借鉴。

第二，选任监护人的方式。德国、俄罗斯、日本、韩国都是直接由法院选任监护人；而法国和瑞士是由法定顺序确定的（两个国家都是配偶、同居伴侣担任法定监护人），当法定顺序的监护人不存在或不适格时，由公力机关为其指定一名监护人。相比较之下，笔者认为后一种模式更为合理，配偶作为与可以减少公力的介入，节省司法资源而直接实施监护措施，避免选任程序拖延监护时间。但是，同居伴侣因为我国还未有健全的法律予以规定和限制，所以不宜作为第一位法定顺序担任监护人。

第三，自然人担任监护人的资格。对于自然人担任监护人的资格和顺序，法国、日本、韩国、瑞士都对监护人的资格作出了规定，瑞士是正面规定监护人应当具备的监护能力；日本、韩国则是从正反两方面规定了监护人应当具备的资格，即从正面对监护人的资格作出规定，并从反面对无资格的事由进行了列举；法国的监护人资格的规定体现了“亲属监护为主，国家公力监护为辅”的原则，同时也是“公力适当介入”理念与“必要性原则”的体现。笔者认为应当予以借鉴，因为我国已经规定了监护人的适用顺序，所以规定监护人的资格，即监护人应当是具有个人能力和知识处理计划事项的、有必要时间的、可以亲自执行任务的自然人，且应当借鉴日本、韩国的不能担任监护人的范围。在第一顺序监护人即配偶的资格上应当借鉴瑞士的规定，限定在“共同居住”。因为在现实生活中，未与当事人共同居住的配偶是无法担任监护人的，这一资格的限制尤为重要，应当予以借鉴和补充。

第四，法人或社团担任监护人的资格。在这六个国家中，只有德国对于照管社团的资格进行了详细的规定，日本也对法人担任监护人时的资格作了规定。① 笔者认为德国此种详细规定有利于法院选任一个有监护能力、监护资格的法人作为监护人，值得我国借鉴。

① 即法人的事业种类及内容以及法人及法人代表与成年被监护人之间有无利害关系。

综上，监护人包括自然人和法人、社团或机关；选任监护人的方式适用“法定顺序适用优先、公力机关选任在后”的方式；自然人和法人担任监护人时应当符合相应的法定资格，建议借鉴瑞士对配偶资格的限制、日本正反向规定监护人资格和德国对社团资格的限制的规定。

(3)申请人的范围都包括被监护人本人，体现新的立法理念

申请人的范围都包含了成年被监护人本人，这也体现了现代成年人监护制度的改革，尤其是尊重自我决定权理念。除本人外，在申请人的范围上韩国规定范围较窄，而法国、瑞士则规定的范围较广，基本规定了所有人或关系密切人均能够提出申请。笔者认为如瑞士和法国所规定，成年人本人有足够的意思能力时其可以为自己申请监护措施，除本人外利害关系人都可以为成年人申请监护措施的规定最为合理。

(二)设立方式及要求的考察与评析

1. 设立方式及要求的考察。

(1)德国。设立方式：照管法院以申请或依职权为其选任照管人。设立要求：照管只能针对有必要进行照管的事务设立，而不能就所有事务设立总括的照管。[①] 当被照管人的事务可以得到更好处理，可选任数名照管人，具体事务安排由法院确定。在此有学者作出说明，本规范意旨在于，设置单独照管的原则，即被照管人应当获得一个唯一的照管人。此原则的两个例外，一是对于绝育事务应当选任一个特别的照管人；二是被照管人的父母健在，其不提出另外的提议且父母双方满足照管人的条件，则都可选任为照管人。[②]

---

① ［德］施瓦布：《德国家庭法》，王葆莳译，法律出版社2010年版，第460页。

② 杜景林、卢谌：《德国民法典——全条文注释》，中国政法大学出版社2015年版，第1108页。

(2)法国。

①成年人法律保护措施的一般规定。设立要求:保护措施可以包括人身和财产保护,也可明文限制其中一种内容。设立前提:在夫妻一方仍能代理另一方、或采取限制较少的司法保护措施、或采用订立委托书(意定监护)仍不能满足当事人利益时,法官才实行该保护措施。这里应当按照被保护人的个人能力受损程度采取与其相适应的保护措施。

②司法保护措施。成年人司法保护的设立有两种方式:其一,因监护法官的决定而开始。申请人提出申请,提出申请的同时均应当提交医师出具的健康状况证明书,证明需要获得法律保护的成年人属于精神官能或者身体官能变坏的人。并非所有的医师均有资格出具这样的证明书,仅有检察官认定的有资格出具病患健康状况证明书的医师才有资格出具此种证明书。该医师可请求被保护人的治疗医师提出意见。法官在听取当事人意见或传唤当事人后作出裁判;法官也可以根据医师意见并以特别说明理由的判决决定,如听取当事人意见足以损害其健康或当事人已经无法表达其意思,则不需要听取其意见。其二,因向检察官提交的简单医疗申明开始。如果精神障碍者已经在医疗机构接受治疗,当对其进行治疗的医师认为需对其提供司法保护时,该医师有权向检察官提交医疗申明,当医师的简单医疗申明附有一名精神病学医师的同意意见时,检察官有权决定对成年人进行司法保护。①

③成年人的协助保护及成年人的监护保护。成年人协助保护的设立:成年人协助保护只能够基于申请人的申请开始。

公示:实行、变更或者取消这两项措施的判决,只有记载于被保护人的出生证书上才能对第三人产生对抗效力;若未记载,但对于知晓该判决的人亦产生对抗效力。

(3)俄罗斯。监护措施是由法院依照俄罗斯联邦民事诉讼立法

---

① 张民安:《法国民法》,清华大学出版社2015年版,第174页。

规定的程序确认为无行为能力人,并对其应设立监护。

保护措施是由法院依照民事诉讼法立法规定的程序限制其行为能力的人,对其应设立保护。保护人为被选任的自然人或机构。

庇护措施是监护和保护机关依据请求,为其设立庇护措施,并指定庇护人。

(4)日本。监护、保佐和辅助都是法院以申请开始裁定并安排相应的执行主体。唯一不同的是辅助的开始裁定需要本人的同意。

监护人为数人时的权限行使:一是法院可以依职权确定数个监护人共同或分别负责事务;二是第三人的意思表示只要对其中一个监护人作出即可。

(5)韩国。

①成年监护:家庭法院依申请对该成年人进行成年监护开始的审判。家庭法院在开始审判时,应考虑成年监护人本人的意思表示。可考虑成年被监护人的财产等情况,为其设置多个成年监护人。

②限定监护:家庭法院在对被审判人开始限定监护的审判时,应为其设立限定监护人。限定监护的审判应考虑本人的意思表示。

③特定监护:家庭法院依申请可以对其进行特定监护开始的审判。特定监护不可违背本人意愿。

(6)瑞士。

①居住在寄宿或护理机构照顾协议。如果丧失判断能力人需要在寄宿或护理机构被较长时间照顾,就必须制定一份书面协议(照顾协议)。在确定该机构提供的服务时,必须尽可能地考虑被保护人的意愿。代表丧失判断能力人缔结、修改或终止服务协议承担的责任,比照适用有关医疗程序代表的相关法律规定。

②官方措施的设立:考虑到对家庭成员和第三人带来的负担,经当事人或关系密切人的请求或依职权建立。

③设立住院治疗措施的必要条件:如果无法提供要求的治疗和照顾,具有精神障碍或精神残疾或被严重疏于照顾的患者应当被托付给合适的机构。对患者家属和第三方带来的负担,以及对他们的

保护必须考虑在内。

2. 设立方式及内容的评析。

(1)设立时考虑成年人本人的意愿。在设立监护措施时,除俄罗斯外的其他五国都规定了应当考虑成年人本人的意愿。其中,韩国在此次成年人监护的修改上基本上是参照了日本成年人监护立法的内容,但是仍存在一定的区别。尤其是在设立要件上,日本和韩国的规定基本上是一致的,但是韩国除了在监护措施设立上要考虑被监护人意思之外,还要求在限定监护和特定监护设立时仍应考虑被监护人的意愿。这种充分考虑被监护人本人意愿的规定,正是因为要充分尊重当事人本人的自主决定权。

笔者认为即使被监护人完全丧失民事行为能力,其仍能有判别被选任的监护人是否是其能够信赖或是能够接受其照顾的人,所以参照其意见还是有必要的。

(2)法院是否可以依职权为成年人设置监护措施。德国和瑞士是可以依职权选任照管人的;而日本是在当监护人缺任时可以依职权选任监护人。为什么将这一问题单列出来,这涉及公力机关在得知某一成年人需要监护措施时是否可以不经申请而为其设立措施。笔者分析之所以有些国家未涉及依职权选任,主要原因是出于公力机关本身很难得知成年人的具体情况,多数情况下都是由他人申请而启动程序。

所以公力机关是否可以依职权为需要监护措施的成年人设定相应措施,笔者认为我国立法中无须明确规定,原因主要是:一是在立法时法律将申请人的范围规定的非常广泛,则很难出现成年人需要监护而不被发现的情况出现;二是在司法实践中,如果如此范围广泛的申请人(包括公力和私力)都很难发现当事人情况的情形下,法院则更不可能自行得知当事人的情况。所以,笔者认为法院依职权为成年人设置监护措施的规定并无必要。

(3)设立要件及过程中的注意事项。这里法国规定的非常详细,其要求法官在听取当事人意见或传唤当事人后作出裁判;法官也可以根据医师意见并以特别说明理由的判决决定,如听取当事人意见足以损害其健康或当事人已经无法表达其意思,则不需要听取其意见。其他国家虽然未明确规定,但是应当也是有这样的程序的,笔者认为这样明确的规定有利于准确地辨识被监护人的情况。瑞士还规定要考虑家庭成员和第三人的负担,可谓非常人性化。

可见,我国在立法时应当将监护措施的设立程序予以明确,如法国,这是体现对当事人真实意愿的尊重;同时在设立措施时应当考虑这一措施对他人的负担,这样才能使这一措施的可行性和可操作性得以提高。笔者认为,上述这些都值得我国借鉴和吸收。

(4)是否有规定数名照管人及其之间的处理方式。德国、法国和日本对此都是有规定的,相比于只是可以选任数名监护人的规定,具体的规定出数名监护人之间职责的分配以及出现分歧时的处理方式,这样可以很好地协调各个监护人之间的事项分配,以免经常性地出现意见分歧以影响监护事项的进行。所以,笔者建议应当规定可以有数名照管人且规定他们之间的履职方式。

(5)是否需要公示。《法国民法典》中规定实行、变更或者取消成年人的协助保护(财产管理与监护)的,只有记载于被保护人的出生证书上才能对第三人产生对抗效力;若未记载,但对于知晓该判决的人亦产生对抗效力。而其他国家对于这一公示并未规定,这一问题与意定监护中的登记问题相当,笔者认为应当予以记载或登记,以证明监护人的资格并维护交易的安全。

(6)是否规定设立的前置程序。俄罗斯在此处的规定独具特色,即在设立规定中设置了前置程序,即法院应当确认公民无民事行为能力或限制民事行为能力。这与我国《民法通则》的规定非常相似,我国《民法总则》中虽然未言明是否将认定民事行为能力作为前置程序,所以,在增补制度时应当考虑这一点。这样的前置程序可以保障成年人的民事行为能力是确定欠缺的,但是在实际情况中,很少会有人去主动为自己或为配偶子女或亲属申请认定民事行为能力,所以这一前置程序的适用可操作性是比较差的,所以建议还是不值得借鉴此种做法。

三、主体权利义务的考察与评析

(一)主体权利义务的考察

1. 德国。

(1)被照管人的权利:成年人可以提议选任照管人的人选或不选任的人选。

(2)照管人的权利义务。

①照管人的权利:

一是照管人的自愿。照管人表示愿意承担照管时才可被选任为照管人。

二是允许的保留。即为了避免被照管人的人身或财产遭受重大危险,照管法院命令被照管人若进行照管职责范围内的意思表示须经过其允许。保留的内容不得包括缔结婚姻、死因处分、限制民事行为能力人可不经法定代理人同意即可进行的意思表示;若意思表示仅给被照顾人带来法律上的利益时,也无须得到照管人的允许;法院无其他命令,涉及轻微日常生活事务的,亦无须得到允许。

三是照管人的辞职权。照管人被选任后,发生不再需要其照管事由时,其可以请求免职。

②照管人的义务:

第一,照管义务。照管人被法院选定且从多个情况考虑可以承担照管的则有义务承担照管。第二,照管范围。包括处理被照顾人的事务而必要实施的一切活动。第三,履行的目标。即为符合被照顾人的利益,而这一利益中就包含着尽可能按照被照管人能力范围内其自身愿望和想法去安排其生活。第四,履行的原则。就是按被照管人意思优先原则,即照顾人可以履行并且不违背被照管人利益,照管人应当施行被照顾人的愿望。具体的职责包括:

一是人身健康照顾义务。即在其职责范围内应当努力消除被照顾人的疾病或障碍,防止其恶化或减轻其情况。

二是制订照管计划。照管人在合适的情况下依据法院的命令,应当在照管开始即制订照管计划,说明照管的目标和为完成目标的措施。

三是及时通知义务。照管人在知悉照管可能被废止、职责范围可能缩小或扩大、选任另一名照管人或命令允许保留事由出现时应当通知照管法院。

四是担任诉讼代理人。以职责范围为限,在诉讼上和诉讼外,代理被照管人。

五是移送被照管人。即在照管人因精神疾病或心理障碍存在自杀或给自己造成重大健康危险时;或是有必要对不能认知的被照顾人进行健康检查、治疗或手术且不移送就无法实施的情况下,可以移送。移送需要符合以下要件:得到照管法院的承认,若时间紧迫可不经承认,但必须立即补上承认;移送要件消灭应终止移送并通知法院;未移送但长期或被剥夺自由居住于治疗处所、收容处所或其他机构的被照管人同样适用本规定。

六是终止被照顾人住房的租赁关系的获得承认义务。照顾人职责范围包括租赁房屋时,其终止租赁关系、依其他方式抛弃照管人住房的或订立其他使被照管人负有定期给付义务的合同,均需获得法院的承认(这里要求照管人必须是房屋的承租人或合同关系持续4年以上)。

七是给予婚嫁立业资金或财产允诺的法院承认。照管人在得到法院承认时才可以代表被照管人为财产允诺或给予婚嫁立业资金。

八是采取医疗措施时需得到法院的承认。照管人对健康情况检查、治疗或者医疗手术方面的允许,需法院承认(若存在被照管人因此遭受到死亡或严重且持续较长的健康损害的危险,应当能够为这种危险说明理由);当推延会引起危险时,可不经过法院承认而实施此措施。照管人的不允许或者撤回允许,亦需要经法院的承认,但以措施在医疗上为适当并且存在有根据的危险(不采取或中断措施,被照顾人将会死亡或严重且较长时间的健康损害)。上述允许、不允许或撤回允许符合被照管人的意思的应当予以承认。照管人与医生在允许、不允许或撤回允许上达成一致，且符合被照管人意思的，无须法院承认。还包括绝育的规定。如果医疗手术中要为被照管人绝育，且被照管人无法表达允许时，需要符合一定情形才可以进行。

2. 法国。

(1)通用规则。

①被保护人的权利：住房保障权及所有个人物品支配权[①]、财产管理所获孳息、产品及附加值所有权。

②保护人的权利及义务。保护人的权利：在一定条件下获得补偿费。具体内容如下，原则上除司法委托代理人外，其他司法保护措施的保护人不得收取报酬，包括为将来实行保护而进行的委托（即意定监护，但是有相反规定时除外）。但是监护法官或亲属会议已经设置报酬，得考虑需要受到管理的财产的金额以及履行保护措施的困难程度，准许向保护人支付补偿费并确定补偿数额。（补偿费用由被保护人承担；如果是司法委托代理人执行保护措施，根据法律规定，全部或一部分由被保护人负担；若为保护措施所必要且需较长时间或负责工作较多，可予以一定的补贴；不得以任何名义或形式收取与任务有关系的利益。）若所需经费不能由被保护人全部负担，均按照意定监护中受托人报酬的计算规则并考虑履职的具体条件由行政部门负担。

保护人的义务：不得变更被保护人名义下的账户或簿册，除非利益有此要求，由监护法官或亲属会议批准；如法官或亲属会议认为有此必要刻意由保护人以被保护人的名义在信托寄存处开立账户；若被保护人没有任何账户或簿册时，保护人可为其设立一个；保护人为被保护人利益在银行进行财产管理必须以被保护人名义开立的账户进行。

---

① 《法国民法典》第 426 条：受保护人的住房（主要居所、第二居所以及住房内的家具）均应尽可能长时间地保留其支配权。所有情况下，受保护人的纪念物品、个人物品、残疾人所必需的物品或者用于患者护理的物品，仍保留给当事人支配……

(2)成年人司法保护措施。

①被保护人的权利义务。

第一,被保护人的权利。其享有撤销权和缩减权,“被保护人有权撤销他们所为的对自己利益有损害的法律行为,如果他们所为的法律行为是对其显失公平的法律行为的话;或者缩减他们所为的法律行为,如果他们所为的法律行为是过度法律行为的话。”[①]但如果该行为得到监护机关的批准则不在此限。

第二,被保护人的人身限制。被保护人在受司法保护期间,他与其配偶之间的婚姻不得通过双方协议离婚或者通过接受婚姻破裂原则的方式离婚。在存在其他离婚原因的情况下,他们之间的离婚也只能够通过协助保护或者监护保护制度来解决。[②]

②保护人的义务。

第一,财产管理义务。如果被保护人已经指定了一名受托人管理其财产,则他们的财产将由被指定的受托人进行管理;如果被保护人没有指定一名受托人管理其财产,则有资格申请协助保护或者监护保护的人应当履行财产保护职责,包括受司法保护的成年人的近亲属,对被保护人进行诊疗的健康机构的负责人等,他们最低限度应当采取财产保全措施;如果《法国民法典》所规定的财产管理制度还不足以保护被监护人的财产,则监护法官应当指定一名特殊的受托人来代理被监护人实施某种法律行为或者一系列确定的法律行为。[③]

---

① Guy Raymond, Droit Civil, 2e edition, Litec, p. 141; Bernard Teyssie, Droit civil, Les personnes, 12e, edition, Litec, pp. 340 – 342; Pierre Voirin Gilles Goubeayx, Droit civil, tome 1, Introduction au droit, personnes – famille, personnes protégées, biens – obligations, suretes, 33e edition, L. G. D. J, pp. 278 – 279. 引自张民安:《法国民法》,清华大学出版社 2015 年版,第 175 页。

② 张民安:《法国民法》,清华大学出版社 2015 年版,第 175 页。

③ Bernard Teyssie, Droit civil, Les personnes, 12e, edition, Litec, pp. 343 – 345; Pierre Voirin Gilles Goubeayx, Droit civil, tome 1, Introduction au droit, personnes – famille, personnes protégées, biens – obligations, suretes, 33e edition, L. G. D. J, p. 279. 转引自张民安:《法国民法》,清华大学出版社 2015 年版,第 175 页。

第二,人身保护义务。如果监护法官指定了一名特殊的受托人来管理他们的财产,监护法官也只能够授权该受托人保护他们的人身。

(3)成年人的协助保护及成年人的监护保护。

①被保护人的权利。享有选择居住地、保持与他人关系、有权接受探视的权利(若发生争议,由监护机关作出决定);在财产管理人同意或法官同意的情况下可以结婚。在财产管理中,未经财产管理人协助不得订立或变更紧密关系民事协议等;当财产管理人拒绝提供协助,被管理人可请求法官单独完成;自由订立遗嘱权(但保留其执行)。在监护中,只有经监护机关批准才能单独订立遗嘱。

严格要求非经本人不得实施的行为只能由本人实施,并在其状况允许的限度内单独从事与其人身相关的决定。

②财产管理人或监护人的职责。

第一,财产管理人或监护人在人身保护方面的职责。其规定在《法国民法典》第457－1条至第463条,包括告知被保护人其个人情况(状况、可实施行为的范围等);保护人不能代为实施行为的范围(即严格视为属于人身性质的行为,如申报子女出生、认领或送养子女等);协助被保护人完成其不能单独实施的行为(若协助无法完成,可代理被保护人完成);除紧急情况外,未经批准不得作出严重损害被保护人身体完整或生活隐私的决定;采取必要措施以阻止被保护人可能致使的危险并及时告知监护机关。在实施重大行为前应当通知监督人并听取其意见;若未设立监督人,出现利益冲突或无法行动等情形,应请求法官或亲属会议任命一名专门的保护人(此项请求亦可由检察官或任何利益关系人提出)。

第二,财产管理中的职责。财产管理人不得取代被管理人的名义行动,但严重违反其利益并经法官批准其单独完成或设置监护措施。

第三,监护中的职责。所有民事生活行为均由监护代理,但法理或习惯规定的可由被监护人自行完成的除外;在概括财产管理中为其代理人；经监护机关批准或其指令可在法院起诉或应诉以保护被监护人的非财产权利；监护机关也可指示监护人撤诉、舍弃诉权或实行和解；经批准监护人可协助或代理被监护人进行赠与。

③监督人的职责。其职责包括监督保护人实施的各项行为，若确认其有过错应及时报告法官，否则将承担责任；保护人与被保护人存在利益冲突或保护人无法提供协助或采取行动，监督人根据情况可协助或代理被保护人；保护人停止履职时，监督人有义务要求选择新的保护人，否则承担责任。监督人的职责与保护人的职责同时停止。

3. 俄罗斯。

(1)监护人和保护人的权利义务。

①被保护人的权利：除有权独立实施日常生活性的小额的法律行为外，被保护人要实施其他法律行为，如领取工资、赡养金和其他收入以及处分上述收入的权利，必须取得保护人的同意。但是，这样的公民应对其实施的法律行为和其造成的损害独立承担财产责任。

②监护人和保护人的履职原则：在与任何人的关系中，其中包括在法院，监护人和保护人应出面维护被监护人和被保护人的权利和利益，而无须专门的授权。

③监护人的职责：被确认为无行为能力人的公民的监护人以无行为能力人的名义实施法律行为。

④保护人的职责：对处在保护下的公民无权独立实施的法律行为作出同意或不同意实施的决定。被保护人在行使权利和履行义务时，保护人应当给予其协助，并保护其不被第三人不法利用。

⑤监护人和保护人的共同权利义务

第一，权利方面，可能享有报酬权（监护和保护职责通常为无偿履行，但法律规定的情形除外）；一定条件下的辞任权。

第二，义务方面：一是监护人和保护人必须关心被监护人和被保护人的生活，保障其照顾和医疗，维护其权利和利益。

二是被法院限制民事行为能力的成年公民的保护人，不承担第一项职责。

三是如果公民被确认无民事行为能力或因酗酒、吸毒等而被确认为限制民事行为能力的情形消失，监护人或保护人有义务向法院提出申请，请求确认被监护人或被保护人具有民事行为能力，并同时撤销其监护或保护。

四是被监护人和被保护人财产的处分。首先，被监护公民和被保护公民的收入。[①] 其次，监护人或保护人有权无须监护和保护机关的事先批准，用应付给被监护人和被保护人的收入为维持其生活进行必要的开支。再次，不经监护和保护机关的事先批准，监护人无权实施转让被监护人财产的法律行为。[②] 最后，除向被监护人或被保护人赠与财产或移交财产供其无偿使用的外，监护人、保护人、他们的配偶和近亲属不能与被监护人或被保护人订立契约，也无权在被监护人或被保护人与监护人或保护人的配偶或其近亲属之间缔结契约时和进行诉讼案件时代表被监护人或被保护人。

五是被监护人和被保护人财产的委托管理。首先，在需要对被监护人和被保护人的不动产或者其他贵重的动产进行经常性的管理时，监护和保护机关应同该机关确定的管理人签订相关的委托管理合同。此时，监护人或保护人对没有委托为管理机关管理的财产仍保留自己的权能。其次，在管理人行使被监护人和被保护人委托管理的财产的财产权时，应适用本法典第 37 条第 2 款、第 3 款规定的规则。最后，被监护人和被保护人财产的委托管理根据终止财产委托管理合同规定的事由，以及在监护或保护终止时终止。

---

① 包括因管理其财产而应付给被监护人或被保护人的收入，除被监护人和被保护人有权独立处分的收入外，监护人或保护人为维护被监护人和被保护人的利益，并且需事先得到监护和保护机关的批准后，可以进行开支。

② 包括交换或赠与、出租、无偿使用或抵押被监护人财产的法律行为，无权实施导致放弃属于被监护人的权利、分割其财产或从中分出若干份额的法律行为以及导致被监护人财产减少的任何其他法律行为；而不经监护和保护机关的事先批准，保护人无权对实施上述法律行为表示同意。

(2)对有行为能力公民的庇护。

一是属于具有行为能力的成年被庇护人的财产,由庇护人依照同被庇护人签订的委托合同或委托管理合同进行处分。

二是出于维护被庇护人生活和满足其日常生活需要而实施的生活性法律行为,由庇护人征得被庇护人同意后方可进行。

4. 日本。

(1)监护。

被监护人的权利:其可以独自实施日用品购买等日常生活的行为,除此之外的法律行为可以被撤销。

监护人的权利:一是辞职权,监护人有正当事由时,可以经法院许可辞去职务。此时要求监护人必须刻不容缓地请求法院选任监护人。二是报酬权,法院可以监护人和被监护人的资历等情况为依据,给予监护人以相当的报酬。三是报销权,即监护人因从事监护事务所需费用从被监护人财产中支付。

监护人的义务:包括人身事务和财产事务。财产事务包括财产调查、制作财产目录;财产目录制作前的紧急需要行为权限;申报义务(被监护人的债权或债务);财产管理及代表;在法院许可的情况下处分被监护人居住的不动产;在其就任之初要预算被监护人的生活、教育或疗养护理及财产管理等事务所支出的费用;监护的清算。人身事务包括对成年被监护人的意思的尊重及对其人身上的照顾。

(2)保佐。保佐人的权利,即被保佐人为一定范围的行为是必须得到保佐人的同意,这一范围基本上都是涉及财产的处分。同时这一范围根据特定人的申请可以扩大;且若保佐人无故不予同意时,法院可以代替其同意;没有得到同意的行为都可以撤销。

保佐人的履职原则:尊重被保佐人的意思,而且须照顾到其身心状态和生活状况。其他具体事务参照监护人的规定。

(3)辅助。辅助人的权利,即被辅助人为特定法律行为时,根据特定人的申请,法院可以作出被辅助人的行为需要得到辅助人的同意。其中必须得到同意的范围应当限定在保佐规定的范围内;第一项的规定若非本人申请，则需得到本人的同意；若辅助人无故不予同意时，法院可以代替其同意；没有得到同意的行为都可以撤销。

5. 韩国。

(1)成年监护。

①成年被监护人的权利：成年被监护人在其身心状态允许的情况下，对其人身事项可单独决定。除了成年人做出的购买日常生活所需的日用品等代价不过度的法律行为，成年被监护人实施的法律行为可以撤销。

②监护人：

一是监护人的身份。成年监护人是成年被监护人的法定代理人。家庭法院根据前款可定成年监护人所取得的法定代理权的范围。家庭法院可以针对成年监护人对于成年被监护人的身心所享有的决定权权限的范围。当法定代理人的权限范围不适当的情况下家庭法院根据本人、配偶、四亲以内的亲属、成年监护人、成年监护监督人、检察官或者地方自治团体的请求可变更范围。

二是监护人的履职原则。成年监护人在保护成年被监护人的财产管理和人身精神保护时应考虑多种事由，并以符合成年被监护人福利的方式处理事务。在这个情况下成年监护人不违背成年被监护人的福利时应当尊重成年被监护人的意思。

三是监护人的具体职务内容包括财产与人身两大部分：财产上，监护人管理被监护人的财产并代理对此财产的法律行为。具体包括在监护监督人的参与下的财产调查与财产目录的制作；对监护人进行债权债务的提示，即监护人与被监护人之间存在债权债务关系时，监护人在完成制作财产目录前，需要将相关内容提示给监护监督人（未提示者视为放弃债权）；目录制作前的权限，即监护人在完成财产调查和目录制作前非紧急情况不得行使关于此财产的权限，但是不得以此对抗善意第三人；被监护人取得的全面的财产调查等。人身上，韩国主要规定了医疗和被监护人居所的内容，包括成年监护人以治疗等为目的将成年被监护人隔离于精神病院或其他场所时，需得到家庭法院的许可。对于侵害成年被监护人的医疗行为,在成年被监护人无法表示的情况下,由成年监护人代其同意。前一种情况下,成年被监护人因医疗行为直接结果导致死亡或有风险导致一定的残疾障碍时应当得到家庭法院的许可。唯有许可程序会拖延医疗行为导致成年被监护人的生命有危险或身心精神上导致重大障碍时可请求事后许可。成年监护人代理成年被监护人对于成年被监护人居住的建筑物或土地出售、租赁、出典房使用权设定、抵押权设定、租赁合同的解除、出典权的消灭以及同类行为,应得到家庭法院的许可。

四是成年监护人是多名的情况下权限的行使。家庭法院依职权可选任多名成年监护人共同或者分工行使处理事务的权利。家庭法院依职权可变更或取消前项的决定。数名成年监护人需共同行使事务权利的情况下,若某成年监护人不配合行使法定权利致使成年被监护人的利益可能被侵害,此时,成年被监护人、成年监护人、监护监督人或有利害关系人可以向家庭法院提出申请,请求家庭法院作出裁决。

五是监护人的卸任权:监护人有正当理由的情况下得到家庭法院的许可方可卸任。监护人在提出卸任请求的同时应向家庭法院请求新的监护人。

六是监护人的报酬权:法院根据监护人的请求可依据被监护人的财产状态和其他情况进行斟酌,把被监护人财产中的部分授予监护人。

七是监护人的报销权:监护人用于履行监护事务的必要费用从被监护人的财产中支出。

(2)限定监护。被限定监护人的权利:一是家庭法院可以规定被限定监护人在得到限定监护人的同意后才能实施的行为的范围。二是家庭法院依据本人、配偶、四亲以内的亲属、限定监护人、限定监护监督人,检察官或者地方自治团体的请求,可以变更前项规定之需要经限定监护人同意才可为之行为的范围。三是对于需要限定监护人同意的法律行为，即使存在限定监护人侵犯被限定监护人的利益的可能性也不予同意时，家庭法院根据被限定监护人的请求可以许可限定监护人的同意。四是被限定监护人做出需要限定监护人同意而没有得到同意的法律行为可以取消该法律行为。唯有购买日用品等日常生活需要且代价不过度的法律行为时不必如此。

限定监护人的代理权：家庭法院可以规定限定监护人根据被限定监护人的身心，决定权限的范围；不适当的情况下，依申请法院应当变更范围。关于限定监护事务适用成年监护的相关规定。

(3)对特定监护进行审判的情况下，应该规定特定监护的期间或事务的范围。

6. 瑞士。

(1)法定措施。

①配偶或登记伴侣作为代表时，代表的职责范围通常包括被需要的所有法律行为，以涵盖丧失判断能力人的需要；适当的管理收入和其他财产；在需要时，打开和处理信件的权利。对特殊资产管理的法律行为，必须获得成年人保护机构的同意。

②涉及医疗代表的法定措施。

代表人的职责：如果预先医疗安排措施不包含任何指示，其代表人应根据推定丧失判断能力人的意愿和其利益决定。

医生的职责：如果一个人丧失判断的能力，在预先医疗安排措施中没有给出治疗指示，主治医生应将所需的治疗计划与有资格作为代表的人在医疗程序方面进行协商。医生应向代表人告知其预期治疗的所有相关事项，特别是关于其目的、形式、方法、风险、副作用和费用、不进行治疗的后果及其他治疗方案。治疗方案应当与医学发展水平以及当事人的状况相适应。如果有两个或两个以上的人有权作为代表，医生出于善意可以要求其每一个行为都已经过其他代理的同意。在紧急情况下，医生可以根据推定无判断能力人的意愿和其利益，对缺乏判断能力的人进行医疗程序。

被代表人的权利：在对所需的治疗计划在医疗程序方面的协商

时,如果有可能的话,丧失判断能力的人也应该参与决策。

③居住在寄宿或护理机构。

第一,寄宿及护理机构的法定职责,包括隐私权的保护和限制被保护人自由。

隐私权的保护:护理机构应当保护丧失判断能力人的隐私,并在可能的情况下鼓励其与外面的人员接触。如果机构以外没有人对当事人表示关注,寄宿或护理机构应通知成年人保护机构。

寄宿或护理机构在一定条件下限制被保护人的自由活动,并规定了其适用情形及适用要求。首先,适用情形:只有当一般措施已经明显不足以适用,或证明将会不足以适用时,该措施是为了防止其严重威胁自身或第三方的生命或身体健康;或预防对护理机构内和周边生活造成严重破坏的救济措施。其次,适用要求:在限制被保护人自由活动之前,寄宿或护理机构应当向其解释发生了什么、为什么安排这一措施,可能会持续多久,这个时期谁将对其负责(该规定不适用于紧急情况)。同时,限制行动自由的命令应尽快被撤销,并对每一种情况定期审查,以确定该命令是否仍然被需要。任何限制行动自由的措施都应记录在案。记录应尤其包含决定采取措施者的姓名、目的、性质和措施持续的时间。应当通知医疗代表关于限制行动自由的措施,并且其可以随时查阅记录。寄宿或护理机构的监督人员同样有权检查记录。

第二,被保护人的法定权利。在确定寄宿或护理机构提供的服务时,必须尽可能地考虑被保护人的意愿。应当尊重其选择医生的自由,有正当理由除外。

(2)官方措施。

①官方代理措施。

第一,被代理人的权利,包括下述内容:

被代理人指定代理人的权利:如果当事人推荐某人作为其代理人,如果被推荐的人是合适的并准备接受代理关系,成年人保护机构应当同意。如果有可能的话,应当考虑到家庭成员或其他关系密切人的意愿。如果当事人拒绝某一特定人作为代理人,若该意愿是合理的,成年人保护机构应尊重其意愿。

被代理人的自治权:虽然被代理人的民事行为能力已经被撤销,但具有判断能力的被代理人可以通过自己的行为在自然人法的规定下设立权利与义务,并且完全地行使个人权利。

被代理人的日常生活零用钱:代理人应当从被代理人的财产中取用零用钱供被代理人可以自由花费使用。

第二,代理人的具体职责,包括以下职责:

职责的确定:成年人保护机构应当根据当事人的需要确定该代理人的职责范围;其范围应当涉及个人护理、资产或法律事务的管理;未经当事人的同意,但成年人保护机构已明确授予代理人上述权利,代理人可以打开当事人的信件,或者进入其住所。

职责的履行:代理人应当获得完成其任务所需的资料,并须与当事人保持联系。如果代理职务包含财产的管理,那么代理人应当立即编制财产清单,并与成年人保护机构合作管理。如果有正当的情形,成年人保护机构可以要求其制作一个公示财产清单,这对债权人具有与《继承法》中规定的公示清单相同的效力。第三人必须为制作财产清单提供所需要的所有信息。

财产管理:代理人管理财产时应当尽到合理的注意义务,并且执行与管理相关的所有法律行为。在特别的情况下,代理人应当履行以下职责:一是接受第三方欠被代理人的债款,从而完成他们的义务;二是在适当的情况下偿还债务;三是在必要的情况下代表被代理人处理其个人需求;四是代理人应当记录账目,然后在成年人保护机构指定的周期内(或者至少每两年)将其提交给机构报批;五是代理人应当向被代理人解释账目,并在其要求的情况下向其提交一份账目复印本。

报告义务:代理人应当在必要时或者至少每两年向成年人保护机构汇报被代理人的情况以及代理关系。代理人在准备报告的时候,如有可能,应咨询被代理人,并在被代理人要求的情况下提供给其一份报告的复印件。

特别交易的限制:代理人不应当以被代理人的名义作出任何财政担保、设立任何基金会或者作出赠与,除非是特殊场合的按照惯例的赠与。对于被代理人或其家人有着特别价值的财产应当尽可能不被处理。

照顾与保密义务:代理人在履行其任务时,应该与义务法典规定中的代理人有相同的照顾义务。代理关系应当遵守保密义务,除非这违反了最重要的利益。考虑到让代理人按要求及时履行其任务,必须告知第三人代理关系的存在。

情况的变更:代理人应当及时通知成年人保护机构任何情况,即可能需要修改代理措施的情况或者可能终止代理关系的情况。

报酬和开销:代理人有权获得报酬并且可以从当事人的财产中就必要的开销获得补偿。如果是职业代理人,应当由雇主给付报酬、补偿开销。成年人保护机构决定报酬的等级,在决定报酬时尤其考虑分配给代理人任务的内容和复杂程度。

代理人和被代理人的关系:代理人应当本着维护被代理人的利益的原则执行这项任务,考虑当事人的意见,在可能的情况下,应当根据被代理人的能力和愿望想法,按照被代理人的方式来规划其人生。代理人应当尝试建立一个与被代理人相互信任的关系,同时防止被代理人的不良情况恶化或是降低由此带来的影响。

家庭成员的特殊条款:如果当事人的配偶、登记伴侣、父母、兄弟姐妹或者事实上的生活伴侣被任命为代理人,成年人保护机构可以全部或者部分免除代理人准备财产清单、提交常规报告和账目,并且在正当情形下对特殊交易获得同意的义务。

②住院治疗措施。

第一,医疗机构具有对自愿出院病人的扣留权:进入医疗机构的具有精神障碍和精神残疾的患者如果自愿提出离开医疗机构,但对患者自己的生命和健康来说是一种危险或者对他人的生命或者身体健康是一种危险,其将被医疗机构扣留并给予最长三天的医学治疗。三天结束后,除非患者收到强制住院治疗的命令,其可以离开机构;

应该书面通知患者可以向法院申诉。

第二,医生的职责+医生应遵循的常规程序:针对精神障碍者的医疗措施:治疗计划、未经同意的治疗、紧急情况、出院前的检查、限制行动自由的措施。

医生的权限:各州可以指定成年人保护机构之外的医生,该医生有权按各州法律规定的期限(不得超过六周)内决定医疗救治。超过规定的期限,住院治疗便不能再继续,除非成年人保护机构采取强制性的住院治疗决定。针对医生作出的住院治疗决定,医疗机构就出院作出决定。

医生应遵循的常规程序:医生应该亲自检查和会见病人;住院治疗命令应当包含至少以下几个信息:检查的地点和日期;医生的姓名;诊断结论、原因和住院治疗的目的。申诉权利的说明。申诉不具有中止的效力除非医生和主管法院另有要求。一份住院治疗命令的副本应该给病人,另一份副本应该给病人的住院机构。在可能的情况下,医生应当将病人被送入医院和申诉的权利以书面的形式告知与病人关系密切的人。

针对精神障碍者的医疗措施:如果某人因精神障碍而被送入机构治疗,其主治医生应当在与患者交谈之后(如果必要,应当与其代表人)起草书面的治疗方案。医生应当将所有与计划医疗的程序通知患者和其授权的代表人,特别是治疗方式的原因、目的、药性、治疗方式、风险和副作用、如果不进行此项治疗的后果和任何其他替代的治疗选择。治疗计划应当提供给患者以便其同意。患者无判断能力时,必须采取预先医疗安排措施。治疗计划应当根据病情的发展而做不断调整。

在未经精神障碍者的同意下,主任医师可以在出现下述情形时以书面治疗计划的形式决定采取医疗措施:不进行这项治疗将会对患者的健康或者第三人的身体健康造成严重的损害或者极大的威胁;患者无法作出与其治疗相关的决定;已经没有侵害性更小的治疗方法。决定的书面通知连同申诉权的详细说明应当提供给患者和其授权的代表人。

针对精神障碍者的紧急情况:在紧急的情况下,应该立即实施必要的医疗程序来保护患者和第三人。如果医疗机构意识到患者希望被治疗,其应该将那些意愿考虑在内。

精神障碍者出院前的检查:如果有将再次发生医疗情况的风险,主治医生应尝试在患者出院前就其在再一次被托付给医疗机构时的治疗原则上达成意见一致。出院前的访谈应当被记录。

限制精神障碍者行动自由的措施:限制患者在医疗机构行动自由的措施应当准用限制患者在寄宿或者护理机构自由行动的规定,并且应当保留患者申诉的权利。

第三,患者的权利,包括如下权利:一是其享有委托代表的权利。被送入医疗机构的任何人可以在其住院期间指定其信任的人作为代表来帮助他或者她,直到相关程序全部结束。二是其有向法院申诉的权利。法定事由:在下述的情形下,患者或者关系密切人应当书面向有决定权的法院提起诉讼,在医生决定住院治疗的情形下;在机构扣留患者的情形下;在出院请求被机构拒绝的情形下;在没有征得同意就对精神疾病患者进行治疗的情况下;在采取限制行为自由措施的情形下。法定程序:向法院申诉的截止日期是从决定的通知发布之后的十天内,而在采取限制行动自由措施的情形下,可以随时向法院起诉。在司法上诉机构受理案件之前,司法程序应当按照相关诉讼条款进行。司法鉴定的申诉应当立即转移给有权受理的法院。

(二)主体权利义务的评析

由于这六个国家中个别国家规定的非常细致,且措施类型存在差异,所以笔者仅是对值得我国借鉴的部分进行评析。

1. 被监护人的权利的赋予体现了对其人格的尊重。基本上都规定了被监护人可以享有日常生活的基本权利或是对个人物品的支配权,同时其住房保障权应当受到保护。应当说,无论成年人的行为能力是何种程度,其都应当享有上述权利,这是作为"人"所应当具有的基本权利,即使是无行为能力人依然应当享有,而我国对此未有明确的规定,笔者认为应当借鉴。

同时,韩国则规定当被监护人行为的范围不适当时,依申请应当变更。体现了被监护人权益的保护,体现了"活用当事人剩余能力"的立法理念。这是现代成年人监护制度改革之灵活性加强的体现,也是比例原则的体现,根据成年人的实际情况,更改其能够实施行为的范围,值得我国借鉴。

2. 监护人的权利义务体现了权利义务相协调。

(1)监护人的权利。

第一,这六个国家都规定了监护人的辞职权。但是德国的规定与其他国家不同,其要求仅在不再需要照管事由时才可以请求免职。关于监护人是否应当享有辞职权,笔者认为答案是肯定的。因为社会生活的复杂性,无法要求监护人始终符合监护资格或享有监护能力,当其因客观原因无法履职时,应当赋予其辞任的权利。实际上这也是对被监护人的一种保护,因为监护人无力履职,遭受直接损失的就是被监护人,监护人的及时辞职,公力机关在得知后才可重新选任监护人,以保障被监护人受到保护。所以,在我国立法中应当增补监护人有条件限制下的辞职权。

第二,监护人是否享有报酬权。德国未涉及监护人是否享有报酬权,法国规定的是仅在特定情况下,监护人可以享有报酬权,且在不同情况下,并不一定全部由监护人的财产承担。俄罗斯也是规定在一定条件下享有报酬权。韩国、瑞士规定监护人可请求获得报酬权。法国则规定监护人在一定情形下享有"补偿权",补偿一词笔者认为非常恰当,因为监护制度随着社会的发展逐渐成为一项公职,监护人不能以获得利益为前提履职,那么这笔费用实际上并非利益,而是对其所付出精力的补偿。所以,笔者认为监护人有条件地享有"补偿"权,这符合权利义务相平衡的原则。应当依据委托监护协议,监护人的身份是否为负有法定扶养义务的近亲属,以及监护事务的多少、履行等情况,确定监护人是否享有报酬请求权。首先应当按照委托照顾协议的内容确定报酬;若协议中未涉及报酬的内容,则应当根据受托人的身份而区别对待,如果受托人本身是对被监护人具有扶养义务的配偶或赡养义务的子女或其他近亲属,其就不应享有报酬权;如果受托人是对被监护人不具有扶养义务或赡养义务的第三人,可由法院根据受托人的职责范围和其他情况确定给予报酬的标准。因为当监护作为法定义务时,其应当是无偿的,但是当担任监护人的为第三人时,唯有保证权利义务的相平衡,才能有更多的人愿意担任监护人,并更好地履职。

第三,监护人是否有任期的规定。法国和瑞士有规定监护人任期的规定,笔者认为应当借鉴,时间也不宜过短而应参照法国监护 5 年的规定,辅助则是 1 年的规定。而瑞士是由公力机关确定任期的长短。因为监护人的职务,尤其是精神障碍者的监护人的职责是非常重的,不应当要求监护人始终担任此职责,会造成其对履职的疲乏而不愿履职或不积极履职,这样不利于监护的实施。设置任期的规定,可以考虑监护人的个人意愿,若其不愿再担任,则另行选择新的监护人;若其愿意继续担任,则可继续担任监护人。

综上,笔者认为我国立法中应当借鉴监护人辞任权、报酬权以及任期的规定,根据权利与义务相一致的原则,使我国成年人监护制度中权利义务不协调的矛盾得到缓解。

(2)监护人的义务。总体来说,监护人的履职原则都是为了维护被监护人的权益,其职务都是包括两方面,即财产管理和人身照顾,以下提出比较突出的几项规定进行评析。

①人身事项的照顾,尤其是医疗保护。德国、日本、俄罗斯都提出要注重人身上的照顾,尤其是对医疗的重视,但是都是简单规定,并不详细。法国在人身上的保护仅涉及离婚。韩国在人身事项决定权部分,尤其是针对医疗行为的同意①,《韩国民法典》在此方面取得

① 韩国修正后的民法典规定成年被监护人在自身状态允许情况下对其人身事项有单独决定的权利,但赋予成年监护人在被监护人无法作出同意时的补充同意权,即对于侵害成年被监护人身体的医疗行为,当成年被监护人无法作出同意时,成年监护人可以代其同意。

了重大的突破,即医疗事项的自我决定和监护人的补充决定,重大医疗事项上的法院决定。[①]

瑞士在这方面的规定尤为突出,在具体措施的安排上,对每项措施中保护人的职责,除强调人身照顾外,还特别规定了意定医疗安排、法定医疗代理人、官方住院治疗等内容[②]。最后,在前述对尊重本人的自我决定权理念的分析中,我们发现,法定保护中征求当事人意愿和参与多被规定在医疗措施当中,这些体现法律对于被保护人人身照顾的重视,尤其是在医疗措施中。同时,法国和瑞士强调被保护人应当与外界保持一定的联系,以保障其正常的社会交往。

这里涉及对监护事务中医疗照顾的监督,其目的是平衡被监护人与监护人之间的不平等地位,也是目前对监护从家庭监护向第三人监护发展趋势的回应。

②财产管理职责。在财产管理上,每个国家的规定大体相同,包括财产调查及目录制作;财产管理及代表;在法院许可的情况下处分被监护人居住的不动产;监护的清算等。因为在改革前的成年人监护制度中,已经非常重视对于被监护人财产管理的内容,所以目前也已经规定得非常详尽,我国应当参考,详细地规定出具体的财产管理内容。

综上,笔者认为应当借鉴瑞士以及德国在人身照顾上的医疗照顾内容,细化对于被监护人医疗事项的内容,保障监护人得到正确、适当的治疗;在财产管理上,应当细化监护人具体的财产管理职责,使其在履职时有所参照,更好地完成职务。

---

① 在该医疗行为可能导致成年被监护人死亡或严重残疾的情形下加强了家庭法院的监督,即需要获得家庭法院的许可。但许可程序导致医疗行为迟延,可能威胁到成年被监护人的生命或造成严重残疾时,可事后请求许可。成年监护人为治疗成年被监护人而将其隔离于精神病院或其他场所时,须经法院的许可。

② 《瑞士民法典》第 370 ~ 373 条(预先医疗安排措施的规定);第 377 ~ 381 条(与医疗程序相关的代理);第 391 条第 2 款(监护人的职责范围应当涉及个人护理)。

四、监护监督的考察与评析

（一）监护监督的考察

1. 德国。

（1）德国的公力介入机关就是照管法院。

（2）照管法院的职责包括：法院具有选任照管人的职权。不得违背成年人的自由意思选任；仅允许为需要照管范围内的事务选任。此外，法院还具有批准照管人从事相关事务、有数名照管人时分配事务、限定被照管人的行为范围、对采取医疗措施时的承认、移送时的承认、免职照管人等职权。

在这里，成年人照管的监督适用未成年人监护监督的相关规定。即可以选任监护监督人，在照管涉及财产管理时则应当选任监督人。

监督人的权利：可以请求照管人告知照管执行情况；查阅有关照管的文件。

监督人的义务：应当注意照管人是否依义务执行；将照管人违背义务以及一切应当提请家事法院干预的情形及时通知家庭法院。

2. 法国。

（1）通用规定。

第一，公力介入及监护监督。监护法官与检察官对其辖区内所实施的保护措施进行一般监督；走访或派人走访被保护人以及为之提出保护请求的人；保护人应当服从其传召并通报所要求提供的所有情况。监护法官对保护人宣告指令；对于不服从的人予以民事罚款；保护人明显不履职时，监护法官在听取说明后或对其传唤后，解除其职责；监护法官应当向检察官提出请求，将保护成年人的司法代理人从名单上除名。

第二，法律责任：所有监护组织均应对其履职中的任何过错承担责任。除强化财产管理外，财产管理人与财产管理监督人仅在有欺诈或严重过错时才承担责任。若损害是因为监护法官、初审法院首席书记员或书记员的过错造成，被保护人或曾被保护的人或其继承人可以向国家提起责任之诉，但国家享有求偿诉权；若是司法委托代理人过错致损则针对该人或国家提起诉讼，国家仍享有求偿诉权。诉讼时效期间为5年，自保护措施终止起计算。委托代理人（意定监护人）对其过错及欺诈均应承担责任，但是因过错致损时，无偿履职的受托人责任轻于有薪资的受托人。

（2）成年人的司法保护措施。公力机关的介入：法院具有设立此种措施的权力并指定一名专门的委托代理人。

（3）成年人的协助保护与监护保护措施。

第一，监护机关，亲属会议和监护法官。《法国民法典》第456～457条规定了亲属会议在成年人监护中的相关规定，包括亲属会议的设置、指定成员、所作决议的生效要求、主席的职责等内容。监护机关还有法官，其职责规定于各部分内容中。在财产管理或监护中其应当逐一列举被管理人或被监护人可以单独完成的范围或者需要协助完成的范围；法官可以随时命令实施强化财产管理。

第二，监护法官的职责。一是对协助人和监护人人选和职务的指定。在法国，法官可以根据被保护人的情况、利害关系人的能力以及需要管理财产的多寡来指定数名财产管理人或监护人。他们之间相互独立，但需要通知各自作出决定。虽然监护法官有权按照具体情况的不同自由指定，但是，他们在指定协助人时并非是完全自由的，因为《法国民法典》明确规定，他们在指定协助人时一方面要尊重受保护的成年人的意愿；另一方面也应当遵循一定的先后顺序。《法国民法典》仍对财产管理人和监护人的资格进行了要求，与意定监护规定的范围基本一致，另外还包括：监护人无能力、懈怠、行为不轨或者欺诈的，取消其职责；因争议或利益冲突碍于负担监护职责时亦取消。二是确定实施措施的时间，除当事人的配偶、与之订立紧密关系民事协议的人、子女以及司法委托代理人外，任何人没有义务负担该任务超过5年。三是指定监督人。法官认为有必要可指定一名财产管理监督人或监护监督人。在此要求包括：若保护人为一亲系的血亲或姻亲，则尽量从另一亲系选择监督人；没有家庭成员或亲属可以担任时，可指定司法委托代理人担任。此外，法国还规定了针对恢复当事人在管理其社会性补助金方面的自主能力的司法辅助保护措施；以及为管理被保护人概括财产时监护人的代理职责，包括管理方式、账目的制定审核和批准以及时效的内容。

第三，监督人的职责：监督协助人或监护人实施的各项行为；确认协助人或监护人履行职务存在过错的应及时报告法官，否则应当承担责任；在保护人与被保护人之间存在利益冲突或保护人不能提供协助或因任务限制不能为被保护人采取行动时，监督人应协助或代理被保护人；在保护人履职不能时主动要求对其进行替换，否则应当承担责任。

3. 俄罗斯。

(1)监护和保护机关是地方自治机关。

(2)法院的职责：第一，必须在确认公民无行为能力后限制公民行为能力的判决生效之时起的3日内将此情况通知该公民住所地的监护和保护机关，以便对其设立监护或保护。第二，对监护人或保护人的指定有不同意见时，利害关系人可以向法院告诉。

(3)被监护人住所地的监护和保护机关的职责：第一，对监护人和保护人的活动施行监督。第二，监护人和保护人的选任：一是监护人和保护人由需要监护或保护者住所地的监护和保护机关指定，这里要求该机关必须在知悉公民需要实行监护或保护之时起的“1个月内”指定。如果1个月内仍未指定，则由监护和保护机关担任临时监护人。二是选任的限制：监护人和保护人须经本人同意方能被指定。同时，还应考虑其道德品质和其他个人品质、履行监护人和保护人职责的能力、其与需要监护或保护的人之间存在的关系，在可能的情况下，还应考虑被监护人或被保护人的意愿。

4. 日本。

(1)监护。

①家庭法院的职权：一是家庭法院依申请可以选任监护人；在认

为有必要时依职权且依据申请选任新的监护人。二是法院依职权或依监护监督人、被监护人或被监护人的亲属或检察官的请求，对于监护人有不正当行为、严重劣迹及其他不适于担任监护人的事由时，可以将其解任。三是选任监护监督人：法院在认定有必要时，依职权或依被监护人及其亲属及成年监护人的请求，可以选任监护监督人。四是许可监护人处分被监护人居住用的不动产。五是依职权或申请命令被监护人的财产管理及其他监护事务作出必要处分。

②监护监督人的相关规定：

监护监督人的资格：监护人的配偶、直系血亲及兄弟姐妹不得担任。

监护监督人的职务：监督监护人的事务；监护人缺任时，毫不迟缓地请求法院选人；有紧急事情时作出必要的处分；就监护人或代表监护人的人所为与被监护人利益相反的行为，代表被监护人；见证监护的清算。

两者共同的职权，可以随时要求监护人报告监护事务或提出财产目录，或者对监护事务或被监护人的财产状况进行调查。

(2)保佐。家庭法院的职权：一是家庭法院依申请可以选任保佐人；二是存在利益冲突时依据保佐人申请选任临时保佐人；三是认定有必要时依职权或申请选任保佐监督人；四是赋予保佐人代理权。

(3)辅助。家庭法院的职权：一是家庭法院依申请可以选任辅助人；二是在存在利益冲突时依据保佐人申请选任临时辅助人；三是认定有必要时依职权或申请选任辅助监护监督人；四是赋予辅助人特定法律行为代理权。

5. 韩国。

(1)成年监护。

①除上述规定外，家庭法院的介入情形包括如下：

家庭法院在成年监护开始审判的情况下，应依职权选任成年监护人。

家庭法院可以规定成年被监护人的无法撤销的法律行为的范

围。家庭法院可以根据本人、配偶、四亲以内的亲戚、成年监护人、成年监护监督人、检察官或者地方自治团体的请求改变成年被监护人无法撤销的法律行为的范围。

②成年监护监督人。

成年监护监督人的选任:一是家庭法院认为有需要时,可依职权或成年被监护人、亲属、成年监护人、检察官、地方自治团体长官的请求选任成年监护监督人(由此可见,监护监督人不是必须选任)。二是成年监护人死亡、丧失资格或其他原因而不能履职时,家庭法院依职权或依被监护人、亲属、成年监护人、检察官、地方自治团体长官的申请,选任成年监护监督人。

监护监督人的无资格事由:监护人的亲属不可担任监护监督人。

监护监督人的职务:监护监督人应监督监护人的事务,监护人不在的情况下应立刻向家庭法院请求选任监护人。监护监督人在被监护人人身或财产发生紧迫的情况下,为了保护被监护人的利益,可以进行必要的行为和处分。对于监护人与被监护人之间就某种行为发生理解相佐时,监护监督人负责代理被监护人实施该行为。

监护人代理被监护人需要监护监督人同意的行为范围:关于营业的行为;关于借钱的行为;只承担义务的行为;不动产对重要财产以损益变更为目的的行为;诉讼行为;继承的承认、限定继承或放弃以及对继承财产分割的协议(对于需要继承监护人同意的行为监护监督人虽知道被监护人的利益有被侵害的隐患但不同意的情况下家庭法院依据监护人的请求许可监护监督人的同意。需要监护监督人同意而监护人未经监护监督人同意的被监护人或者监护监督人可以撤销此行为)。

关于被监护人的财产等受让的撤销:监护人将被监护人的权利受让给第三人的情况下,被监护人可以撤销。根据前项受让的权利,若有监护监督人,监护人应受监护监督人的同意,在没有监护监督人同意的情况下被监护人或监护监督人可撤销。

监护监督人对监护事务的监督:监护监督人无论何时可向监护

人要求其提供任务履行报告与财产目录，并可以调查被监护人的财产状况。

家庭法院关于监护事务的处分：家庭法院根据职权或者根据被监护人、监护监督人、亲属及其他利害关系人、检察官、地方自治团体的请求可对被监护人的财产状况进行调查，可以命监护人对于财产管理或监护人进行必要的处分。

(2)限定监护。家庭法院应当选任监护人、限定监护人的代理权范围。终止限定监护人的职务。

(3)特定监护。家庭法院应当选任特定监护人，对特定监护进行审判的情况下，应该规定特定监护的期间或事务的范围。

6. 瑞士。《瑞士民法典》专门规定了公力保护一章，明确公力保护的专门机构即成年人保护机构，赋予其地方司法管辖权，并且具体规定了公力保护的程序及法律责任。① 在此不做详述。而仅对各措施下的公力介入进行考察。

(1)法定措施。

①配偶或登记伴侣作为代表。出现下述两种情形时，成年人保护机构介入其中：如对是否符合代表必要条件存在任何疑问，由成年人保护机构对代理权予以决定。如有必要，成年人保护机构应向配偶或登记伴侣出具证明其代理权的文件。如果没有判断能力的人利益受到威胁或不再被保护，成年人保护机构应当经密切关系人的请求或依职权撤销配偶或登记伴侣作为代表人的部分或全部权利，或是指定一名代理人。

②涉及医疗代表的法定措施当出现如下情形时，成年人保护机构应当指定代表或者建立一个代表型代理关系尚不清楚谁有权作为代表；全体代表人无法达成一致意见；或丧失判断能力人的利益受到威胁或不再被保护。

成年人保护机构的介入：需经医生、其他密切相关人的请求或依

---

① 《瑞士民法典》第440～456条。

职权引起。包括以下情况:当没有可用的代表人或代表人不愿意履行其职责时,成年人保护机构应设立一个代表型代理关系。

③居住在寄宿或护理机构。成年人保护机构的介入:在一定情形下成年人保护机构可以介入护理机构限制自由活动之中。一是被限制行动自由的人或有密切关系的人可在任何时间向该机构所在地的成年人保护机构提交书面申请,以干预有关限制行动自由的措施。二是当成年人保护机构查实该项措施不符合法定条件时,应当对措施进行修改、撤销或制定官方成年人保护措施。如有必要,应通知该机构的监督机关。三是成年人保护机构对患者作出鉴定的要求,均须立即传达给该机构的监督机关。

各州的义务:各州应当对照顾丧失判断能力人的寄宿机构和护理机构进行监督,除非联邦法规已经能够保证监督管理。

(2)官方措施。

①官方代理措施。公力机关除了制定官方代理措施、指定代理人外,成年人保护机构的其他职责如下:

一是成年人保护机构对账目与报告的审查职责:在必要的时候,成年人保护机构应当采取合理的措施保障当事人的合法权益。成年人保护机构应当审查账目,并予以批准或拒绝批准;必要时,应当要求对账目予以修正。成年人保护机构应审查报告,必要时,应当要求对报告予以修正。在必要的时候,应当采取措施,适当地保障当事人的利益。

二是须经成年人保护机构审查同意的交易:依据法律规定或者成年人保护机构有条件的发布命令,对于部分财产交易必须经过成年人保护机构的审查同意。

三是成年人保护机构的介入:被代理人、关系密切的人或者任何具有合法权益的人可以请求成年人保护机构干预成年人保护机构已经发布委任的代理人或第三人及代理机构的作为与不作为。

四是州的职责:如果报酬和补偿金无法通过当事人的财产偿还,各州应当颁布有关报酬和补偿金的规定和规则。

五是联邦委员会的职责：联邦委员会应当就财产的投资和安全监管发布条例。

②住院治疗措施。成年人保护机构的定期检查：成年人保护机构应当在住院治疗之后最迟六个月时进行一次检查，查看住院治疗的需求是否被满足以及这个医疗机构是否适合患者。它应该在第一次检查之后的接下来的六个月之内进行第二次检查，因此检查进行得越频繁越好，但是至少每年一次。

州的职责：在针对精神障碍的医疗措施结束后，各州应当规定后续的照料；各州有权对门诊措施作出规定。

（二）监护监督的评析

1. 监护机关。主要包括四类：一是亲属会议，如法国；二是法院，如德国、法国、俄罗斯、日本、韩国；三是专门的监护机关，如俄罗斯监护和保护机关、瑞士的成年人保护机构；四是检察官，如法国。四类监护机关各有利弊，其设置主要和国家的实际情况相关。笔者认为，设立专门的监护保护机关其实是最利于保护被监护人利益的，因为其职责具有针对性，更好地专注于对被监护人的保护。但是针对我国的实际情况，我国公力机关庞大，实际上已经存在掌管民生的民政部门，基层又已设有居委会和村委会，再设立专门的保护机关似乎并不实际，但是民政部门也反映其工作人员人数较少，很难负责辖区内数量庞大的人群。针对这一矛盾，笔者认为可以不必再另设机构，但是民政部门中应当有专门的部门负责对被监护人的保护，且增加工作人员数量以保障工作的顺利进行。但在我国由于民政部门的公信力低于法院，所以一些重要的决定性职责仍应交给法院来执行。

2. 监督职责。每个国家的规定基本上体现了“国家的适当干预”立法理念，主要体现在两方面：一是充分尊重当事人的意思自治，主要体现在对监护人的选任上；二是在措施存在不足时及时给予帮助。通过自治为主，国家从旁辅助的形式形成新的成年人监护制度。笔者认为，公力介入应当分为三部分，即事前、事中和事后的介入。其介入的程度应当与意定监护是区别开的，这源于法定监护的特殊性，一是法定监护的开始多发生在被监护人已经丧失行为能力并很难表达自己的意愿，公力机关很难考察其真实意思，那么其应当加大介入力度以保障被监护人的权益；二是意定监护是否存在监督人是当事人的个人选择而非强制，而法定监护是否应当存在监督人，则应由公力机关来判断是否必须等。

从这六个国家的公力介入看，事前介入中笔者认为应当借鉴的主要有选任监护人的人选和职责范围、设定监护人的任职期限、批准照管人从事相关事务、数名照管人时分配事务、限定被照管人的行为范围、对保护措施进行监督、走访被保护人、传召保护人并通报情况、指定监督人。此外，俄罗斯的公力介入非常有特色，其规定法院必须将确认行为能力的判决于3日内通知监护和保护机关，以方便其实施监督。事中介入笔者认为应当借鉴的包括向保护人发出指令、有紧急事情时作出必要的处分。事后介入笔者认为除了对争议的解决和解除保护人职责，还包括公力机关审查监护的清算账目。在我国设立监护监督制度时，建议予以吸纳。

综上，从我国实际出发，我国不宜设立专门的监护机关，笔者建议借鉴法院与民政机关以及专门的监护监督人相结合的监督方式。而在监护内容上应当借鉴上述国家的公力介入职责，因为法定监护与意定监护不同，其所需要的公力介入程度应当更大，那么公力机关承担的职责范围也应当相应增加。

五、监护变动的考察与评析

（一）监护变动的考察

1. 德国。

（1）照管人的免职。包括下列情形：

一是照管人不再具有处理照管事务的资格或出现其他重大免责事由的，照管法院应免除其职务。其中重大事由包含照管人故意结算作假出错或与被照管人不保持必要接触的。如果被照管人可由一名或数名在执业之外的人照管的，法院应当免除职业照管人的职务。

二是照管人辞职。三是被照顾人提名愿意承担照管且同样合适的人选作为新照管人的,旧照管人可被法院免职。四是社团及机关照管人申请免职的,应当被免职。如果免职对于被照管人的最佳利益不利,则法院可以经照管人同意而宣布由照管人作为私人继续执行照管,而无须免职。如果照管人可以由一名或数名自然人充分照管,则社团或机关的职务应被免去。

(2)照管人的死亡。照管人被免职或被照管人死亡后,应当选任新照管人。

(3)照管要件消灭,照管必须废止。

(4)照管人若是根据被照管人的申请而被选任的,须被照管人本人提出申请废止(无行为能力人亦可提出)。

(5)照管范围的变更。如果照管要件发生变化,仅是部分职责范围消灭,则应对职责范围予以限制。若照管范围的扩大是必要的,应当予以扩大,参照适用照顾人选任的规定。

2. 法国。

(1)通用规定。

第一,终止:被保护人死亡,则终止保护人的职责。

第二,保护人的解职:在保护人明显不履职时,监护法官在听取其意见或对其传唤后,解除其职责。

(2)司法保护措施。终止情形:根据《法国民法典》的规定,如果法官决定对受保护的成年人采取司法保护措施,则此种司法保护措施最长不得超过1年。对成年人进行的司法保护只能够延长一次,不得多次延长。需要保护的原因已经停止或根据检察官的决定提出医疗声明被注销的,司法保护终止。司法保护到期或所应实施的各项行为都完成后,司法保护措施终止。因实施财产管理措施或监护措施,自新的法律保护措施生效之日起,司法保护终止。

(3)成年人的协助保护与监护保护。任职期限:如果法官决定对受保护的成年人采取协助保护或者监护保护,则这两种法律保护措施最长不得超过5年。一旦5年的期限届满,这种法律保护措施将会终止,除非法官作出延长法律保护措施的决定,不过,所延长的期限最长不得超过 5 年,在例外情况下,法官也能够基于超过 5 年的保护期限。[①] 在原先确定的期限到期时,如未延长,在作出取消实行的措施判决产生既判事由确定力时,原先采取的措施终止。

终止情形:被保护的人居住在法国领土之外时,法官也可以终止该措施。

3. 俄罗斯。

(1)监护和保护的变动。

①免除和撤销监护人和保护人履行其职责。

在具有正当理由(疾病、财产状况的改变、同被监护人或被保护人缺少相互理解等)时,可以根据监护人或保护人的请求免除他们所履行的职责。

如果监护人或保护人未正确履行所担负的职责,其中包括利用监护和保护关系以达到私利的目的或对被监护人和被保护人不加监管或不给予必要的帮助,监护和保护机关可以撤销其职责并采取必要措施依法追究过错公民的法定责任。

②监护和保护的终止。对成年公民的监护和保护,在法院作出关于确认被监护人或被保护人具有行为能力或撤销对其行为能力限制的判决时,根据监护人、保护人或监护和保护机关的申请予以终止。

(2)对有民事行为能力公民的庇护。

①具有民事行为能力的成年公民设立的庇护,根据受庇护公民的要求予以终止。

②被庇护公民的庇护人,在本法典第 39 条规定的情况下免除履行所担负的职责。

---

① Pierre Voirin Gilles Goubeayx, Droit civil, tome 1, Introduction au droit, personnes – famille, personnes protégées, biens – obligations, suretes, 33e edition, L. G. D. J, pp. 276 – 277. 转引自张民安:《法国民法》,清华大学出版社 2015 年版,第 174 页。

4. 日本。

(1)监护、保佐、辅助的撤销:当成年人设定监护的原因已经消灭时,法院可根据申请必须撤销监护开始的裁定。保佐、辅助的不同之处在于其可以被部分或全部撤销。

(2)监护的终止及效力。

监护的终止包括以下情形:监护人的辞任;监护人的解任。终止的效力是监护人或其继承人需在监护监督人的见证下,两个月内就管理的财产进行清算,这一时间可以由法院予以延长。监护人须自清算结束对于应当返还监护人的金额及被监护人应向监护人返还的金额附加利息。

保佐和辅助都是参照适用。

5. 韩国。

(1)成年监护。

①终止的情形。

第一,其开始的原因被消灭的情况下,家庭法院依据本人、配偶、四亲以内的亲属、成年监护人、成年监护监督人、检察官或地方自治团体的请求下进行成年监护终止的审判。

第二,成年监护人因死亡、不合格或没有理由的怠于履行职责时,家庭法院依职权或者依成年被监护人、亲属、利害关系人、检察官、地方自治团体的请求重新选任成年监护人。

第三,成年监护人已选任的情况下,有需求时家庭法院依职权或依据前面第二项中的请求权或成年监护人的请求可追加选任成年监护人。

第四,监护人在一定条件下的卸任权。

终止的效力:监护人的任务终止时,监护人或其继承者应在一个月内计算出被监护人的财产。唯有有正当理由的情况下得到法院的许可方可将期间延长。第一项的计算中有监护监督人却没有参与的情况下无效力。

②监护人的变更:家庭法院为了被监护人的利益认可有必要变

更监护人时可根据职权或被监护人、亲属、监护监督人。检察官、地方自治团体的请求变更监护人。

(2)限定监护。在限定监护开始的原因被消灭的情况下,家庭法院根据本人、配偶、四亲以内的亲属、限定监护人、限定监护监督人、检察官或者地方自治团体的请求进行对限定监护终止的审判。其他则适用成年监护的相关内容。

6. 瑞士。

(1)官方代理措施的变动。

第一,撤销代理关系。如果基于所涉工作的范围建立代理关系是明显不相称的措施,成人保护机构可以撤销现有的代理关系,然后实施以下措施:进行该工作本身要求的事务,特别是同意一个交易;指示第三方执行个别任务;或指定一个合适的人或机构,在具体事宜上必须咨询和通知成年人保护机构。

第二,特殊情况的处理。如果代理人无民事行为能力或者代理人的利益与当事人的利益相冲突,成年人保护机构应当另行任命一位替代者或者自己处理这项事务。在利益冲突的情况下,根据相关问题的法律规定,代理人的权利停止适用。

第三,代理关系的结束。依据法律规定,当事人死亡时代理关系结束;成年人保护机构经当事人或关系密切人的申请或依职权,在没有继续代理关系的理由时及时终止代理关系。

第四,代理职位的终止。有两种情况:一是按照法律的规定终止,成年人保护机构设置的任期已经届满,除非代理人被确认此职位;代理关系的结束;职业代理人雇佣关系的终止;受制于代理关系下的代理人丧失判断能力或死亡。二是解聘终止,代理人请求:最早在服务满 4 年之后,代理人可以请求解聘;届满之前,如果有适当的理由,代理人可以请求解聘。其他情形:一是在出现下述情况时,成年人保护机构应该撤职代理人:代理人不再适合实施这项任务;让代理人卸任的其他正当理由。二是被代理人或者关系亲密的人可以要求代理人卸任。

第五,代理职务终止的效力。一是职务的继续,代理人应当继续执行不能被延期的事务直到有接替者接替这项职务,除非成年人保护机构有其他的要求。这项规定不适合职业代理人。二是总结报告和决算账单:当任期结束时,代理人应当提交总结报告给成年人保护机构,并且如果适当,应当提交决算账单。对于职业代理人,成年人保护机构可以在雇佣关系解除时免除这项要求。成年人保护机构应当像核准常规报告和账目一样检查和批准总结报告和决算账单。应当将最后的报告和账目转交给当事人或者其子嗣,或者给新的代理人,并且同时应当提醒上述这些人注意相关法律的责任义务。应当通知他们是否免除代理人职务还是拒绝批准总结报告和决算账单。

(2)住院治疗的变动(开始与结束)。住院治疗的开始与解除:成年人保护机构负责决定住院和出院。在特定的情况下,成年人保护机构可以将出院的权力授权给医疗机构。住院治疗的结束:一旦住院治疗的要求不再被满足,那么患者应当出院。患者或有密切关系的人可以在任何时候要求其出院,而这个决定必须在提出请求之后立即作出。

(二)监护变动的评析

德国的变动情形包括:①照管人的免职;②照管人辞职;③被照顾人提名其他人为照管人的;④社团及机关照管人申请免职的;⑤照管人的死亡;⑥照管要件消灭;⑦被照管人申请废止由其选任的照管人;⑧照管范围的变更。法国的变动情形:①被保护人的死亡;②司法保护措施1年任期到期;③成年人协助保护5年任期到期。俄罗斯的变动情形:①免除和撤销监护人和保护人履行职责;②根据申请终止监护保护;③庇护人自己要求终止。日本的变动情形包括:①设立措施的原因已经消灭;②监护人的辞职;③监护人的解任。日本规定了终止发生的效力。韩国的变动情形包括:①设立措施的原因已经消灭;②成年监护人死亡、不合格、无理由的怠于履行职责而重新选任监护人;③监护人的卸任权;④变更监护人。韩国也规定了终止发生的效力。瑞士的变动情形包括:①撤销代理关系;②代理人与被代理人存在利益冲突或代理人无行为能力;③被代理人死亡;④代理成立的原因消灭;⑤任期届满;⑥代理人的解聘;⑦撤职代理人。这里瑞士也规定了代理职务终止的效力。

从对变动情形的总结上可以看出,终止包括相对终止和绝对终止,上述情形综合一下基本上涵盖了所有的终止情形。相对终止包括:①监护人的辞职;②监护人的解任;③监护人死亡或丧失监护能力;④任期届满;⑤新的监护措施被执行生效;⑥监护事务的变更等。绝对终止的情形则包括:被监护人死亡或恢复能力。

而终止的效力上,瑞士和法国都规定监护人应当对财产进行整理清算,或是仍应据需履职直到委托人可以自行维护其利益。这样的规定值得我国借鉴和学习。

第三节 我国成年人法定监护制度学者观点的考察与评析

在这一节,笔者主要对我国学者的观点进行总结和评析。需要说明的是,除专家建议稿规定的较为详细外,期刊文章对于成年人法定监护具体制度内容的建议都比较概括,很少涉及具体的制度构建内容。

一、内部措施类型的学者观点考察与评析

(一)内部措施类型考察

目前,关于法定监护制度所规定的保护措施,从世界范围来看,有以德国为代表的一元主义和以法国、日本等国为代表的类型化主义。我国现行监护制度是以概括的方式规定了统一的保护措施。对于监护制度应采取概括式的保护措施,还是将保护措施类型化,学者们的意见并不统一。我国学者对于成年人法定监护的措施类型主要有以下几种观点:

一是“一元化”措施类型,即推崇德国“一元化”措施类型,根据

被照管人的具体情况设定照管范围，从而对因为各种原因而完全或全部不能处理自己事务的成年人给予充分的照管，在尊重其自我决定权的基础上补足其能力上的欠缺，如杨立新教授；也有坚持目前《民法总则》所规定的一元化监护措施的，如王利明的学者建议稿中就是对法定监护的内部措施没有再进行分类，仅有"监护"一种措施。

二是"二元化"措施类型，梁稿则采取"二元化"，对于法定监护，将其内部保护措施分为照顾和辅助。照顾的设置是为意思能力欠缺不能处理自己失误的成年障碍者；辅助则是为具有部分意思能力，能够自己处理生活事务的成年障碍者。通过立法理由的具体解释，后一种措施是帮助那些具有部分意思能力，可以自己处理生活事务并从事日常交易行为，但是难以独立实施重大法律行为，如转让、受让不动产及处分重要的财产权利，抑或是提起诉讼或仲裁等的成年人，因这类成年人只需要得到判断和实施重大法律行为的帮助，所以设置辅助措施以保护其利益。还有学者提出监护与照护并行的"二元"保护模式，但具体内容看出与梁稿基本一致，只是在称呼上有所不同。①

三是"三元化"措施类型，多数学者都提出我国目前"一元化"的监护措施存在缺陷，应当修改为多元化且富有弹性的"类型化"措施。在此，"三元化"措施类型最受学者推崇，其中陈苇教授提出基于对民事主体基本人权的尊重和保护，"凡由有可能，决策应当交个人自己"。因此，根据成年人意思能力的不同，在法定的保护措施中分别设定"保护、保佐和辅助"不同层次保护措施，有利于实现不同层次的保护措施下被保护人意思自治的最大化。李霞教授则是考虑到社会生活的复杂性，考虑到交易社会的一般性，为了使监护制度更具社会妥当性，她认为日本的"监护、保佐和辅助"三种类型适合我国。持这种观点的学者非常多，代表学者还有马忆南、刘金霞、叶欣、

① 张伟、高丰美：《老年监护的立法模式、原则与程序研究》，载《安徽大学学报》(哲学社会科学版)2016年第6期，第131页。

吴国平等。

（二）内部措施类型评析

首先,德国的一元化照管制度,按照学者们的研究可以看出,其是最具灵活性,也是最人性化的制度,根据每个人的实际情况设置相应的照管措施。但是目前要建立的是要符合我国国情的且从我国实际出发具有可行性和可操作性的成年人法定监护制度。面对我国人口数量庞大以及老龄化日益严重的实际情况,很难实现根据每个人的具体情况设置相应措施,这会带来极大的司法实践困难和压力。所以,“一元化”的德国式措施并不能适用于我国。而日本的三元化措施类型,是具有一定成功的实践经验的。并且虽然仅划分为三类但是措施内容仍具灵活性,也是根据被监护人的具体情况而区分为三个等级的监护措施,即对无法全部处理自己事务者实行监护;对不能处理自己部分事务者实行保佐;对不能处理自己特定事务者实行辅助。因为我国是人口大国,这样的三级划分对于我国来说是有一定的可实现性的。而且三级层次也是活用被监护人剩余能力的体现,其可为的部分由其自己实施,而不可为的部分有监护人、保佐人或辅助人实施。但是考虑到人民群众对保佐这一词语不熟悉,梁稿的二元化措施类型也不失为一种好的选择。

此外,在李稿中明确提出当委任监护合同中的监护范围不足以充分保护本人利益时,委任监护人可以申请法定监护。这反映了一个必要性原则的适用,也是公力适当介入立法理念的体现。

综上,笔者认为梁稿的“二元化”措施类型较为合理,理由详述可参见本书第五章第三节。而适用法定监护的前提是意定监护不足以保障被监护人的利益。

二、设立要件的学者观点考察与评析

（一）主体的考察与评析

1. 主体的考察。

（1）被监护人的范围有以下几种观点:一是认为身心障碍者,即包括精神的、身体的障碍者均应设定法定监护措施，如李霞[①]、罗丽华、丁峰[②]、焦富民[③]等学者。二是认为法定监护措施的主体仅包括精神障碍者及因身体障碍而丧失意思能力的成年人，也就是有身体障碍但意思能力仍存在的成年人不应设立成年人监护措施，如陈苇、马忆南等学者的观点。三是认为《民法总则》中被监护人的范围不明确，应当细化，包括精神病人、痴呆症患者、身心障碍者（包括智力障碍和身体残疾）、行为能力欠缺者（主要包括挥霍浪费无度者、酗酒成性者、赌博成性者和吸毒成性者等）、老龄老人（包括失独高龄老人和空巢老人等），如学者吴国平的观点。四是维持目前我国《民法总则》的规定，将法定监护中被监护人的范围限定在无民事行为能力人和限制民事行为能力人之内，如王稿。

（2）监护人的范围。

①应当增加关于监护人资格的消极规定。这一观点认为，应当在我国监护法律中增加关于监护人资格的规定，明确监护人应具备的条件。持此观点的学者有陈苇、梁慧星等。陈苇教授认为，应增补规定监护人应当具备的资格。对自然人做监护人的任职资格，明确规定具体的条件。我国可以实际情况为基础，总结司法解释经验将其上升为新的立法中，以明确列举的方式规定监护人应具备的消极条件。[④] 梁慧星教授认为，现行《民法通则》对于担任监护人未设资格限制，是其不足之处。为便于监护监督人或者人民法院指定监护人，有必要明文规定担任监护人的资格限制。梁稿和李稿都规定法定照顾人为被照顾人的配偶，但是因感情不和已经分居或者人民法院认为另有不适于担任照顾人的原因的除外。指定照顾人是指当被照顾人无配偶或配偶不适宜担任照顾人时，应申请人申请由人民法

① 李霞：《成年监护制度研究》，山东大学 2007 年博士学位论文。

② 罗丽华、丁峰：《论我国监护制度之不足及完善》，载《法学杂志》2002 年第 2 期。

③ 焦富民：《民法总则编纂视野中的成年监护制度》，载《政法论丛》2005 年第 6 期。

④ 陈苇：《中国婚姻家庭法立法研究》，群众出版社 2010 年版，第 467 ~ 468 页。

院指定照顾人。并采用否定列举式的规定，规定下列七种情形的人不能担任照顾人：一是未成年人、成年障碍者；二是被撤职的监护人、照顾人；三是对被照顾人提起诉讼的人及其配偶、直系亲属；四是与被照顾人有其他利害冲突的人；五是下落不明的人；六是无支付能力的人；七是不愿意担任照顾人的人。杨稿建议照管人的范围包括配偶、父母、成年子女、其他近亲属；关系密切的其他亲属、朋友。[①] 在此杨稿又提到选任照管人需考虑的事由，比之前添加了"与被照管人有无利害关系"这一考察因素。

②正面列举监护人应当具备的积极资格。持这一观点的学者主张正面列举监护人应当具备的资格条件。代表性学者有王利明、邱鹭风等。王稿则规定监护人为法定顺序、协议确定或被指定担任监护人的人。同时规定了担任监护人的人必须要具备监护能力，换而言之，无民事行为能力人或者限制民事行为能力人不得担任监护人。认定监护人的监护能力，应当根据监护人的身体健康状况、经济条件，以及与被监护人在生活上的联系状况等因素确定。法院在决定照管人选时应当考察下列内容：一是听取各方利害关系人的意见；二是综合成年人的身体状况、健康、职业、宗教以及成年人与照管人之间的感情以及住所的远近等因素；三是根据本人的最大利益为其选任。邱鹭风认为，我国民法关于监护能力的规定没有注意考察监护人的品行、文化水平、监护人与被监护人之间除经济联系之外的其他关系的状况等因素，因而难以保证监护人能够真正尽职或阻却监护人的侵权行为，更不利于提升监护水平，以利于被监护人的成长。应明确监护人的资格，具体界定"监护能力"的范围。在判断监护人是否具备监护能力时，不仅应考虑监护人的身体健康状况、经济状况、与被监护人生活上的联系状况，还应考虑监护人的个人品行、文化水

---

① 梁慧星：《中国民法典草案建议稿附理由——亲属编》，法律出版社 2006 年版，第 229 ~ 230 页、第 251 ~ 252 页。

平、监护人与被监护人及其父母的关系等。[①]

③应当同时规定监护人的积极资格和消极资格。此种观点认为，应在监护制度中同时规定监护人资格的积极条件和消极条件，从积极和消极两个方面确定监护人的资格和能力。持此观点的学者有吴国平、叶欣等。吴国平教授认为，首先从立法上明确界定何为有监护能力；其次要分别规定监护人的消极资格和积极资格。积极资格与消极资格应分别以列举的方式加以规定。[②] 叶欣则具体列举了监护人应具备的积极资格和消极资格。积极资格包括：一是须为成年人且有能力处理自己事务；二是适宜照顾和保护被监护人；三是与被监护人无利害关系。[③] 消极资格则与第一个观点的内容大致相同。

2. 主体的评析。

(1)被监护人的范围。基本上建议借鉴德国立法的学者都认为这里的被监护人包括因身体上的原因不能完全地或部分地处理其事务的人。而这一范围的成年人具有完整的意思能力，完全可以设置代理制度以解决自己的问题，并可以自己实施监督而无须他人帮忙监督，那么并不需要监护制度，这也反映了监护制度与代理制度之间适用的区别。

梁稿认为鉴于我国原有的《民法通则》并未设立针对浪费者、酗酒者、赌博成瘾者、毒品成瘾者的“准禁治产”制度，且现今各国立法例相继废止“准禁治产”制度，因此不宜将这几类人纳入成年人照顾的对象范围。李霞教授也认为基于生活方式自主选择、决定的理念，在不违反公序良俗且不影响履行扶养义务的，应允许此类人自主选择生活方式，并且各国立法例中逐渐取消了对此类人的准禁治产而设的监护保护。而从王稿中对无民事行为能力和限制民事行为能力

---

① 邱鹭风：《关于完善我国监护制度的探讨》，载《南京大学法律评论》1998 年秋季号。

② 吴国平：《监护人主体资格法律制度的检讨与完善》，载《广西大学学报》（哲学社会科学版），2008 年第 3 期。

③ 叶欣：《现代成年人保护制度的民法研究》，武汉大学出版社 2011 年版，第 139 页。

的宣告中可以看出，其仍将沉溺于吸毒或赌博行为并严重危害家庭共同生活的人归类为可宣告为无民事行为能力和限制民事行为能力。其理由是：一是依我国传统立法，因酗酒、赌博等致家庭经济状况发生严重困难的人不能成为被宣告为无民事行为能力或限制民事行为能力的法定事由，使与这些人进行交易的善意第三人缺少警惕性和谨慎性，并因此可能遭受经济损失。二是品性恶劣、有不良嗜好的人往往为了自己的利益而不计后果，将利害关系人的利益置于一旁。因此，如果不对他们的行为进行一定的法律上的制约，无疑会使利害关系人的利益遭受损害。三是许多国家的民法典中都规定了沉溺于赌博与吸毒的自然人为禁治产人，使该类主体的民事行为能力受到一定的限制，并为其设定相应的监护措施。所以，增加这类主体对于保护其个人利益、维护其家庭稳定及社会秩序的安定有重要意义。

综上，笔者认为被监护人的范围不应当包括意思能力清楚的身体残障者，因为其可以通过代理制度来解决自身问题；而恶习沉溺者，其本身是具有完全行为能力的，并非是因无意识或无辨识能力而无法控制或辨认自己行为的人，此类人可通过矫治来解决。所以，应当维持我国《民法总则》中关于被监护主体范围的规定。

(2)监护人的范围与资格。在梁稿和王稿中对于监护人的范围都有一个顺序，而之所以设定这个顺序，主要是对于精神障碍者而言，实际生活中极有可能发生有监护资格的人互相推诿不愿意担任监护人的情况。如果法律上没有顺序的规定，则很难确定精神障碍者的监护人。

监护人适格与否，关系到被监护人的权益能否得到切实保障。综观各国立法，主要有两种模式，即概括主义与列举主义。采概括主义立法模式的国家，规定了关于选择监护人的品德、能力、与被监护人关系等一般条件，如苏联婚姻家庭法典的规定。采列举主义模式的国家，从“缺格”的方面进行规定，从而保障监护人具有相应的监护能力，归纳起来主要为：未成年人不可为监护人；无民事行为能力或限制民事行为能力人不可为监护人；被法院免职的法定代理人或保护人，不可为监护人，如正在受刑罚处罚的人、有危害被监护人利益行为的人；破产人即无支付能力的人，不可为监护人；对被监护人提起诉讼或曾经提起过诉讼的人及其配偶和直系血亲不可为监护人，也就是说，可能对被监护人造成人身危害或损害其利益的人，不能成为其监护人；下落不明的人不可为监护人等。[①]

综上，笔者认为应当对监护人的资格进行详细的规定，王稿采用的是列举主义与概括主义两种结合的方式；而梁稿采用的是"缺格"的反向列举方式，两种方式均可。

（二）设立方式及要求的考察与评析

1. 设立方式及要求的考察。有学者指出监护的过程冗长且复杂，监护一旦开始，则意味着成年人将丧失一些重要的权利，且将其人身照顾和财产管理全部或部分交由他人照管。因此，监护程序的正当性和规范的完善是保护被监护人权益的重要工具。那么，如何设立则应当加以重视。

（1）设立的方式。梁稿和王稿都规定了法定监护人，类似于法国和瑞士的规定，法定监护人由其最为亲近的人担任，无须向法院提交申请而自动生效。指定监护多数学者赞同由申请人申请，由法院作出指定。分歧点在于监护的开始采申请主义还是职权主义。

杨稿采用申请主义与职权主义并用的立法主义，从具体的内容上可以看出是采取宣告制。李霞教授也认为申请主义和职权主义的立法例都适合我国，作为申请主义的例外，在必要时，法院得依职权设置照护。采申请主义的理由有：第一，与《民法通则》中的成年人欠缺民事行为能力司法宣告采用的"无申请则无宣告"的原则一致，维持了法律制度的安定。第二，考虑到法定照顾制度毕竟属于私法领域，公权力宜适当干预。第三，监护制度是为了本人的利益服务的制度，是否需要保护、需要哪些程序层次的保护方式应由本人申请，

① 杨大文：《亲属法》，法律出版社2005年版，第324页。

照顾及监护申请权给予本人是妥当的。第四,减轻法院工作量。同时采职权主义的理由是:本人有时不能对必要性作出适当的判断(因为有很多这样的情况),当无人提出设置监护的申请时,就需要法院依职权启动程序。①

(2)申请人范围。申请人范围的主要矛盾的焦点在于成年当事人本人是否有申请的权利。首先,申请主义包括两种:一是成年人本人可以为自己申请设定照管,如梁稿和杨稿都规定如此。杨稿认为照管制度是为了本人的制度,而不是为了其亲属和关系人所设置的制度,其认为我国民法中被宣告无民事行为能力或限制民事行为能力的人被排除在申请宣告主体范围之外,显然是不合理的,其认为法律应当赋予此类人在一定条件下由本人提出申请以表达自己的意愿。该稿中还提出因身体残疾而无法处理自身事务的,只能由本人提出申请照管,这主要是参考德国的规定。二是近亲属的申请。因为监护宣告的重要性,仅限于与被宣告人本人有紧密联系的亲属,包括配偶、父母、子女、兄弟姐妹、祖父母、外祖父母、孙子女和外孙子女。梁稿中则对申请人进行了排序,即无前款申请人或者前款申请人不提出申请时,由人民检察院提出申请。具体申请人范围包括:①本人、配偶、近亲属;②委托照顾受托人、照顾监督人;③村民委员会、居民委员会负责人。其次,职权主义即法院依职权选任照管人并进行审查,在审查时注重照顾本人意愿并进行专家鉴定。李稿采“申请主义”。提出申请的人包括:本人、配偶、近亲属;未成年人的监护人、未成年人的监护监督人、保佐人、保佐监督人、检察院;委任监护受托人、委任监护人、委任监护监督人;必要时,基于特别法,村委会、居委会负责人也可以提出申请。这里提及的近亲属,在立法说明中对其范围进行了限定,包括配偶;父母;成年子女;兄弟姐妹、祖父母、外祖父母、已成年的孙子女或外孙子女。这里的申请人涉及未成年人,立法说明中指明此类未成年人是指处于监护下的未成年人又出

① 李霞:《成年监护制度研究》,山东大学2007年博士学位论文。

现精神障碍的，当其达到成年年龄时，监护人（除父母担任监护人外）无义务继续执行监护，因而有权请求法院对其设置监护。而由检察院申请设置监护，则是在某精神障碍严重者处于发作状态，其危害了公共安全或个人安全的情形下。这与梁稿中检察院的申请前提规定不同。

（3）设立时应当注意的要素。笔者总结我国学者在法院审理设立法定监护中应当注意以下因素：一是给予被照管人参与程序的能力，无论其有无行为能力；二是在有必要时可以设立程序照顾人，将本人的意思在程序中予以反映；三是法院在任命照顾人时必须听取本人意见（极难实现的情况下例外）；四是法院应当给予被监护人的配偶、父母、养父母、子女等近亲属表达自己意见的机会（当被监护人本人提出申请时，除非因此显著迟延，否则必须听取本人及近亲属的意见，但本人由于重大理由提出异议申请的情形除外）；五是必须向法院提交专家（医疗领域）鉴定意见以确保照管的必要性，包括范围、期间等；六是最终的面谈，在下列情形下，如果有必要由司法机关听取本人的意见或者是听取本人对事实的说明，那么必须与本人进行口头上的谈论，如对于意见听取结果、专家鉴定意见或医师证明、权限范围限定的可能性以及照顾人人选等。

（4）判定“成年人丧失或部分丧失民事行为能力”的标准。因为监护发生的条件是“成年人丧失或部分丧失民事行为能力”，而如何判定则成为学者们研究的重点。有学者认为，可以参酌我国台湾地区的有关规定，即是否达到完全或部分丧失行为能力的标准，应由监护人或近亲属诉请并参考医疗机构报告，最后由法院判定。[①] 也有学者认为可借鉴美国的相关规定，对于失能的评估，从单纯地依赖“医院标准”到依据“功能性行为能力标准”，即监护的评估不受限于

① 林诚二：《民法总则》（上册），台湾瑞星图书股份有限公司 2007 年版，第 189 页。

医学模式。[①]

(5)是否需要登记公示。有些学者提出要求登记公示,如杨稿和叶欣都建议公示——由监护宣告取代剥夺行为能力的宣告。杨稿认为对成年人设立照管后,其行为能力的限制范围以及剥夺被照管人的一定行为能力的情况应当公示,以便于公众了解并得知被照管人的行为能力,目的是能够更安全、更有序地进行市场交易。但是,采取何种公示形式,该稿未言明,仅是提出为了保障隐私权与维护交易秩序,在两者之间按比例原则进行协调。而叶欣则具体提出设立保护的登记不会像行为能力宣告那样侵犯个人的隐私权,而是相关相对人可以到登记部门查阅对方成年人监护的基本信息以保障交易安全。她还提出登记后登记机关应当发给被监护人书面的登记证明。[②]

此外,梁稿在规定数名监护人的情形时,多名照顾人可以按照约定共同履行照顾职责,也可以按照约定分别履行照顾职责。没有约定或者约定不明确的,应当共同履行照顾职责。王稿仅规定可以指定数名监护人,而未规定职责的分配。

2. 设立方式及内容的评析。

(1)设立方式采用“申请主义”。在设立方式上,多数学者都赞成采用“申请主义”。笔者分析理由主要是出于:一是法院很难自行得知某一被监护人需要法定监护措施;二是监护监督的主体包括私力和公力主体,这一范围是非常广泛的,他们也最容易得知被监护人的具体情况,并可以行使自己的请求职责。即使是由公力机关的人员发现被监护人的情况,其也是采用申请方式请求法院审理,而非“职权主义”。

---

① Eric Y. Drogin and Curtis L. Barrett, *Evaluation for guardianship*, Oxford University Press, 2010. p. 19. 转引自张伟、高丰美:《老年监护的立法模式、原则与程序研究》,载《安徽大学学报》(哲学社会科学版)2016年第6期,第136页;李欣:《共同决定制度——加拿大老年人监护最新立法进程与启示》,载《学术界》2012年第11期。

② 叶欣:《现代成年人保护制度的民法研究》,武汉大学出版社2011年版,第133页。

(2)申请人应当包括本人且范围广泛。这里的争议点在于被监护人本人是否可以担任申请人。在这里被监护人本人应当是享有申请权的,因为在监护制度设立之始,除精神障碍者外,其他被监护人仍具有一定的意思能力,可以表达自己的想法,这时,他们是可以为自己申请设立监护措施的。所以,笔者认为,被监护人本人可以为自己申请监护措施,当然是在被监护人有一定意思能力的前提下。

除本人外,申请人的范围应当广泛,在法定监护中申请人的范围实际上是相当于监督人的范围。其在行使监督权的过程中发现被监护人不能被充分保护,所以请求法院重新选任监护人。前述学者的观点将申请人限定在近亲属的范围内或是适当增加了基层组织和检察院,笔者认为这仍不足以保障被监护人的利益。虽然有学者提及申请监护设立是非常严肃的,但是当近亲属不存在或履行不能加之基层组织和检察院很难得知被监护人的实际情况时,被监护人的利益就极容易受到侵害。所以,笔者认为申请人的范围应当广泛,同监护监督人的范围一致,即我国《民法总则》的规定具有一定的合理性。

(3)应当将登记作为必要条件。笔者认为,叶欣的建议更为可行且符合现代成年人监护制度的立法理念,更加注意维护被监护人的人格尊严。法定监护的设立应当予以登记,但不是公示,公示一词涉及被监护人隐私的曝光,不利于尊重被监护人的尊严,登记更为合适,且对登记内容的查询应当借鉴瑞士,作出详细的规定,规范查询的主体、查询的内容,以保障被监护人的利益和交易的安全。

三、主体权利义务的学者观点考察与评析

(一)主体权利义务的考察

1. 被监护人的权利。多数学者认为,监护人应当享有与其自身能力为限的行使权利的自由,同时其享有选任监护人的提议权。支持这一观点的有梁稿、李稿和叶欣等学者。

这里叶欣格外强调了监护人享有对自身医疗处置方面的同意

权。即首先医生应当充分说明医疗事项；其次符合被监护人的最佳利益或在其行为能力允许情况下的同意意愿；最后不得涉及终止被监护人的生命。

2. 监护人的权利义务

(1)监护人的权利。

第一，对于辞任权，学者们的观点也是较为统一的，基本上都同意监护人应当享有辞任权。但是在申请辞任的情形上存在差异：吴国平教授提出辞任有八种情形；①梁稿和李稿都提出自然人担任照顾人，在四种情形下可以辞职。② 在照顾人辞职时，人民法院需要重新指定照顾人。杨稿也规定了辞职的情形，包括五种情形。③

第二，报销权和报酬权。梁稿中规定照顾人处理照顾事务的必要费用，可以从被照顾人的财产中支付。梁稿和陈苇教授都认为特定身份的监护人享有报酬权，即法定扶养义务人或公职机构以外的照顾人可以从被照顾人的财产中得到合理的报酬。关于报酬的标准，梁稿认为需要经过照顾监督人的同意；若因报酬标准发生争议的，则照顾人与照顾监督人都可以向法院申请，请求法院予以确定。而陈苇教授认为直接由法院设定标准。王稿中则规定，亲权人以外的监护人的监护费用和报酬，在经监护监督人同意后，可以由监护人的财产负担。

---

① 包括年满70周岁；因身患重症或因残疾而无法履行监护职责；已担任两个以上被监护人的监护人；家务繁重者；因公务繁忙而不宜或无法履行监护职责者；因离被监护人住所遥远而无法履行监护职责者；担任除配偶、直系血亲之外的其他成年人的监护人已满5年者；因其他正当理由或客观原因而无法履职。引自吴国平：《婚姻家庭立法问题研究》，吉林大学出版社2008年版，第310～311页。

② 照顾人的年龄在65周岁以上；因疾病、残疾等原因导致其不能对被照顾人履行照顾职责的；照顾人住所或居所与被照顾人的居所距离较远，不方便进行照顾的；有其他重大事由的。

③ 照管人年满65周岁；因疾病、残疾不能履行照管的；除子女外已经承担一个以上照管或照管职务的；住所或居所与被照管人所在地的距离导致不便履行照管的；有其他重大事由。但是在提出辞职时应立即向法院申请重新选任照管人。

第三,任职期限。梁稿规定照顾人为自然人时,其任期为5年;而对于机构担任照顾人的期限则未作出规定。在照顾人任期届满后,人民法院既可以另行指定照顾人,也可以经照顾人的同意而延长其任期。照顾人延长的任期期限依然是5年。在这里,梁稿对于这条的说明要特别注意,配偶担任法定照顾人及公职机构担任照顾人,不适用本条的规定。

第四,监护职责的委托。王稿规定监护人可以将监护职责部分或者全部委托给他人。委托人与受托人的责任由双方约定,但不得对抗善意第三人。

第五,同意权与撤销权。叶欣提出监护人享有对被监护人从事与其行为能力不相适应行为的同意权,而撤销权则是被监护人未经监护人同意而为的行为,监护人可以行使撤销权。这里的监护人被限定为保佐人,被监护人被限定为被保佐人。同时,她提出是否同意或撤销都要以尊重本人自我决定权、当事人的剩余能力以及是否是纯获利益的行为来判定。

(2)监护人的义务。多数学者都认为应增加规定监护人的具体职责,持此种观点的学者有陈苇等。陈苇教授认为应增加规定监护人的具体职责:包括人身方面的监护、财产方面的监护、法定代理权以及不履行监护职责的民事责任。①

第一,财产职责。梁稿和李稿中规定包括财产的调查与目录制作、财产的管理。王稿中则规定监护人应当保护被监护人的合法财产权益,监护人对被监护人财产的管理应当尽到与本人的财产一样的注意义务;在监护监督人同意后,父母以外的监护人才有权处分被监护人的财产;对被监护人的财产造具财产清册时,亲权人以外的监护人应当会同监护监督人一起进行;在监护关系终止时应当进行财产清算。

第二,人身职责。梁稿规定照顾人可以限制被照顾人的人身自

① 陈苇:《中国婚姻家庭法立法研究》(第二版),群众出版社2010年版,第468页。

由,即仅在被照顾人利用其人身自由出现自残、自杀或对他人造成危险时,照顾人可以对被照顾人采取限制其人身自由的强制措施。反之,未出现上述情形时,照顾人不得以任何理由限制被照顾人的人身自由。同时还规定,如果需要将被照顾人送入精神病院或安置于限制自由的场所,应当事先经人民法院批准。

第三,法律责任。梁稿规定了照顾人的责任以及监督人的责任。一是照顾人的责任。照顾人在履行职责过程中,因过失造成被照顾人人身损害或者财产损失的,应当承担赔偿责任。二是照顾监督人的责任。其与照顾人若串通损害被照顾人利益的,应当承担连带赔偿责任。王稿规定监护人不履行监护职责或者侵害被监护人的合法权益的,应当承担责任;给被监护人造成财产损失的,应当赔偿损失。人民法院可以根据有关人员或者有关单位的申请,撤销监护人的资格。

在此,学者建议稿中只有杨稿提出了履职的原则,即照管人的履职,仅在必要的范围(照管事务范围)内处理被照管人的事务,在履职时应当尊重被照管人的意愿,并符合被照管人的最佳利益。这与我国《民法总则》的规定是基本一致的。

(二)主体权利义务的评析

1. 被监护人应当享有根据其剩余能力所能为的权利。现代成年人监护制度的最新立法理念中的"尊重本人自我决定权"和"活用当事人的剩余能力",这两者在法定监护中应当是相互关联的,即在剩余能力的基础上尽可能地尊重当事人的真实意思。同时,笔者同意叶欣的观点,被监护人活用剩余能力不仅体现在日常生活行为的行使和监护人的选任上,更重要的是应该体现在被监护人的医疗事项上,因为医疗事项关系到被监护人的生命权和健康权,其应当对医疗事项知情并在可能的情况下表达自己的意见。

2. 监护人的权利义务应当明确且具体。王稿采取的是未成年人监护与成年人监护合并规定,所以在规定上就会出现类似于"父母以外的监护人""亲权人以外的监护人"这样的字样,这是否适用成年的精神病人，如果深入剖析的话，明显后者是不适用的；而前者虽然适用，但它将监护第一顺序的配偶和第三顺序的子女排除在外，这是否合理呢？且职责中提及的“监护人对被监护人进行管理和教育”这也不适用于成年人监护。所以，这样的合并规定存在不甚合理之处。

(1)监护人的权利应当包括辞任、报酬和任职期限。监护人的这几项权利首先在域外法介绍时就已谈及，享有这些权利主要是为了与繁重复杂的监护职责相对应，形成一个较为平衡的姿态。面对我国监护人难找的现状，只有赋予监护人一定的权利，才能鼓励监护人积极地履行职责。

(2)监护人的义务包括人身和财产，而人身职责应当重点突出。对于监护的职责范围，我国始终采取的是概括式的立法，而这样也造成了监护人对监护职责范围的不明确，也不利于第三人知晓监护人是否有权利代理被监护人从事相关法律行为，造成交易上不必要的麻烦。所以，笔者赞同上述学者对于监护人财产管理相关职责内容的规定。

但是梁稿中关于职责的详细规定仅限于财产管理，王稿亦同(虽然王稿中有人身管理的规定，但主要是针对未成年人)，这未能凸显监护制度逐渐偏重人身保护的发展趋势。所以笔者认为，应当重点突出对人身职责内容的规定，以符合“重视人身上的照顾”的立法理念。

四、监护监督的学者观点考察与评析

(一)监护监督的考察

首先，针对监护监督机制，多数学者的意见都认为应当设定私力与公力相结合的监护监督机制，这样才能更好地保护被监护人的利益，实现对监护履行过程的全面监督。其次，学者们对于监督主体的主要职责内容的意见也大体相当，即监督监护人履职；要求监护人提供财产清单；在监护人不履职的情况下举报；充当临时监护人等。

主要的争议点在于，对于监督主体的范围，学者们的观点存在一定的分歧。笔者对此作为主要部分进行介绍。

1. 公力监督主体的考察。目前，监护监督机制的设立主要有以下几种方式：

（1）第一种是设立专门的监护监督机构，持此种观点的学者以梁慧星为代表。梁稿将监护的权力机关规定为监护监督机构或法院。理由在于：许多国家法律中均规定了由监护监督机构或法院选任监护人；我国现有法律规定，有关人员对担任监护人有争议时，由未成年人父母的所在单位或者未成年人住所地的居民委员会、村民委员会指定监护人，与理论和实际均有所不合。

（2）第二种是将法院、检察院、基层群众自治组织等都作为监督人的主体。梁稿中赋予人民检察院作为申请指定照顾人的兜底机关。杨稿分为权力机关和监督机关，杨稿建议人民法院是唯一具有照管事务决定权的机构。其理由是基于各国监护事务普遍受到社会本位立法的思潮影响，监护事务事关公益，不容单纯以家务私事视之。因此，监护事务完全委由亲属自治已经过时，继之以公权力干涉为发展趋势。杨稿将被照管人所在单位、村委会、居委会设置为监督机关，对照管人的履行进行监督。在这里，之所以杨稿选择被照管人居住地的居委会、村委会担任监督机关，主要原因是它们都设在被照管人的住所地，最了解照管人和被照管人的情况，便于迅速及时地采取行动保护被照管人。多数学者还是赞成由民政部门担任监护监督的公力机关，如陈苇、叶欣等学者。

（3）第三种是亲属会议，其作为任免、更换监护人并行使意定监护监督权的亲属组织。许多早期资本主义国家民法典中都设有亲属会议，如日本、德国，但它们都相继取消了这一制度。杨大文教授认为，亲属会议是具有浓重的封建色彩的家族性组织，随着现代社会的发展，监护制度中公力的介入愈加增强，故亲属会议此种家族内部处理制度则为现代许多国家所不取，尚存此制的国家寥寥，如法国、秘鲁等。根据我国的实际情况，在法律上设置亲属会议，是弊多利少的。不设此种制度是我国亲属法学者们的共识。①

2. 私力监督主体的考察。

(1)选任专门的监护监督人。有学者提出应当选任专门的监护监督人,如李霞等人;而有学者则认为现有的《民法总则》所规定的大范围的私力监督主体范围即可,而无须另设监护监督人,如吴国平等人。

(2)私力监督与公力监督是否有适用上的顺序。梁稿和王稿都规定了监督人在适用上的顺序。梁稿在照顾监督人上存在适用上的顺序,由与被照顾人血缘关系最近的有监督能力且未担任照顾人的人担任;没有第一顺序的人时,由住所地的民政部门或社会保障部门担任(若其已担任照顾人的,则由其上一级主管部门担任)。照顾人资格限制、照顾人辞职撤职的规定可以适用于私力监督人。其照顾监督人的职责与意定照顾监督人相同。王稿规定,如果监护人是被监护人的亲属或者其他个人的,监护监督人为监护人以外与被监护人亲等最近的、有监督能力的亲属。如果监护人是民政部门或其所属社会福利机构的,则其监护监督人为其上一级主管部门。

此外,有学者提出了监督干预的时间限制。学者们讨论的焦点是明确国家合理干预的限度,而想要确定这一限度是非常困难的,实践中必须要依靠干预主体的自由裁量。包括两个方面:一是法定的干预主体;二是法定的干预权。② 而由于干预主体的主观认识、学识、认知等不同,其裁量的结果也会出现偏差,为了尽可能地减少这种偏差,这一干预权不能仅给予一人,而应当是多人组成的干预主体,抑或是设定程序和标准。但是多干预主体又会造成意见不合而耽误时间。所以笔者建议限定商议时间,借鉴《家庭暴力法》中人身

① 杨大文主编:《亲属法与继承法》,法律出版社 2013 年版,第 229 页。叶欣:《现代成年人保护制度的民法研究》,武汉大学出版社 2011 年版,第 160 ~ 161 页。

② 高伟:《私法公法化研究》,社会科学文献出版社 2012 年版,第 73 页。

保护令的时间限制。①

(二)监护监督的评析

有学者指出国家干预已成既定事实,其是否应当干预已经不再是问题。② 英国学者提出国家应当尽其所能保护在其管辖下的每一个人的人权作为其全部职责,且必须尊重所有人的人权,绝不能以任何行动对其进行侵犯。③ 现代国家由于公民对其依赖与日俱增,给付义务已成为国家之重要义务,公民权利如欲实现,则必须请求国家为一定行为。而私力监督存在的原因在于,私力监督人作为被监护人最亲近的群体,最容易得知被监护人的真实情况,是行使监督权最适合的群体。因此,公力机关的介入和监督以及私力监督都是非常必要的。

1. 公力监督主体我国宜采用民政部门和基层组织监督为主,法院监督为辅的模式。笔者比较支持第二种观点,即将法院、检察院、基层群众自治组织等都作为监督人的主体。但是在适用上,应当是宜采用民政部门和基层组织监督为主,法院监督为辅的模式。理由是前者容易了解被监护人的情况,可以对真实情况进行摸底了解,这应该是公力监督的主要方式;而后者作为重要的司法审判机关,承担的责任大而压力大,同时存在人员数量不足等情况,所以其应当作为兜底的机关对成年人监护进行监督和处置。

2. 私立监督主体上应当选任专门的监护监督人。笔者认为,目前我国《民法总则》采多个私力监督主体的做法是合理的。但是,设立专门的监护监督人也是必要的,因为多个监督人并且无强制性的

---

① 2015 年 12 月 27 日发布的《中华人民共和国反家庭暴力法》第 28 条:"人民法院受理申请后,应当在 72 小时内作出人身安全保护令或者驳回申请;情况紧急的,应当在 24 小时内作出。"

② Michael King and Christine Piper: *How the Law Thinks about Children*, GowerPublishing Company Limited, 1990, p. 2.

③ [英]A. J. M. 米尔恩:《人的权利与人的多样性——人权哲学》,夏勇、张志铭译,中国大百科全书出版社 1995 年版。

要求其行使监督,则很难保障其是否能够监督到位,这时专门的监护监督人的作用就体现出来了。两者结合则构成非常完善的监督体制。

五、监护变动的考察与评析

(一)监护变动的考察

关于成年人法定监护的变动也就是监护的终止,学者们的观点多认为应在监护制度中明确规定监护的终止。但对于监护在何种情形下终止,学者的观点尚有分歧。代表性的学者有杨大文、王利明、梁慧星等。

王稿中对监护终止的情形作了如下规定:被监护人已具有完全民事行为能力的;被监护人已死亡的;监护人已死亡或者丧失监护能力的;监护人有正当理由辞去监护职责的;经监护监督人请求,监护人被人民法院撤销其监护资格的。[①] 梁稿中对照顾终止作了规定。致使照顾终止的理由是:设置照顾的原因消失时,经本人、配偶、近亲属、照顾人、照顾监督人或者人民检察院申请,人民法院应决定终止照顾。杨大文教授则更加系统地将监护的终止分类为相对终止和绝对终止。

而对于成年人法定监护变动的效力在此做相应考察。梁稿规定当照顾撤职或终止时,应当会同照顾监督人对被照顾人的财产进行清算。杨稿则提出变更和终止应当宣告。

(二)监护变动的评析

因为我国《民法总则》已经规定得非常详细,也反映了多数学者的观点,即全面地规定了监护的相对终止情形和绝对终止情形,所以无须再行增补。

而关于学者们所提出的关于监护变动的效力,笔者赞成梁稿的观点,即在成年人法定监护终止时由监护人会同监督人对被监护人

---

① 王利明:《中国民法典学者建议稿及立法理由》,法律出版社 2005 年版,第 80 页。

的财产进行清算,这样可以厘清监护人履行监护职责期间是否合法履职或有损害被监护人的利益的行为,同时可以在保障措施变更后,有利于下一任监护人继续履职而使被监护人的权益不受到侵犯。所以笔者认为,应当在我国成年人监护制度中对此予以补充。

六、保佐或辅助制度内容的学者观点考察与评析

(一)保佐或辅助制度内容的考察

每个建议稿所倾向借鉴的国家不同,梁稿多是对《日本民法典》和《德国民法典》的借鉴;杨立新教授则是建议借鉴德国的照管制度,建立一个较具弹性的、范围广泛的成年监护制度。因为多数学者仅是提出应当采取多元化的措施类型模式,但是对于保佐或辅助的具体制度未加以详细的论述,在此仅考察梁稿中对于辅助的规定。

1. 主体。梁稿提出成年人因精神、智力、身体障碍致意思能力不足而不能处理自己的部分事务的,人民法院应依本人或者其近亲属的申请,为其选任一名辅助人。因精神、智力、身体障碍致意思能力不足而不能处理自己部分事务的该成年人,称为被辅助人。

2. 权利义务。梁稿中规定被辅助人实施以下行为,应当经辅助人同意:存款本金的领取或利用;订立借款、租赁、抵押、质押、保证合同;受让、出让不动产或其他重要财产权利;提起诉讼、申请仲裁;订立赠与、和解合同;放弃继承、放弃受遗赠;接受附负担的赠与、遗赠;订立新建、改建、增建、修缮房屋合同。人民法院在有必要时可以增加其他行为。辅助人无正当理由拒绝同意时,被辅助人可以请求人民法院作出替代辅助人同意的许可。若被辅助人未经辅助人同意或人民法院许可而实施上述行为的,辅助人、被辅助人及其继承人有权撤销该行为。(梁稿中对于其他规定,均适用照顾的规定)

(二)保佐或辅助制度内容的评析

梁稿采用辅助一种形式,而不再划分成保佐和辅助两级,笔者认为是合理的。出于两种考虑:一是根据成年人的不同情况为其设置不同类型的辅助措施,此种二元化的模式基本可以起到三元化的模

式的作用，瑞士就是在其官方代理中进行再次分类，将代理措施又划分为代表性代理、辅助型代理等。二是出于对“保佐”一词的使用，这一法律用语在学界是已经研究得较为透彻的，对于其含义也是了解并知晓的，但是我们要考虑到，法律制度的适用对象主要是人民群众，他们对于这一用词不甚理解，甚至是不知道这一词语的含义的，而“辅助”则更容易被理解和接受。所以，笔者认为梁稿的这种设计比较合理，应当予以吸收。

第四节　我国成年人法定监护制度的增补完善建议

一、内部措施类型化，分为监护和辅助两个措施

针对我国指定监护仅有监护一种类型措施的现状，笔者建议应当将其类型化，参考梁稿的建议，将我国成年人法定监护分为监护和辅助两类措施。对于当事人已经不具有判断能力，但是由配偶或同居伴侣作为其首要法定监护人，近亲属和经常以个人名义帮助被监护人的人或机构组织作为补充性监护人。在监护人资格发生争议时，由法院查询后发现不存在意定监护协议的，且亲属监护不足以保障被监护人权益的，法院则开始指定监护。

而为何仅是划分为“二元化”措施类型，主要理由分析如下：一是疑问存在于为何不借鉴日本的“三元化措施”，因为这三类措施划分的标准实际上是很难操作和辨别的。从三者保护的对象分析，保佐所保护的对象是因精神障碍而辨识能力明显不足的人，其与监护的区别在于此种辨识能力的不足是否处于“常态”，而与辅助对象的区别在于辨识能力的不足是否“明显”。常态是比较容易证明的，而“明显”与否这一标准如何来证明，值得探讨。二是我国将适用监护措施的对象分为无民事行为能力人和限制民事行为能力人，抑或是丧失民事行为能力人和部分丧失民事行为能力人，都是将其分为两类。那么，笔者认为就针对这两类人对应设置措施即可。三是保佐

一词在中文使用中较少被用到，民众对于其知悉度较低，不利于该措施在未来被普遍的适用。

此外，之所以不借鉴瑞士此种将法定监护分类为一般措施和医疗措施的原因，是因为我国已经在《刑事诉讼法》中规定了强制医疗，并且我国虽然未将养老机构作为成年人监护的一种法定措施类型，但针对此种养老方式被越来越多公民选择的情况，我国也有具体的养老机构的办法。[①] 所以，在监护中仅提及对被监护人的人身照顾，尤其是医疗照顾。

二、我国成年人法定监护制度的监护措施

（一）补充主体的资格

1. 被监护人的资格。被监护人仅包括因精神障碍、智力障碍或生来患有的障碍而丧失或部分丧失行为能力的成年人，也就是我国《民法总则》中规定的无行为能力人和限制行为能力人。

2. 监护人的资格。对于自然人担任监护人时应当具备的资格，笔者建议采用“正面概括和反向列举”的方式进行规定，即规定监护人应当具有履行监护职责的监护能力、时间且自愿担任监护人。同时借鉴域外法及学者观点，笔者建议规定下列六种情形的人不能担任照顾人：一是未与被监护人共同居住的配偶；二是行为能力欠缺者，包括未成年人、成年障碍者；三是被法院撤职的监护人；四是与被监护人存在利害冲突的人及其近亲属；五是下落不明的人；六是法院认定其他不可担任监护人的其他资格。

对于有关组织担任监护人时应当具备的资格，笔者建议参考德国和日本的规定：一是具有足够数量且具有履行监护职责能力的工作人员；二是担任监护人的组织或该组织的法定代表人与被监护人

① 《养老机构设立许可办法》经2013年6月27日民政部部务会议通过，2013年6月28日中华人民共和国民政部令第49号公布。该办法分总则、服务内容、内部管理、监督检查、法律责任、附则6章36条，自2013年7月1日起施行。

不存在利益冲突。对有关组织的监护资格进行限制，有利于失独老人或独居老人在找不到合适的自然人担任监护人时，由具有一定监护能力的组织担任。因为监护职责的特殊性，有关组织要担任监护人必然需要符合一定的资质才能承担起监护的职责。

（二）增设监护开始的程序

1. 借鉴法国规定增加提交有法定资格的医生出具的“健康状况说明书”。由于确认“无行为能力人”或“限制行为能力人”需要一定的法定程序，可能会对当事人产生麻烦。当法定监护出现争议或不足时，申请人应当提交有法定资格的医生出具的“健康状况说明书”，以证明被监护人的精神状态。

而对出具说明书的医生资格进行限制，笔者认为是非常必要的。因为对于这一可能涉及被监护人人身自由是否受限或是行为能力是否受约束的重要法律判定，其证明应当来自具有一定资质的医生，法国是采取由“共和国检察官指定的名册上登记的医师”作为有资格出具说明书的主体。笔者认为这样的规定比较合理，其医生出具的说明书也更具公正性和公信力。那么笔者建议我国可以同样设立一个经过一定考核和评定的医生名录，只有在名录上的医生才可以出具说明当事人行为能力状态的说明书。当然，这一名录上的医生除对资质的要求外，人员范围应当是比较广的，以便于城镇和农村的人民办理这样的说明。

2. 增加登记程序。这一登记可以采取两种方式：一是根据法定顺序而确定的亲属监护时，无须办理登记手续；二是法院指定监护人后，可以由法院将这一情况上传至全国联网的系统中去，完成登记手续。当然，为了保护被监护人的隐私，这一登记信息的查询应当是有一定的法定要求的。笔者建议除被监护人本人外，其他人应当携带相关证明材料，证明确有必要查询的，方可查询。之所以亲属监护无须登记，是因为亲属监护的初始通常是比较隐秘的，作为被监护人的近亲属可能存在不愿让他人知晓其情况的心态以及怕麻烦的心态，那么在亲属监护时则不适用登记程序；当亲属监护发生争议时，再为适用。

在登记后,建议学习法院的经验,应当向监护人发放资格证书,以方便其证明身份并履行监护职责。

(三)细化补充主体的权利义务

1. 被监护人独立行使权利的范围。借鉴《法国民法典》,规定被监护人有履行日常生活基本行为的权利以及医疗事务的知情权和同意权,而不被撤销。当然,这一前提是被监护人具有相应的意思辨识能力。在必要的情况下,法院也可以设定被监护人能够行为的范围。

2. 监护人的权利。

(1)建议明确规定监护期限,监护人的任期规定。参考法国的规定以及梁稿的建议,根据监护人与被监护人关系的密切程度决定其监护期限的长短,抑或是直接设定5年为一个周期,监护人可以自行决定是否继续承担监护职务。

理由是,目前《民法总则》所保护的是监护人在履行监护职责时享有的权利,但并未明确何种权利,这不仅影响到制度的可操作性,同时也不利于监护人的积极履职。虽然笔者在通用性规定中建议了监护人有法定条件下的辞任权,但当法定条件不成立时,监护人就必须一直履行监护职责。但是担任监护人确实是需要监护人付出较多时间、经历去履行的,尤其是对精神障碍者的监护更是如此。而我国监护制度没有明确规定监护的期限,对未成年人而言,其成年后监护期限届满。而对于成年被监护人的监护来说,由于法律没有规定期限,所以往往是无限期的。而这种长时间地将监护职责加诸于同一名监护人身上是不合理的,不仅会给监护人带来巨大的压力,也会影响到监护人的生活质量。因此,笔者建议应当明确监护期限。

在意定监护中未规定监护期限的原因是意定监护监护人的任职期限由当事人双方协商决定,所以任职期限的规定主要是针对法定监护的情形,但是当意定监护未规定任期时,则可以参考这一规定。

(2)增加医疗事项的同意权。这一同意权应当尽可能地基于尊重被监护人意愿,包括被监护人仍具有完全民事行为能力时对医疗事项的意愿以及其仍有能力表达医疗事项真实意愿的情形。在无法得知被监护人意愿的情况下，这一同意权同时也必须是出于维护被监护人的最佳利益。

3. 监护人的义务：人身照顾和财产管理。

第一，人身照顾中，从立法理念中重视人身上的照顾以及国外立法如德国、韩国、瑞士对于医疗措施的重视，可见人身照顾中必须强调对于医疗照顾的内容。细化医疗照顾中监护人的权利与限制，尤其是对人身自由的限制。

第二，财产管理中，应当规定监护人履行财产管理时必须制作财产清单，供监督主体随时查看；在监护关系结束时，在监督人的监督下监护人应当对被监护人的财产进行清算，并将财产清单及剩余财产交付于被监护人或者其继承人、新的监护人。

此外，笔者建议建立监护人定期向监护监督人及主管机关述职的制度。主要是汇报被监护人的行为能力情况、人身健康状况、财产状况等内容，并提供相应的证明材料。这一制度的设立主要是便于监督人及监护主管机关及时掌握监护实行的情况，对影响被监护人权益的重大问题作出处理，同时使监护人受到一定的制约，认真负责的履职。

(四)监护资格的恢复设立配套的标准

因为监护资格的恢复是我国的特色立法，同时借鉴学者观点，增加在监护人被撤销资格后关于新监护人需要采取措施避免监护人继续被侵害的内容。

被撤销监护资格的人若要恢复其监护资格，应当具备下述条件：建议规定被撤销监护人资格的侵害人可以书面形式向人民法院申请恢复监护人资格的期限规定（自监护人资格被撤销之日起三个月至一年内）以及应当提交相关证据的要求。法院在审理时应当考虑被监护人的意见，并且详细规定了法院可以委托申请人住所地的残疾人保护组织、社区网格管理员等，对申请人进行调查，主要考察其监护意愿、悔改表现、监护能力、身心状况、工作生活情况等，最终形成一份调查评估报告等内容。具体列举监护资格恢复不能适用的情形，这里笔者建议将2015年实施的《关于依法处理监护人侵害未成年人权益行为若干问题的意见》第35条上升为立法，作为监护资格不能恢复的情形之故意犯罪的具体情形，而非撤销监护资格的情形，并同样适用于成年人监护。

（五）监护监督的完善设计

监护监督的设计，笔者将其划分为事前监督、事中监督和事后监督三个环节，事前监督主要是法律上对成年人法定监护制度的系统化规定，在前面的立法建议中已经涉及；而事后监督《民法总则》中已经规定得较为全面，此处仅是对事中监督进行设计，笔者建议我国成年人监护制度的事中监督采取专门监护监督人为主、公力监督为辅的二级监督模式，具体内容如下：

1. 专门的监护监督人。在法定监护中，笔者主张设立专门的监护监督人，为主要的监督主体，同时公力机关仍要起到辅助监督的作用，以全面保障被监护人；同时也起到防止监护人与监护监督人串通侵犯其权益的情况出现；同时法国、德国、日本等国家普遍建立了国家公权监督与监护监督人私力监督相结合的双轨制成年人监护监督机制。监护监督人的相关制度设计如下：

一是监护监督人的选任。根据前述登记程序，法院在指定监护人时，依据最有利于被监护人的原则为其选任监护监督人，当然应当尽可能地考虑被监护人的意愿。

二是监护监督人的资格。笔者建议在被监护人的近亲属中选任，但是应当注意，该近亲属不得与被监护人存在利益冲突。这里不宜借鉴日本和韩国，其规定监护监督人不得由与监护人有重大利害关系的个人，包括监护人的配偶、直系亲属、兄弟姐妹等担任。笔者认为不妥，因为能够重视保障被监护人利益，与其交往较为密切的通常是这些人，如果他们不能担任监护监督人，则很难找出能够履行监督职责的其他人。

三是监护监督人的职责。监督监护人履行监护职责；有权要求监护人定期报告监护事务的执行情况;有权随时调查被监护人的人身状况;审核监护人制作的被监护人的财产清单;当发现监护人不履行职责时及时向法院或民政机关反映,并承担起临时监护人的职责;监护人侵害被监护人权益时,请求法院撤销监护人资格并代表被监护人请求赔偿。

2. 公力监督。

(1)公力监督的主要主体,笔者建议仍由民政部门担任,网络管理员作为辅助主体。民政部门作为管理社会事务的行政机关,具有管理范围广泛、机构设置深入基层、工作人员相对充足、行政权力高效便捷等优势。① 虽然在 2017 年首届全国成年监护法专题研讨会上,来自上海的民政部门领导提出了其工作人员少但负责的人口数量大,无力承担更多的职责。但是笔者认为,如果每个行政部门都如此推脱责任,那么很多百姓所关注的事务都会无人看管、无人监督,我们应当根据国家设立部门时其应有的行政职责范围而将具体的事务划分进去,而不应当因为现有的工作人员少而回避自己本应承担的职责。

同时,党的十八届三中全会提出“创新社会治理体制,改进社会治理方式”。笔者建议应当利用起城市网格化管理②的方式,由社区网格服务管理人员承担起类似于法国民法中规定的“走访被监护人”的职责。因为从重庆市各社区公布的网格管理员名单及其服务内容的告示板中,笔者看到其服务内容本身就包括信息采集、民情走访、政策宣传、安全检查等。

(2)公力机关的职责内容。公力监督的职责应当包括:听取监

---

① 满洪杰:《关于〈民法总则(草案)〉成年监护制度三个基本问题》,载《法学论坛》2017 年第 1 期。

② 网格化管理是指依托统一的城市管理以及数字化的平台,将城市管理辖区按照一定的标准划分为单元网格。通过加强对单元网格的部件和事件巡查,建立一种监督和处置互相分离的形式。百度百科:https://baike. baidu. com/item/网格化管理/8559115? fr = aladdin。

督人汇报监护人履职情况；要求监护人提交被监护人财产的账目清单；随时调查被监护人的人身状况；督促监督人、监护人履职；依职权或申请同意监护人从事超出监护范围的事务；向法院提出撤销监护人资格；日常监护中的协助工作等。

在这里，民法总则中所规定的公力和私力监督主体仍然可以行使其监督权，但是并不能享有专门监护监督人的全部权利，如对财产清单的调查、要求监护人汇报情况等权利。

三、我国成年人法定监护制度的辅助措施

（一）被辅助人的范围

被辅助人的范围包括因精神障碍、智力障碍或天生衰弱而使行为能力明显不足或暂时不足的成年人，即限制民事行为能力人。

辅助人同为我国《民法总则》第28条[①]规定的人，若发生争议则由法院指定的人担任。

（二）主体的权利义务

1. 被辅助人的权利义务。被辅助人的权利，因其仍具有一定的民事行为能力，其可以从事与其行为能力相适应的行为。人民法院在有必要时可以增加其他行为。而其义务则是对于特殊事项，尤其是重大财产管理或处分需要辅助人的同意或追认才可以实施。

2. 辅助人的权利义务。

（1）辅助人的任期不应超过3年。如果有特殊情况应由法院裁量。之所以对于辅助人的任期规定为3年，因为辅助的对象是"限制行为能力人"，如果其长时间需要辅助，那么其应当更改为监护措施。

---

① 《民法总则》第28条规定，无民事行为能力或者限制民事行为能力的成年人，由下列有监护能力的人按顺序担任监护人：（一）配偶；（二）父母、子女；（三）其他近亲属；（四）其他愿意担任监护人的个人或者组织，但是须经被监护人住所地的居民委员会、村民委员会或者民政部门同意。

辅助人的同意权,参考梁稿的规定,当被辅助人要实施重要的财产管理或处分[①]时,应当经辅助人同意。

(2)辅助人的义务。辅佐被辅佐人从事其不能处理的部分事务,同时应当遵从监护中规定的履职原则。[②]

上述主体权利义务的规定,主要是出于被辅助人本身行为能力的特殊性,其是具有部分行为能力的成年障碍者,本身能够从事和处理自身生活及日常交易,但是对于重大的法律行为难以独自实施,而此类重大法律行为多为财产权利的处分,所以被辅助人可以从事的行为范围由其本人实施;而重大法律行为则由辅助人辅助实施。

3. 监护监督。法院根据实际情况可以修改须经辅助同意实施行为的范围;并且出现辅助人无正当理由拒绝同意时,可请求法院代为同意。

此外,辅助措施中其他内容没有规定的,则参照监护措施的规定。

---

① 例如,存款本金的领取或利用;订立借款、租赁、抵押、质押、保证合同;受让、出让不动产或其他重要财产权利;提起诉讼、申请仲裁;订立赠与、和解合同;放弃继承、放弃受遗赠;接受附负担的赠与、遗赠;订立新建、改建、增建、修缮房屋合同。

② 《民法总则》第35条第1款和第3款规定,监护人应当按照最有利于被监护人的原则履行监护职责。监护人除为维护被监护人利益外,不得处分被监护人的财产。成年人的监护人履行监护职责,应当最大限度地尊重被监护人的真实意愿,保障并协助被监护人实施与其智力、精神健康状况相适应的民事法律行为。对被监护人有能力独立处理的事务,监护人不得干涉。

参考文献

一、中文类

(一)著作类

1. 陈苇:《中国婚姻家庭法立法研究》(第二版),群众出版社2010年版。

2. 史尚宽:《亲属法论》,中国政法大学出版社2000年版。

3. 杨立新:《人身权法》,人民法院出版社2002年版。

4. 王利明等:《民法典体系研究》(第二版),中国人民大学出版社2012年版。

5. 姜海顺:《中韩家族法的比较研究》,法律出版社2009年版。

6. 朱涛:《自然人行为能力制度研究》,法律出版社2011年版。

7. 王竹青:《美国持续性代理权和成年人监护制度立法及法律适用》,知识产权出版社2016年版。

8. 周枏:《罗马法原论》(上、下册),商务印书馆2014年版。

9. 李洪祥:《我国民法典立法之亲属法体系研究》,中国法制出版社2014年版。

10. 李霞:《民法典成年保护制度》,山东大学出版社2007年版。

11. 李霞:《成年监护制度研究——以人权的视角》,中国政法大学出版社2012年版。

12. 朱雪林:《加拿大成年监护制度研究》,黑龙江大学出版社2015年版。

13. 杨立新:《民法总则重大疑难问题研究》,中国法制出版社2011年版。

14. 陈苇:《21世纪家庭法与家事司法:实践与变革》,群众出版社2016年版。

15. 梁慧星:《中国民法典草案建议稿附理由:亲属编》,法律出版社2013年版。

16. 陈小君等:《民法典结构设计比较研究》,法律出版社2011年版。

17. 曾令良等编著:《国际人权公约的实施及中国的实践》,武汉大学出版社2015年版。

18. 杨立新:《民法总则》,法律出版社2013年版。

19. 叶欣:《现代成年人保护制度的民法研究》,武汉大学出版社2011年版。

20. 杨大文主编:《亲属法》,法律出版社2005年版。

21. 白桂梅、刘骁编:《人权法教学参考资料选编》,北京大学出版社2012年版。

22. 周福林:《我国家庭结构变迁研究》,经济管理出版社2016年版。

23. 张恒山:《法理要论》,北京大学出版社2009年版。

24. 王孔祥编著:《国际人权法概论》,武汉大学出版社2012年版。

25. 张民安:《法国民法》,清华大学出版社2015年版。

26. 徐国栋主编:《绿色民法典草案》,社会科学文献出版社2004年版。

27. 王利明主编:《中国民法典学者建议稿及立法理由·总则编》,法律出版社2005年版。

28. 梁慧星主编:《中国民法典草案建议稿附理由·总则编》,法律出版社2004年版。

29. 杜涛主编:《民法总则的诞生:民法总则重要草稿及立法过

程背景介绍》,北京大学出版社 2017 年版。

30. 余延满:《亲属法原论》,法律出版社 2007 年版。

31. 杨大文主编:《亲属法与继承法》法律出版社 2013 年版。

32. 江必新、何东宁编著:《民法总则与民法通则条文对照及适用提要》,法律出版社 2017 年版。

33. 史浩明主编:《中国民事法律制度继承与创新》,人民法院出版社 2006 年版。

34. 陈苇主编:《外国婚姻家庭法比较研究》,群众出版社 2006 年版。

35. 李开国:《民法总论》,华中科技大学出版社 2013 年版。

36. 孙晓云:《国际人权法视域下的健康权保护研究》,光明日报出版社 2011 年版。

37. 张万洪、姜依彤主编:《平等、融合与发展——残障组织权利倡导指南》,社会科学文献出版社 2015 年版。

38. 高伟:《私法公法化研究》,社会科学文献出版社 2012 年版。

39. 彭万林:《民法学》,中国政法大学出版社 2011 年版。

40. 肖君拥:《国际人权法讲义》,知识产权出版社 2013 年版。

41. 曹诗权:《未成年人监护制度研究》,中国政法大学出版社 2004 年版。

42. 李永军主编:《中华人民共和国民法总则精释与适用》,中国民主法制出版社 2017 年版。

43. 龙卫球:《民法总则》(第二版),中国法制出版社 2002 年版。

44.《法学研究》编辑部:《新中国民法学研究综述》,中国社会科学出版社 1990 年版。

45. 梁慧星:《民法总论》,法律出版社 2001 年版。

46. 顾昂然、王家福、江平:《中华人民共和国民法通则》,中国法制出版社 2000 年版。

47. 张俊浩:《民法学原理》,中国政法大学出版社 1997 年版。

48. 黄右昌著:《罗马法与现代》,丁枚勘校,北京大学出版社

2008 年版。

49. 王泽鉴:《民法总则》,中国政法大学出版社 2001 年版。

50. 陈新民:《德国公法学基础理论》(下册),山东人民出版社 2001 年版。

51. 王利明:《民法总则研究》(第二版),中国人民大学出版社 2012 年版。

52. 王利明:《民法典体系研究》(第二版),中国人民大学出版社 2012 年版。

53. 王利明:《我国民法典重大疑难问题之研究》,法律出版社 2016 年版。

54. 沈德咏主编:《〈中华人民共和国民法总则〉条文理解与适用》,人民法院出版社 2017 年版。

55. 张新宝:《〈中华人民共和国民法总则〉释义》,中国人民大学出版社 2017 年版。

56. 黄阳寿:《民法总则》,台湾新学林出版股份有限责任公司 2009 年版。

57. 林诚二:《民法总则》(上册),台湾瑞星图书股份有限公司 2007 年版。

58. 吴国平:《婚姻家庭立法问题研究》,吉林大学出版社 2008 年版。

59.《中国大百科全书》总编辑委员会:《中国大百科全书》(法学卷),中国大百科全书出版社 1984 年版。

(二)论文类

60. 徐国栋:《论完善我国监护制度问题》,载《西北政法学院学报》1987 年第 2 期。

61. 叶欣:《成年监护制度的理念探析》,载《江汉论坛》2008 年第 1 期。

62. 李霞:《意定监护制度论纲》,载《法学》2011 年第 4 期。

63. 李昊:《大陆法系国家(地区)成年人监护制度改革简论》,

载《环球法律评论》2013 年第 1 期。

64. [日]冈孝:《东亚成年监护制度的比较》,李国强译,载《吉林大学社会科学学报》2013 年第 2 期。

65. 刘金霞:《德国、日本成年监护改革的借鉴意义》,载《中国青年政治学院学报》2012 年第 5 期。

66. 李因来:《世界各国成年人监护制度的历史演变及比较评析》,载《湘潭师范学院学报》(社会科学版)2007 年第 2 期。

67. 王竹青:《德国从成年人监护制度到照管制度的改革与发展》,载《北京科技大学学报》(社会科学版)2005 年第 2 期。

68. 陈苇、李欣:《私法自治、国家义务与社会责任——成年监护制度的立法趋势与中国启示》,载《学术界》2012 年第 1 期。

69. 李霞:《论我国成年人民事行为能力欠缺法律制度重构》,载《政治与法律》2008 年第 9 期。

70. 李建华、王琳琳、麻锐:《中国民法典应构建老年监护制度——兼论中国自然人民事行为能力制度的完善》,载《社会科学战线》2012 年第 11 期。

71. 康娜:《我国老年人监护制度探究》,载《法商研究》2006 年第 4 期。

72. 刘金霞:《老龄化背景下我国成年监护制度的完善》,载《贵州警官职业学院学报》2015 年第 1 期。

73. 陈苇、姜大伟:《现代成年人监护制度的立法变革及启示——以法律价值分析为视角》,载《中华女子学院学报》2014 年第 1 期。

74. 马忆南:《残疾人研究》,载《残疾人研究》2012 年第 4 期。

75. 王占明:《再论监护性质》,载《太平洋学报》2007 年第 3 期。

76. 林玉莹:《成人监护的意思能力判定标准初探》,载《福建论坛·人文社会科学报》2011 年专刊。

77. 刘美:《意思能力研究及对成年监护改革的意义》,载《武汉公安干部学院学报》2010 年第 4 期。

78. 刘金霞:《试论我国成年监护制度的立法完善》,载《北京社会科学》2012 年第 4 期。

79. 赵虎、张继承:《成年人监护制度之反思》,载《武汉大学学报》(哲学社会科学版)2011 年第 2 期。

80. 焦富民:《民法总则编纂视野中的成年监护制度》,载《政法论丛》2015 年第 6 期。

81. 吴国平:《我国成年人监护制度之检讨与立法完善》,载《河北经贸大学学报》(综合版)2010 年第 2 期。

82. 巫昌祯、夏吟兰:《民法典婚姻家庭编之我见》,载《政法论坛》2003 年第 1 期。

83. 李洪祥:《论成年监护制度研究存在的若干误区》,载《政法论丛》2017 年第 2 期。

84. 李霞:《成年监护制度的日本法观察——兼及我国的制度反思》,载《法学论坛》2003 年第 5 期。

85. 李世刚、江俊杰:《韩国成年监护制度解析》,载《青海社会科学》2017 年第 1 期。

86. [日]田山辉明:《日本成年监护制度——少子、老龄社会的法律制度》,顾祝轩译,载《交大法学》2015 年第 3 期。

87. 薛军:《人的保护:中国民法典编纂的价值基础》,载《中国社会科学》2006 年第 3 期。

88. 陈苇、李艳:《中国民法典之监护制度立法体系构建研究》,载《西南政法大学学报》2017 年第 2 期。

89. 李欣:《私法自治视域下的老年人监护制度研究》,西南政法大学 2012 年博士学位论文。

90. 李霞:《成年监护制度研究》,山东大学 2007 年博士学位论文。

91. 朱雪林:《加拿大成年监护制度研究——兼论对中国成年监护制度的启示》,吉林大学 2012 年博士学位论文。

92. 方勇男:《日本成年监护制度研究》,吉林大学 2012 年博士学位论文。

93. 魏树发:《论我国成年监护制度改革》,福建师范大学 2010 年博士学位论文。

94. 吴国平:《民法总则监护制度的创新与分则立法思考》,载《中华女子学院学报》2017 年第 5 期。

95. 刘得宽:《成年监护制度之比较研究——以日、德为中心》,载《月旦法学杂志》2003 年第 101 期。

96. 白承鑫:《成年监护制度的施行和课题》,载《民事法理论和实务》2011 年。

97. 李霞:《成年监护制度的现代转向》,载《中国法学》2015 年第 2 期。

98. 戴建兵:《我国人口老龄化程度以及老年人口量与质的实证分析——基于四普、五普和六普数据》,载《兰州学刊》2017 年第 2 期。

99. 杜鹏、孙鹃娟、张文娟、王雪辉:《中国老年人的养老需求及家庭和社会养老资源现状——基于 2014 年中国老年社会追踪调查的分析》,载《人口研究》2016 年第 6 期。

100. 孙文灿:《老龄化背景下的民事立法研究》,载《人口与发展》2016 年第 6 期。

101. 陶源:《浅论现代民法的发展趋势》,载《商业研究》2004 年第 14 期。

102. 夏吟兰:《民法典体系下婚姻家庭法之基本架构与逻辑体例》,载《政法论坛》2014 年第 5 期。

103. 杨立新:《〈民法总则〉制定与监护制度之完善》,载《法学家》2016 年第 1 期。

104. 杨立新:《民法总则编的框架结构及应当规定的主要问题——杨立新 2.0 版〈中华人民共和国民法·总则编〉建议稿的设计思路》,载《财经法学》2015 年第 4 期。

105. 王牧、徐丽君、冯浩:《我国现行成年监护制度的反思与完善——兼评〈民法总则〉成年一定监护相关条款》,提交“首届全国成年监护法专题研讨会”的论文,华东政法大学交谊楼第三会议室,2017 年 12 月 9 日。

106. 魏树发:《完善意定监护制度的几个基本问题》,提交“首届全国成年监护法专题研讨会”的论文,华东政法大学交谊楼第三会议室,2017 年 12 月 9 日。

107. 浦纯钰、孟丽敏:《我国成年监护制度程序保障问题的若干探讨》,提交“首届全国成年监护法专题研讨会”的论文,华东政法大学交谊楼第三会议室,2017 年 12 月 9 日。

108. 杨立新:《我国老年监护制度的立法突破及相关问题》,载《法学研究》2013 年第 2 期。

109. 张伟、高丰美:《老年监护的立法模式、原则与程序研究》,载《安徽大学学报》(哲学社会科学版)2016 年第 6 期。

110. 罗丽华、丁峰:《论我国监护制度之不足及完善》,载《法学杂志》2002 年第 2 期。

111. 吴国平:《监护人主体资格法律制度的检讨与完善》,载《广西大学学报》(哲学社会科学版)2008 年第 3 期。

112. 李欣:《共同决定制度——加拿大老年人监护最新立法进程与启示》,载《学术界》2012 年第 11 期。

113. 满洪杰:《关于〈民法总则(草案)〉成年监护制度三个基本问题》,载《法学论坛》2017 年第 1 期。

(三)译著类及外国法典

114.《瑞士民法典》,于海涌、赵希璇译,法律出版社 2016 年版。

115.《日本民法典》,王爱群译,法律出版社 2014 年版。

116. 国际人权法教程项目组:《国际人权法教程》,中国政法大学出版社 2002 年版。

117. 罗结珍译:《法国民法典》,北京大学出版社 2010 年版。

118. 杜景林、卢谌:《德国民法典——全条文注释》(下册),中国政法大学出版社 2015 年版。

119. ［德］黑格尔:《法哲学原理》,范杨、张企泰译,商务印书馆 1982 年版。

120. ［德］康德:《法的形而上学原理——权利的科学》,沈叔平译,商务印书馆 1991 年版。

121. ［英］凯特·斯丹德利:《家庭法》,屈广清译,中国政法大学出版社 2001 年版。

122. ［德］迪特尔·施瓦布著:《德国家庭法》,王葆莳译,法律出版社 2010 年版。

123. ［美］哈里·D. 格劳斯、大卫·D. 梅耶著:《美国家庭法精要》,陈苇译,中国政法大学出版社 2010 年版。

124. ［德］迪特尔·施瓦布:《民法导论》,郑冲译,法律出版社 2006 年版。

125. ［爱尔兰］杰拉德·奎因、［中国］李敬编著:《〈残疾人权利公约〉研究:海外视角(2014)》,人民出版社 2015 年版。

126. ［德］鲁道夫·冯·耶林:《为权利而斗争》(上册),郑永流译,法律出版社 2007 年版。

127. ［德］马克思·韦伯:《韦伯作品集 IV:经济行动与社会团体》,康乐等译,广西师范大学出版社 2004 年版。

128. ［日］松尾弘:《民法的体系》(第四版),庆应义塾大学出版社 2005 年版。

129. ［英］A. J. M. 米尔恩:《人的权利与人的多样性——人权哲学》,夏勇、张志铭译,中国大百科全书出版社 1995 年版。

130.《俄罗斯联邦民法典》,黄道秀译,北京大学出版社 2007 年版。

131.《智利共和国民法典》,徐涤宇译,北京大学出版社 2014 年版。

132.《瑞士民法典》,戴永盛译,中国政法大学出版社 2016 年版。

133. ［意］彼得罗·彭梵得:《罗马法教科书》,黄风译,中国政法大学出版社 2005 年。

134. [日]五十岚清、铃木贤:《人格权法》,葛敏译,北京大学出版社 2009 年版。

135.《最新日本民法》,渠涛编译,法律出版社 2006 年版。

136. [日]新井诚:《任意后见制度的立法的必要性》,シユリスト 1141 号 1998 年。

137. [日]细川瑞子:《认知障碍者的成年监护的原理》(第二版),信山社 2010 年版。

138. [德]施瓦布:《德国家庭法》,王葆莳译,法律出版社 2010 年版。

(四)法规类

139. 2017 年《民法总则》

140. 1986 年《民法通则》

141. 1988 年最高人民法院《关于贯彻执行〈中华人民共和国民法通则〉若干问题的意见(试行)》

142. 2015 年《中华人民共和国老年人权益保障法》

143. 2013 年《中华人民共和国精神卫生法》

144. 2013 年《养老机构设立许可办法》

145. 2014 年最高人民法院、最高人民检察院、民政部与公安部联合发表的《关于依法处理监护人侵害未成年人权益行为若干问题的意见》

146. 2015 年《中华人民共和国反家庭暴力法》

147. 2013 年《养老机构设立许可办法》

(五)其他类

148. 腾讯经济:《从日本印度看生育率高低与经济兴衰》,http://finance.qq.com/original/MissMoney/mm0035.html,最后访问日期:2017 年 11 月 12 日。

149. 王云超:《论我国现行强制医疗程序的现实与对策》,http://www.chinacourt.org/article/detail/2013/07/id/1037270.shtml,

最后访问日期:2017 年 10 月 10 日。

150. 国务院人口普查办公室、国家统计局人口和就业统计司编:《2010 年人口普查资料》,http://www.stats.gov.cn/tjsj/pcsj/rkpc/6rp/indexch.htm,最后访问日期:2017 年 10 月 9 日。

151.《精神病人屡屡犯罪,为什么还能满街乱跑?》,http://news.163.com/17/0221/12/CDQ313LG000181IU.html,最后访问日期:2017 年 10 月 18 日。

152.《规范性文件结构》,http://www.doc88.com/p-7029829078541.html,最后访问日期:2017 年 4 月 10 日。

153. 新华社中国网事:《八旬老母含泪杀智障儿子获缓刑,称怕自己先走留儿受苦》,https://weibo.com/ttarticle/p/show? id=2309351000444168902774008609&u=5171042240&m=4168928014287110&cu=5171042240,最后访问日期:2017 年 11 月 1 日。

154. 重庆商报:《18 岁起照顾精神分裂症姐姐 36 年诠释孝悌之义》,http://cq.people.com.cn/n2/2017/1027/c365405-30862034.html,最后访问日期:2017 年 10 月 29 日。

155. 山西法制报:《全省首例"意定监护公证"! 看九旬老人如何为自己指定"监护人"》,http://mp.weixin.qq.com/s/6C_UCz2oXOXPdFvgIFuuoQ,最后访问日期:2017 年 12 月 11 日。

156. 李霞:《漫谈中国成年监护制度与公证》,http://mp.weixin.qq.com/s/T-4srpG3WMUYF6lS-eZYzA,最后访问日期:2017 年 11 月 11 日。

157. 李拥军:《当代中国法律对亲属的调整:文本与实践的背反及统合》,http://mp.weixin.qq.com/s/-Bz5plsNtZZHvV31pVA6Sw,最后访问日期:2017 年 9 月 7 日。

158. 钱蓓:《国内首个意定监护生效案例:精神失常前她为自己"留了一手"》,http://wenhui.whb.cn/zhuzhan/yis/20171208/67659.html? timestamp=1513004081801&from=groupmessage&isappinstalled=0,最后访问日期:2017 年 12 月 12 日。

159. 金可可:《〈民法总则(草案)〉若干问题研究》,http://mp. weixin. qq. com/s/T_Br8Wixz1jKFbBGcsEALw,最后访问日期:2017 年 12 月 1 日。

160. 周友军:《我国〈民法总则〉的成功与不足》,http://mp. weixin. qq. com/s/y1jiybJMM6XGZcw1QwM0ZA,最后访问日期:2017 年 4 月 1 日。

161. 网易新闻:《精神病人屡屡犯罪,为什么还能满街乱跑?》,引自 http://news. 163. com/17/0221/12/CDQ313LG000181IU. html,最后访问日期:2017 年 8 月 11 日。

162. 法制日报:《司法部首次发布三个公证指导性案例》,引自 http://mp. weixin. qq. com/s/2TyPCqMUg8v8isBrgRu5yA,最后访问日期:2017 年 12 月 28 日。

163. 周斌:《最高法发布 2015 年全国法院审理执行案件统计数据》,引自 http://www. dyzxw. org/html/article/201603/18/213756. shtml,最后访问日期:2016 年 12 月 25 日。

164. 铜山法院:《徐州铜山法院首发监护权证明书》,引自 http://mp. weixin. qq. com/s/6G6fEV06ZNivJHUhr83hWw,最后访问日期:2017 年 12 月 28 日。

165. 北大法宝:《周荣焱与重庆三峡民康医院人身自由权纠纷抗诉案》,引自 http://202. 202. 90. 30/ermsras/fggi4226f29b845e4133ae3b600e3875e7ca/case/pfnl_a25051f3312b07f3966db9d392744621ee320df34e6829ddbdfb. html? keywords = 精神病人监护 &match = Exact,最后访问日期:2017 年 9 月 11 日。

166. 北大法宝:《刘某某与徐某某申请变更监护人特别程序案》,引自 http://202. 202. 90. 30/ermsras/fggi4226f29b845e4133ae3b600e3875e7ca/case/pfnl_a25051f3312b07f3affe067de9539384c197567b4aaf0a15bdfb. html? keywords = 精神病人监护 &match = Exact,最后访问日期:2017 年 11 月。

二、外文类参考资料

167. Ingeborg Schwenzer and Tomie Keller, *Switzerland: A New Law for The Protection of Adults*, International Survey of Family Law, Vol. 2013.

168. Denise W. Wong: *Utah's Adult Protective Services Statute: Preventing the Fleecing of Grandma and Grandpa*, Journal of Law & Family Studies, Vol. 6, Issue 2(2004).

169. William White: *Elder Self – Neglect and Adult Protective Services: OHIO NEEDS TO DO MORE*, Journal of Law and Health, Vol. 27, Issue 1(2014).

170. Eric Y. Drogin and Curtis L. Barrett, *Evaluation for Guardianship*, Oxford University Press 2010.

171. Michael King and Christine Piper: *How the Law Thinks about Children*, GowerPublishing Company Limited, 1990.

172. Wolf Wolfensberger and Stephen Tullman, *A Brief Outline of the Principle of Normalization*, 27(3) Rehabilitation Psychology. 1982.

173. Norman Fell, *Guardianship and the Elderly: Oversight not Overlooked*, 25 University of Toledo Law Review 189. 1994.

174. World Health Organization, *Community – Based Rehabilitation: CBR Guifrlines*, 2010.

175. Harriet P. Prensky, *Durable Powers of Attorney and Revocable Living Trusts*, available at http://www. caregiver. org/caregiver/jsp/content_node. jsp? nodeid =434(last visited June. 6, 2017).

176. Winsor C. Schmidt, Jr. *Guardianship: Court of Last Resort for the Elderly and Disabled*, Carolina Academic Press. 1995.

177. George H. Zimny, *Guardianship of the Elderly*, Springer Publishing Company, 1998.

后　记

时光如逝,三年的博士学习生活也接近尾声。在博士论文完稿之际,回首这期间虽是充满艰辛,但亦包含了太多人的支持、鼓励和帮助,在这里只能简言致谢,但感恩之心却是永远铭记。

感谢我的恩师陈苇教授。从 2012 年 9 月进入西南政法大学民商法学院学习婚姻法专业至今,陈老师用她的言传身教,让我学会了严谨治学、认真处事、谦虚做人。特别是在博士论文写作期间,共经历了五次大的修改,每一次的修改,陈老师都细心指导,耐心传授写作经验,使我切身感受到老师深厚的学术功底,深深感动于老师认真的学术态度。

感谢我读博期间的所有导师,他们是赵万一教授、石慧荣教授、李洪祥教授、马忆南教授、徐洁教授、张力教授、曹兴权教授、侯国跃教授以及刘云生教授。三年来,无论是中期考核,还是博士论文的选题,抑或是预答辩,他们的指导都给予了我很大的帮助。他们的每一次授业解惑,犹如暗夜薪火、星星点灯,发人深省。

感谢我的同学李艳、应建均、刘宇娇,在我论文的写作和校对中更是给予了我大力的支持和帮助。最后尤其要感谢我的家人和我的男朋友,他们尊重我当初读博的选择,在攻读期间给予我无微不至的关怀和默默的支持。正是有了他们的帮助和关心,我才有了努力前行的动力和决心。

攻读博士学位是一条充满荆棘的道路，但这期间的点点滴滴都让我学会更加感恩，感恩我有如此优秀的导师、如此爱我的家人，并且这段经历让我的人生如此的丰富多彩。“路漫漫其修远兮，吾将上下而求索”。未来还有更远的学术研究之路等着我去探索，我将带着这些支持与帮助继续前行！

陈　钊

2018 年于西政渝北校区

附　录

西南政法大学外国家庭法及妇女理论研究中心简介（中英文对照）

学术顾问（以姓氏笔画为序）：万相兰、王建华、李春茹、陈　彬、谢晓曦
主　　任：陈　苇
副 主 任：张华贵、朱　凡
秘 书 长：石　婷

2003 年 12 月至 2004 年 12 月，西南政法大学民商法学院博士生导师陈苇教授受国家留学基金资助，由国家教育部公派出国留学，她作为访问学者到澳大利亚悉尼大学法学院进修家庭法一年。她回国后于 2005 年 1 月向学校提出了建立"西南政法大学外国家庭法及妇女理论研究中心"的书面申请。2005 年 4 月 1 日，西南政法大学校长办公会议批准同意该研究中心成立。

本"研究中心"的工作宗旨是：通过整合本校婚姻家庭法及妇女理论方面的科研与教学资源，联合校内外其他单位与部门的相关人员，以西南政法大学为依托，开展中外学术交流，着力研究现阶段中外婚姻家庭继承法及妇女领域的重大理论和实践课题，为我国婚姻家庭继承法的完善及妇女理论的发展提供有益的借鉴经验，为我国立法机关提出相关建议，为司法部门提供法律咨询服务，争取多出科研成果，出精品科研成果，为创建国内一流、国际知名的西南政法大学而努力。

本"研究中心"的主要任务包括：1. 开展中外学术交流；2. 提供专业咨询服务；3. 进行学术前沿理论和司法实务问题研究；4. 培养婚姻家庭继承法及妇女理论的学术人才；5. 组织开展学术讲座等，以期造就一批在本学科领域有一定影响的学术骨干和后备学术带

头人。

本“研究中心”的学术研究平台，为促进学术研究和学术交流，研究中心主任陈苇教授自2005年起先后创办、主编出版《家事法研究》学术论文集刊和《家事法研究学术文库》丛书，到2018年底为止的14年期间，已出版《家事法研究》(2005年卷至2010年卷)学术论文集刊6卷和《家事法研究学术文库》丛书著作19部。这些论文集和著作，着力研究婚姻家庭继承法领域的前沿理论和司法实务的热点难点问题，在我国学术界和实务界已产生了良好的社会影响。需要说明的是，为进一步扩大《家事法研究》的学术影响，在2009年中国婚姻家庭法学研究会常务理事会上，经陈苇教授提出申请，该研究会常务理事一致同意，夏吟兰会长宣布自2010年起《家事法研究》改由学会主办。但由于2010年该学会将出版“2009年中国婚姻家庭法学研究会年会论文集”，故夏会长委托陈苇教授继续主编出版《家事法研究》(2010年卷)。即从2011年起《家事法研究》改由中国婚姻家庭法学研究会主办，它成为该学会的会刊。为继续推进婚姻家庭继承法领域前沿理论和司法实务问题的研究，本“研究中心”决定打造新的学术研究和交流的平台，自2012年起陈苇教授担任主编，负责遴选出版《家事法研究学术文库》丛书，每年计划出版2~3本，由国家级出版社出版。同时，本“研究中心”继续与杨晓林律师组建的家事法律师团队合作，在“西南政法大学外国家庭法及妇女理论研究中心”网页——学习园地之“学术前沿”栏，发表婚姻家庭继承法领域的前沿理论和司法实务热点难点问题的最新研究成果，以期实现学术研究与立法、司法的良性互动，促进中外学术研究和学术交流。

本“研究中心”的团队成员，以西南政法大学民商法学院婚姻家庭继承法和妇女理论研究所的人员为主，并聘请校内外的专家、学者担任学术顾问和特约研究员。

Appendix:

Introduction of the Research Center on Foreign Family Law and Women's Theory of Southwest University of Political Science and Law, China

Academic Consultants: WAN Xianglan, WANG Jianhua, LI Chunru, CHEN Bin, XIE Xiaoxi

Director: CHEN Wei

Deputy Director: ZHANG Huagui, ZHU Fan

Academic Secretary: SHI Ting

Introduction

Professor CHEN Wei, the doctor tutor of the Civil and Business Law School of Southwest University of Political Science and Law, China [hereinafter refers to SWUPL], studied family law in the Law School of Sydney University, Australia from Dec. 2003 to Dec. 2004 with the sustentation of "STATE SCHOLARSHIP FUND AWARD". In Jan. 2005, some days after came back to China, she presented the application for establishing "Research Center on Foreign Family Law and Women's Theory of SWUPL, China". On Apr. 1st 2005, the President's Working Office of SWUPL approved her application.

The aim of the Research Center is to develop academic exchange between China and foreign countries, put emphasis on grand important theory and practice problems of family law and women's theory by associating the researching and teaching resources of SWUPL with relevant personnel of other units and departments. All of that we have done and will do have some important meaning: first of all, we may provide the valuable experiences for the perfection of the laws of family and succession in China and the development of women's theory; the second, we may provide relevant suggestions to Chinese legislature, and may provide legal advices to judicial practice departments. We hope that SWUPL will be top ranking internally and famous internationally with our efforts.

The assignments of the Research Center including: (1) developing academic exchange between China and foreign countries in relevant fields; (2) providing professional consultation service; (3) strengthen academic research; (4) training some academic adepts of family law and women's theory; (5) giving academic lectures. We hope that some adepts and reserve academic leaders with certain influence in family law field would be brought up.

The academic research platforms of the Research Center: In order to promote the academic research and exchanges, Professor CHEN Wei, director of the Research Center, has founded and edited the publication of the Periodical of Research on Family Law and the Works of Researches on Family Law early or late since 2005. By the end of 2018, 6 volumes of the Periodical of Research on Family Law (Volumes 2005 to 2010) and 19 Works of Researches on Family Law have been published during the fourteen years. These papers and books, focusing on the frontier theory research on Marriage, Family and Inheritance Law and the judicial practice issues, have had good social affluence in the academic circle and practice circle of China. It is noteworthy that, in order to further expand the academic influence of the Periodical, in the Executive Council of Society of Marriage and Family Law of China (SMFLC) in 2009, upon Professor CHEN Wei's proposal, the Executive Council agreed and President XIA Yinlan announced that the Periodical of Research on Family Law was edited by SMFLC after 2010. As SMFLC would publish the papers submitted to the Annual Meeting of SMFLC in 2009, President XIA Yinlan authorized Professor CHEN Wei to edit the publication of the Periodical of Research on Family Law (Volume 2010) in 2010. The Periodical was edited by SMFLC and became its Society Journal from 2011. In order to continue to advance the theoretical research and judicial practice in the field of Marriage, Family and Inheritance Law, the "Research Center" decided to build a new platform for academic research. 2 – 3 of the Works of Researches on Family Law which will be selected and edited by Professor CHEN Wei for publication each year by the national publishing press since 2012. At the same time, the "Research Center" continues to cooperate with the Family Law Lawyer Team built by Lawyer YANG Xiaolin. On the webpage of "Foreign Family Law and Women's Theory Research Center of SWUPL"——"Academic Frontier" of Study Column, the latest research achievements on the frontier theory of Marriage, Family and Inheritance Law and judicial practice issues are published to realize the benign interaction between academic research, legislation and justice and promote the academic research and exchanges between China and foreign countries.

The personnel of the Research Center is mainly composed of scholars from the Marriage, Family and Succession Law and Women's Theory Research Institute of the Civil and Business Law School of SWUPL, China. We also invite some famous experts and scholars around the whole country to be the consultants and special research fellows. They are the members of the Research Center too.

西南政法大学外国家庭法及妇女理论研究中心 2006～2012年已出版书目

《外国婚姻家庭法比较研究》（2006年出版）

《中国大陆与港、澳、台继承法比较研究》（2007年出版）

《当代中国民众继承习惯调查实证研究》（2008年出版）

《改革开放三十年（1978～2008）中国婚姻家庭继承法研究之回顾与展望》（2010年出版）

《中国婚姻家庭法立法研究》（第二版）（2010年出版）

《外国继承法比较与中国民法典继承编制定研究》（2011年出版）

《当代中国内地与港、澳、台婚姻家庭法比较研究》（2012年出版）

《加拿大家庭法汇编》（2006年出版）

《澳大利亚家庭法（2008年修正）》（2009年出版）

《美国家庭法精要》（第五版）（2010年出版）

《澳大利亚法律的传统与发展》（第三版）（2011年出版）

《家事法研究》2005年卷（2006年出版）

《家事法研究》2006年卷（2007年出版）

《家事法研究》2007年卷（2008年出版）

《家事法研究》2008年卷（2009年出版）

《家事法研究》2009年卷（2010年出版）

《家事法研究》2010年卷（2011年出版）

图书在版编目（CIP）数据

我国成年人监护制度立法完善研究/陈钊著．—北京：中国人民公安大学出版社，2019.1

ISBN 978－7－5653－3526－6

Ⅰ.①我…　Ⅱ.①陈…　Ⅲ.①成年人—监护制度—研究—中国
Ⅳ.①D923.04

中国版本图书馆 CIP 数据核字（2019）第 002283 号

我国成年人监护制度立法完善研究

陈　钊　著

出版发行：中国人民公安大学出版社
地　　址：北京市西城区木樨地南里
邮政编码：100038
经　　销：新华书店
印　　刷：北京市泰锐印刷有限责任公司

版　　次：2019 年 1 月第 1 版
印　　次：2019 年 1 月第 1 次
印　　张：9.25
开　　本：880 毫米×1230 毫米　1/32
字　　数：249 千字

书　　号：ISBN 978－7－5653－3526－6
定　　价：35.00 元

网　　址：www.cppsup.com.cn　www.porclub.com.cn
电子邮箱：zbs@cppsup.com　zbs@cppsu.edu.cn

营销中心电话：010－83903254
读者服务部电话（门市）：010－83903257
警官读者俱乐部电话（网购、邮购）：010－83903253
法律分社电话：010－83905745